교과세특
탐구주제 바이블
사회계열편

CampusMentor
캠퍼스멘토 × 모야

저자 소개

한승배
양평전자과학고등학교 진로전담교사 재직중

▌'10대를 위한 직업백과', '미리 알아보는 미래 유망직업',
  '학과바이블', '홀랜드 유형별 유망 직업 사전' 등 단행본 다수 집필
▌'2009·2015 개정 교육과정 중학교 및 고등학교 진로와 직업'
  교과서 집필, '드림온 스토리텔링' 및 '원하는 진로를 잡아라' 보드게임 개발

강서희
안양여자상업고등학교 진로전담교사 재직중

▌'홀랜드 유형별 유망 직업 사전', '페이스메이커',
  '미디어 활용 진로 탐색 워크북' 집필
▌'원하는 진로를 잡아라' 및 '드림온 스토리텔링' 보드게임 개발,
  고등학교 '진로와 직업' 2015 개정 교육과정 인정도서 심의위원

근장현
대지중학교 진로전담교사 재직중

▌'대한민국 미래교육 콘서트' 집필
▌경기도교육청 정책실행연구회 회장, 경기도 진로진학상담교사협의회
  부회장, 네이버 지식인 학교생활 컨설턴트, 중학교 '진로와 직업'
  2015 개정 교육과정 인정도서 심의위원

김강석
숭신여자고등학교 진로전담교사 재직중

▌'학과바이블', '나만의 진로 가이드북', '진로 포트폴리오
  하이라이트(고등학교)' 등 단행본 및 교과서 다수 집필
▌경기도 진로진학상담교사협의회 부회장, 2009·2015 개정 교육과정 및
  성취기준 연구, 방송통신중 교육 콘텐츠 개발 참여

김미영
수지고등학교 화학과 교사 재직중

▌'2015 개정 교육과정 화학 교과 STEAM' 자료개발 및 교사 연수 강사,
  '블렌디드 러닝 화학교과' 성장 중심 자료개발 참여
▌경기도 화학교육연구회 및 경기도 신과수교육연구회 연구위원,
  교과 연계 민주시민교육실천 교사연구회 연구위원,
  중등 1급 정교사 자격연수(화학) 멘토링

김수영
죽전고등학교 수학과 교사 재직중

▌경기도 수업비평교육연구회 및 경기도 수학교육연구회 연구위원

김준희
구성고등학교 진로전담교사 재직중

▌'경기도 진로교육생태계' 집필
▌교육부 네이버지식iN 학교생활컨설턴트, 경기도 진로교육 실천사례
  연구대회 심사위원, 고등학교 '진로와 직업' 2015 개정 교육과정 인
  정도서 심의위원

김호범
호원중학교 수석교사 재직중

▌'전통교육에 기초한 단비교육', '2030년에 삶이 살아 숨 쉬는 수학수업',
  '단비 수학선생님' 집필
▌전 자카르타한국국제학교 교감

노동기
상현고등학교 체육과 교사 재직중

▌'체대입시 따라잡기 정시전략편', '체대입시 따라잡기 수시전략편' 집필
▌내일교육 '체대입시 칼럼' 기고

배수연
늘푸른고등학교 지리과 교사 재직중

▌전국연합출제위원, 도단위 NTTP 교과연구회 연구위원
▌경기혁신교육모니터단

신경섭
수일고등학교 진로전담교사 재직중

■경희대학교 입학사정관 교사위원, 안산교육청 진로진학지원단
■전국연합학력 출제위원, 고입검정고시 출제위원, 고입자기주도학습 전형위원

안병무
여강고등학교 진로전담교사 재직중

■'우리는 체인지메이커' 집필
■고등학교 '진로와 직업' 2015 개정 교육과정 인정도서 심의위원, 경기중등진로진학상담교육 연구회 분과장, 학생 진로교육 사이버 인증 시스템 개발위원, 정부 부처 연계진로체험 사업 자문위원, APEC 국제교육협력단 파견(AIV)

위정의
충현중학교 진로전담교사 재직중

■'교과 연계 독서토론 워크북', '두근두근 미래직업체험 워크북' 집필
■경기도교육청 독서교육 지원단, 경기도교육청 자격연수 논술평가 출제 및 검토위원, 중등 1급 정교사 국어과 자격연수 강사, 경기도중등진로교육연구회 연구위원

유현종
성남외국어고등학교 영어과 교사 재직중

■'심화영어' 집필, '심화영어회화' 검토
■중·고등학생 영어듣기평가 검토위원, 경기도 전국연합학력평가 문항검토위원, 2012년 경기도교육청 인정도서심의회 심의위원, 2015 개정 교육과정 영어과 교육과정 보고서, 경기도교육청 외고·국제고 교육과정운영 지원단

이남설
수원외국어고등학교 진로전담교사 재직중

■'진로 포트폴리오 하이라이트(고등학교)' 집필, '교과세특 및 진로기반 학생부 프로그램' 개발
■고3 전국연합학력평가 출제 및 검토위원, 주요 대학 교사 자문위원

이남순
동백고등학교 진로전담교사 재직중

■'기업가정신으로 플레이하자', '꿈틀꿈틀 기업가정신 워크북', '서술형평가 ROADVIEW', '고3 담임 매뉴얼' 집필
■경기도중등진로교육연구회 연구위원, 경기도중국어교육연구회 연구위원, 전국연합학력평가 출제위원, 경기도진학지도지원단, 대교협 대표강사

최미경
서현고등학교 윤리과 교사 재직중

■2020 전국현장교육연구대회 1등급 수상
■단국대학교 논술고사 검토위원, 학교생활기록부 컨설팅 지원단

하희
구리여자중학교 진로전담교사 재직중

■'학과바이블', '나만의 진로가이드북', '진로 포트폴리오 스포트라이트(중학교)', '두근두근 미래직업 체험 워크북', '똑똑 기업가정신', '블랜디드 수업에 기업가정신을 담다' 집필
■경기도 진로교육연구회 연구위원

서문

대학입학제도 개편방안과 대입공정성 강화방안, 그리고 2023 서울대학교 입시 예고안이 발표되었습니다. 이에 따르면 교과 활동 중 과목별 세부능력 및 특기사항(교과세특)에 기록된 내용이 학생부종합전형의 평가에서 가장 중요한 영역이 될 것으로 보입니다. 따라서 수업과정 중의 활동이나, 연계된 다양한 활동은 대학에서 가장 중요하게 평가하는 요소로 자리매김할 것입니다. 바로 여기에 탐구주제 활동의 중요성이 있습니다. 교과 수업과 관련하여 자신이 더 알고 싶거나 궁금한 탐구주제에 대해 자기주도적인 연구 활동이나 발표, 보고서, 토론 활동 내용들이 과목별 세부능력 및 특기사항란에 기록되기 때문입니다.

이 책에는 그 중요성이 더욱 커지고 있는 교과세특의 필수 요소인 탐구 주제에 관한 모든 것을 담았습니다.

하지만 자신의 전공분야에 대해 호기심을 가지고 교과별, 전공별 탐구 주제를 선정하는 것은 매우 힘든 부분입니다. 어렵게 탐구 주제를 선택하였다고 할지라도 주제가 너무 쉽거나 흔하다든지 또는 고등학교 수준에서 접근하기 어려운 주제라 이를 탐구하는 과정에 너무 많은 시간과 에너지를 소비하게 되는 문제가 발생합니다.

이 책에는 학생들이 가장 어려워하는 탐구주제 선정 문제 해결을 위해 다양하고 구체적인 내용의 탐구 주제를 담았습니다. 먼저, 대학의 학과를 7개 계열(인문계열, 사회계열, 자연계열, 공학계열, 의학계열, 예체능계열, 교육계열) 등으로 나누고, 2015 개정 고등학교 교육과정의 핵심 과목인 '국어과, 사회과, 도덕과, 수학과, 과학과, 영어과' 등의 일반 선택과목과 진로선택 과목을 선정하였습니다. 그리고 제시된 모든 교과에서 성취기준을 분석하여 7개 계열과 계열별 대표학과에 적합한 탐구 주제를 제시하고 있습니다. 이 책에 제시된 다양한 교과별 탐구 주제를 참고하여, 학생들 스스로 더욱 확장되거나 심화된 주제를 찾아서 연구해 본다면 더욱 좋을 것입니다. 평소에 무심코 지나쳤던 것들에 대해 관심과 의문을 가지고 주제를 찾아보고, 탐구를 통해 질문의 답을 찾아가는 과정은 대학에서 요구하는 가장 중요한 핵심 역량이기도 합니다.

입시 정책은 항상 변화합니다. 변화에 주저하고, 혼란스러워하면 자신에게 주어진 시간을 낭비하는 것입니다. 상황을 분명하게 인식하고 정확한 내용을 파악하여 발 빠르게 대처한다면 누구나 좋은 결과를 얻을 수 있습니다. 이 책에 제시된 탐구할 주제들은 예시 자료입니다. 학생 개개인의 적성과 진로, 흥미를 고려하여 자신에게 적합한 주제를 정해서 열심히 탐구한다면 여러분에게 많은 도움이 될 것입니다. 지금 이 시간에도 자신의 진로를 찾기 위해 열심히 노력하고 있을 대한민국의 모든 고등학생들을 진심으로 응원합니다.

이 책의 활용상 유의점

1.

이 책은 2015 개정 고등학교 교육과정 보통교과군(국어/사회(도덕, 역사 포함)/영어/과학/수학)과 예체능 계열의 경우 보통교과군 외 예술체육 교과군(체육/음악/미술)의 일반 선택 및 진로 과목의 성취기준 분석을 바탕으로 약 4,000여개의 탐구 주제를 추출하였습니다.

2.

이 책은 교과별 구분 이외에 인문, 사회, 자연, 공학, 의약, 예체능, 교육 등 7개 계열과 해당 계열별 핵심 학과별로 구분하여 탐구 주제를 제시하였으므로 자신의 희망 진로에 맞는 탐구 주제를 활용할 수 있습니다.

3.

학생들은 교과의 단원, 성취기준을 학습하는데 발생하는 호기심을 기반으로 심화된 내용에 대해 탐구하고자 하는 주제를 선택하고 자신의 희망 전공에 맞게 내용을 응용 및 재구성, 심화하여 사용하는 것을 권장합니다.

4.

자신의 진로 분야에 맞는 내용만 활용하기 보다는 다른 분야의 같은 단원, 성취기준 내용의 탐구 주제 내용을 참고하여 2~3개의 주제를 통합하여 주제를 선정하는 것을 권장합니다.

5.

같은 주제라고 할지라도 접근하는 방법 및 과정에 따라, 그리고 결과물을 통해 배우고 느낀점에 따라 학교생활기록부의 교과별 세부능력특기사항에 입력되는 내용이 달라질 수 있습니다. 그러므로 탐구 결과뿐만 아니라 과정에 대한 구체적인 기록이 필요합니다.

6.

이 책에서 제시한 탐구 주제는 하나의 예시 자료이며, 해당학과의 탐구 주제를 대변하는 절대적인 주제가 아니므로 학생들은 학교& 학생의 상황 및 시대적인 이슈에 맞게 주제를 융통성 있게 변형하여 사용하는 것을 추천합니다.

이 책의 구성 🔍

🖥 교과군

상단의 타이틀을 통해 교과군의 이름을 확인 할 수 있습니다.
보통 교과군(국어과·사회과·수학과·과학과·영과)으로 구성되어 있습니다.

📖 세부 과목명과 핵심 키워드

교과군 내 세부과목과 해당 과목 탐구주제의 핵심 키워드를 미리 살펴봅니다. 그리고 체크박스를 활용하여 관련 키워드를 알고 있는지 여부를 체크해볼 수 있습니다.

🏆 영역과 성취기준

영역은 해당 과목의 단원에 해당합니다. 각 영역별 성취기준을 정리하였으며, 성취기준을 기반으로 폭넓게 생각해볼 수 있는 탐구주제를 제시하였습니다.

국어과

1

국어

핵심키워드

☐ 사회적 이슈 ☐ 글쓰기 ☐ 세계대회 중계 ☐ 중립성 ☐ 애국주의적 관점 ☐ 음악 분야의 활동 인물
☐ 음악계열 진로설계 ☐ 2018 자카르타-팔렘방 아시안게임 ☐ 야구 대표팀 ☐ 운동선수 병역특례법

읽기

성취기준

[10국02-02] 매체에 드러난 필자의 관점이나 표현 방법의 적절성을 평가하며 읽는다.

▶ 읽기가 독자의 머릿속에서 자신만의 독창적인 의미를 구성하는 것이 아니라 독자가 속한 구체적인 상황과 사회·문화적인 맥락 속에서 다른 구성원들과 상호 작용하며 의미를 만들어 가는 과정임을 이해하고, 글을 읽는 자세를 기르기 위해 설정하였다.

[10국02-05] 자신의 진로나 관심사와 관련된 글을 자발적으로 찾아 읽는 태도를 지닌다.

탐구주제

1.국어 ─ 읽기

① 사회적 이슈(난민문제, 청소년 범죄, 과잉진압, 아동학대, 사회적 거리두기 등)에 관한 글을 읽고 자신의 구체적 상황이나 사회·문화 및 역사적 배경을 고려하여 그 문제에 대한 자신의 생각을 글로 작성해 보자. 작성한 글을 참고하여 자신의 생각을 발표하는 영상을 촬영해 보자.
관련학과
만화애니메이션학과, 미디어영상학과, 사진학과

② 올림픽이나 아시안게임, 월드컵 등 세계대회 중계의 일부분을 발췌하여 읽어 보자. 그 내용 중에서 중립성을 지키지 못하고 애국주의적인 관점에서 해설한 부분을 찾고, 본인의 생각을 정리해 발표해 보자.
관련학과
경호학과, 공연예술학과, 무용학과, 체육학과, 사회체육학과, 스포츠경영학과, 스포츠건강관리학과, 스포츠과학과, 한국무용전공, 현대무용전공, 발레전공, 태권도학과

12

탐구주제

③ 음악 분야(작곡가, 뮤지컬가수, 음악감독, 지휘자, 무대행사 음악기획자, 피아니스트 등)에서 활동하는 인물의 인터뷰를 읽어보거나 영상을 시청해 보자. 그리고 관련 분야의 진로를 준비하려면 필요한 것이 무엇인지 조사하여 토론해 보자.

관련학과
국악과, 기악과, 만화애니메이션학과, 미디어영상학과, 성악과, 실용음악과, 음악학과, 작곡과

💡 탐구주제와 관련학과

교과세특 탐구주제와 함께 관련학과를 제시함으로써, 학생들이 자신의 희망 전공과 관련한 탐구주제인지 확인할 수 있도록 돕습니다.

영역 **쓰기**

성취기준

[10국03-01] 쓰기는 의미를 구성하여 소통하는 사회적 상호 작용임을 이해하고 글을 쓴다.

▶ 쓰기가 의미를 구성하는 과정이라는 점과 구성한 의미를 독자와 소통하는 사회적 상호 작용이라는 점을 이해하고 글을 쓰는 자세를 기르기 위해 설정하였다. 필자는 쓰기 맥락을 고려하는 가운데 자신이 가지고 있는 배경지식과 다양한 자료에서 얻은 내용을 과정에 따라 종합하고 조직하고 표현하면서 의미를 구성한다.

탐구주제

① 지난 2018 자카르타-팔렘방 아시안게임 야구 국가대표팀의 선발과정이 논란에 휩싸였었다. 관련 기사를 찾아서 읽어 본 후 우리나라 운동선수와 관련된 병역특례법을 이해하고 문제점과 해결 방안에 대한 본인의 생각을 정리하여 발표해 보자.

관련학과
경호학과, 체육학과, 사회체육학과, 생활체육학과, 스포츠경영학과, 스포츠건강관리학과, 스포츠과학과, 태권도학과

✐ 활용 자료의 유의점

해당 과목의 탐구주제 활용 시에 참고해야 할 점을 제시하였습니다.

활용 자료의 유의점

ⓘ 본인의 생각을 표현할 수 있는 일러스트레이션이나 영상을 제작
ⓘ 본인이 관심 있는 인물의 인터뷰나 영상을 수업 전에 조사해오는 것을 권장
ⓘ 평소에 관심을 가지고 있거나 체육수업시간에 했던 스포츠 종목을 바탕으로 소재 탐색

 MEMO

✎ MEMO

탐구주제와 관련된 내용을 메모란에 자유롭게 적어보세요.

교과세특
탐구주제바이블
사회계열편

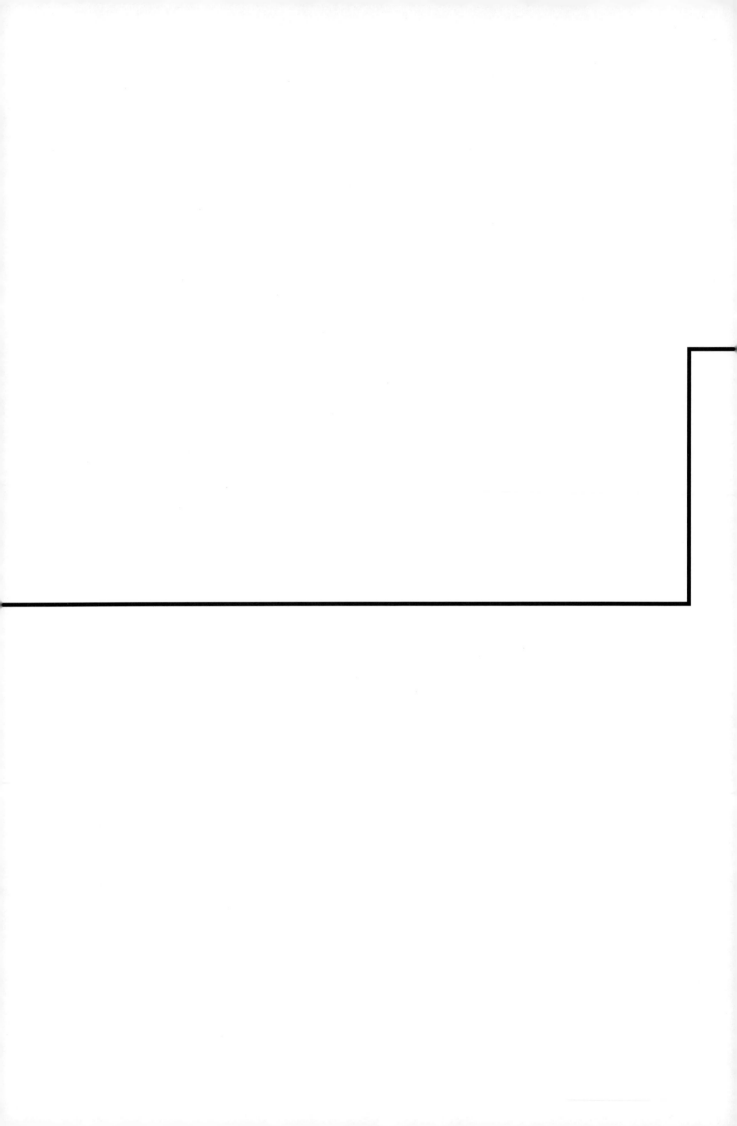

사회계열편

국어과 교과과정

1

국어

핵심키워드

☐ 토론　☐ 협상　☐ 코로나19　☐ 개인 정보 수집　☐ 카풀 서비스
☐ 최저임금제도　☐ 음식낭비　☐ 기아문제　☐ 분쟁 지역　☐ 표절
☐ 소셜 네트워크　☐ 음식낭비　☐ 기아 문제　☐ 징벌적 손해배상 제도　☐ 언론의 오보

영역 **듣기·말하기**

성취기준

[10국01-03] 논제에 따라 쟁점별로 논증을 구성하여 토론에 참여한다.

> ▶ 정책 논제의 필수 쟁점별로 논증을 구성하여 입론 단계를 수행하는 데 중점을 두도록 한다. 정책 논제의 필수 쟁점으로는 문제의 심각성, 제시된 방안의 문제 해결 가능성 및 실행 가능성, 방안의 실행에 따른 효과 및 개선 이익 등을 들 수 있다.

[10국01-04] 협상에서 서로 만족할 만한 대안을 탐색하여 의사 결정을 한다.

> ▶ 협상의 개념과 절차를 이해하고, 적용하여 협상을 실행함으로써 양측이 모두 만족할 만한 결과를 이끌어 내는 경험을 해 보는 데 중점을 둔다.

탐구주제

1.국어 — 듣기·말하기

① 코로나19는 2019년 12월 중국 우한에서 처음 발생한 새로운 유형의 코로나바이러스로 감염자의 비말이 호흡기나 눈·코·입 점막으로 침투되어 급속하게 전 세계로 확산되었다. 이에 따라 정부는 코로나19 확진자의 동선을 중앙방역대책본부의 방침과 역학 조사관의 심층 판단에 따라 공개하겠다고 밝혔다. 이처럼 정부가 코로나19 대응을 위해 국민 개인의 정보를 수집하는 것이 정당한 행위인지, 아니면 인권 침해인지 자신의 의견을 발표해 보자.

관련학과
법학과, 사회학과, 언론정보학과

탐구주제

② '카풀'이란 목적지가 동일하거나 같은 방향인 운전자들이 통행 비용 절감을 위해 승용차 한 대에 동승하여 통행하는 것을 말한다. 카풀 서비스는 스마트앱을 통해 비슷한 목적지로 향하는 차량을 불러 택시처럼 이용하는 승차 공유 서비스이다. 카풀 서비스의 전면 허용 필요성에 대해, 택시 업계와 카풀 업체의 입장을 정리하고, 찬성과 반대측으로 나누어 토론해 보자.

관련학과

법학과, 사회학과, 소비자학과, 공공행정학과

③ '최저임금제도'는 국가가 근로자들의 생활 안정을 위해 임금의 최저수준을 정하고, 사용자에게 그 수준 이상의 임금을 지급하도록 법으로 강제하는 제도이다. 우리나라는 1988년에 10인 이상의 제조업에 한해 최저임금법이 시행된 이후 적용 대상과 사업체 규모 및 사업이 점차 확대되어 오늘에 이르고 있다. 최저 임금 인상의 경제적 효과에 대해 고용주와 노동자 측면으로 나누어 찬반 토론을 진행해 보자.

관련학과

경영학과, 경제학과, 법학과, 사회학과

영역 읽기

성취기준

[10국02-03] 삶의 문제에 대한 해결 방안이나 필자의 생각에 대한 대안을 찾으며 읽는다.

▶ 독서를 통해 삶의 문제를 해결할 수 있는 실마리를 발견하거나 문제를 해결할 수 있는 직관과 깨달음을 얻는 경우가 많다. 또한 글을 읽으면서 필자의 생각이나 주장을 비판하고, 이를 보완하거나 대체할 수 있는 창의적인 방안을 발견하기도 한다.

[10국02-05] 자신의 진로나 관심사와 관련된 글을 자발적으로 찾아 읽는 태도를 지닌다.

▶ 자신의 진로나 관심사와 관련된 글을 자발적으로 찾아 읽는 태도를 지도할 때에는 토의 활동과 도서관 활동을 계획할 수 있다. 진로나 관심사가 비슷한 친구들과 이야기를 나누고, 관련되는 글이나 책을 읽고 정보를 공유하기 위한 활동을 하도록 지도한다.

탐구주제

① 음식점에서 손님상에 오른 손대지 않은 반찬들이 쓰레기통으로 버려지는 경우가 허다하다. 우리가 이렇게 음식을 낭비하는 동안 지구의 어느 곳에서는 굶주림에 허덕이는 사람들이 많다. 장 지글러의 「왜 세계의 절반은 굶주리는가?」를 읽고, 기아 문제의 발생 원인에 대한 필자의 생각을 비판해 보고, 기아 문제의 해결을 위해 개인 및 사회가 할 수 있는 일은 무엇인지 발표해 보자. *(장 지글러(2016), 왜 세계의 절반은 굶주리는가?, 갈라파고스)*

관련학과

사회학과, 사회복지학과, 아동복지학과, 정치외교학과, 지리학과, 국제학부

탐구주제

② 팀 마샬의 「지리의 힘」은 전 세계를 10개의 지역으로 나눠 '지리의 힘'이 어떻게 세계사와 세계 경제를 움직이는지에 대해 저자가 30개 이상의 분쟁 지역을 직접 취재하며 쓴 책이다. 이 책을 읽고, 지리가 우리 개인의 삶에는 어떤 영향을 끼치는지, 어떻게 세계의 정치와 경제를 좌우하는지 모둠별 독서 토론을 진행해 보자. 그리고 「지리의 힘」과 관련 있는 직업의 종류에는 어떤 것이 있는지 나열해 보자. *(팀 마샬(2016), 지리의 힘, 사이)*

관련학과
국제경영학과, 국제관계학과, 국제학부, 글로벌비즈니스학과, 무역학과, 문화콘텐츠학과, 지리학과, 정치외교학과

영역 ## 쓰기

성취기준

[10국03-05] 글이 독자와 사회에 끼치는 영향을 고려하여 책임감 있게 글을 쓰는 태도를 지닌다.

▶ 사실이 아닌 내용을 쓰거나 과장하여 표현함으로써 다른 사람에게 피해를 준 사례나, 저작권을 침해하여 발생한 문제 등에 대한 사례를 다양하게 수집하고, 이를 학습자 자신의 삶과 연결해 보게 할 수 있다.

탐구주제

① 표절은 다른 사람이 창작한 저작물의 일부 또는 전부를 도용하여 자신의 창작물인 것처럼 발표하는 것을 말한다. 보통 학문이나 예술의 영역에서 출처를 충분히 밝히지 않고 사용되며, 최근에는 온라인상에서도 흔히 볼 수 있다. 인터넷 웹사이트나 블로그에서 내용을 복사해다가 붙여넣는 퍼 나르기가 대표적 사례이다. 표절이 사회에 미치는 영향과 책임감 있는 글쓰기의 중요성에 대해 토의해 보자.

관련학과
미디어학부, 법학과, 사회학과, 신문방송학과, 언론정보학과

② 소셜 네트워크는 자신만의 온라인 사이트를 구축하여 콘텐츠 서비스를 만들고, 친구들과의 연결을 통해 서비스와 커뮤니케이션을 공유하는 것으로 소셜 네트워크 서비스라고도 불린다. 오늘날 의사소통의 매체로 그 영향력이 확대되고 있지만, 정치의 도구로 남용되기도 한다. 소셜 네트워크의 사회적 순기능과 역기능을 조사하여 보고서를 작성해 보자.

관련학과
미디어학부, 법학과, 사회학과, 신문방송학과, 언론정보학과

③ 언론에 대한 징벌적 손해배상 제도 도입 여부가 적절한지를 놓고 찬반 논쟁이 치열하다. 찬성측은 언론이 악의적인 보도, 가짜뉴스 유통 창구에서 벗어나 제 역할을 다하게 하려면 징벌적 손해배상 제도를 도입해야 한다고 주장한다. 하지만 반대측에서는 언론의 권력 감시 기능이 약화될 수 있다는 점을 우려하고 있다. '언론은 오보의 대가를 치러야 하는가'를 주제로 논술문을 작성해 보자.

관련학과
미디어학부, 법학과, 사회학과, 신문방송학과, 언론정보학과

성취기준

[10국04-05]   국어를 사랑하고 국어 발전에 참여하는 태도를 지닌다.

탐구주제

① 청소년의 언어문화는 기성세대의 언어 규범이나 전통적인 언어 예절과 선을 긋는다. 기존의 언어문화를 거부하거나 비틀어서 새로운 규칙을 만들어 대체하는 방식으로 나타난다. 은어, 유행어, 비속어, 새로운 표기법 등이 그 예이다. 청소년언어 사용 실태를 조사하고, 이러한 언어문화가 개인 및 사회에 미치는 영향을 발표해 보자.

관련학과
문화콘텐츠학과, 미디어학부, 사회학과, 신문방송학과, 언론정보학과

② 비속어는 상스럽고 거친 말로 보통 대상을 얕잡아 보고 사용하는 말이다. 최근 많은 청소년들이 비속어와 같은 부정적인 언어를 아무런 생각 없이 자주 사용하고 있다. 청소년들의 비속어 사용은 우리의 언어인 한글을 훼손하는 것이고, 인성 발달에도 무익하다. 또한 청소년들이 욕설을 사용할 때의 뇌는 폭력 상황일 때의 뇌와 유사한 상태가 된다고 한다. 청소년들의 비속어 사용 원인을 분석하고, 올바른 언어 사용을 위한 대안을 제시해 보자.

관련학과
문화콘텐츠학과, 미디어학부, 사회학과, 신문방송학과, 언론정보학과

활용 자료의 유의점

- ⓘ 한글 맞춤법 규정 모두를 암기식으로 학습하기보다는 원리를 탐구
- ⓘ 문학을 생활화하여 평생 교육으로 이어질 수 있도록 내면화 과정에 중점
- ⓘ 한국문학작품을 감상할 때 단편적인 지식 학습에 머물지 말고 연속성 있게 작품을 감상
- ⓘ 필자의 관점이나 의도가 무엇이며, 어떤 점에 중점을 두어 표현하였는지 등을 판단

💬 **MEMO**

국어과
2
화법과 작문

핵심키워드

☐ 대화 ☐ 협상 ☐ 언어 공동체 ☐ 독도 영유권 분쟁 ☐ 양방향 의사소통
☐ 지역 조사 ☐ 유전자 변형 식품(GMO) ☐ 인류 식량문제 ☐ 수출규제 ☐ 무역보복 ☐ 표절
☐ 강제징용 ☐ 윤리적 책임

영역 ## 화법의 원리

성취기준

[12화작02-03] 상대측 입론과 반론의 논리적 타당성에 대해 반대 신문하며 토론한다.

> ▶ 상대측 발언을 단순히 확인하는 수준에 머물지 않고 상대측 논증의 신뢰성, 타당성, 공정성을 비판적으로 검토하는 질의·응답으로 반대 신문 단계를 운영한다.

[12화작02-04] 협상 절차에 따라 상황에 맞는 전략을 사용하여 문제를 해결한다.

탐구주제
2.화법과 작문 ― 화법의 원리

① 독도는 우리나라 동해에 있는 섬으로, 1948년 정부 수립 이후부터 독도에 대한 실효적인 지배를 지속하고 있다. 그러나 일본의 정부는 독도 영유권을 주장하면서 우리 영토 주권에 대한 도발을 계속하며 대한민국과 영유권 분쟁 중임을 주장하고 있다. 독도 영유권 분쟁에 관한 일본 측 주장을 살펴보고, 이에 대한 우리나라의 입장을 논리적 근거를 제시하여 반박해 보자.

관련학과
국제관계학과, 국제학부, 군사학과, 법학과, 정치외교학과, 지리학과

---

② '협상'은 타결의사를 가진 당사자 사이에 양방향 의사소통을 통하여 상호 만족할 만한 수준으로 합의에 이르는 과정이다. 노사관계에 있어서 노동조합과 사용자 간의 단체협의는 협상의 좋은 예로 볼 수 있다. 모둠별 협상 주제를 선정하여 협상 절차에 맞게 역할극을 실행해 보고, 성공적 협상이 되기 위해 필요한 것은 무엇인지 말해 보자.

관련학과
정치외교학과, 무역학과, 경영학과, 심리학과, 사회학과

작문의 원리

성취기준

[12화작03-03]	탐구 주제를 조사하여 절차와 결과가 잘 드러나게 보고하는 글을 쓴다.
[12화작03-05]	시사적인 현안이나 쟁점에 대해 자신의 관점을 수립하여 비평하는 글을 쓴다.
	▶ 시사 현안이나 쟁점을 다양한 관점에서 충분히 분석한 후 자신의 관점을 정하고, 그 관점에 따라 의견이나 주장, 견해가 명료하게 드러나도록 글을 쓰게 한다.
[12화작03-06]	현안을 분석하여 쟁점을 파악하고, 해결 방안을 담은 건의하는 글을 쓴다.

탐구주제

2.화법과 작문 ─ 작문의 원리

① '지역조사'란 그 지역의 지역성을 파악하기 위한 활동이다. 지역성에는 그 지역의 자연환경뿐만 아니라 인구, 사회, 산업, 교통, 산업 등 인문환경도 포함된다. 의미 있는 지역조사가 되기 위해서는 조사의 대상과 주제, 목적, 방법 등 철저한 사전 계획이 필요하다. 내가 살고 있는 지역의 특성이 잘 드러나도록 주제를 선정하여 지역 탐구 보고서를 작성해 보자.

관련학과
사회학과, 지리학과, 도시계획학과, 부동산학과

② '유전자 변형 식품'이란 생산량을 늘리거나 품질을 좋게 하기 위하여 농산물의 유전자를 조작하여 생산한 농산물이나 식품을 말한다. 어떤 이들은 유전자 변형 식품이 미래의 먹거리 걱정을 해결해 줄 것이라고도 하고, 다른 이들은 예상치 못한 위험을 일으킬 수 있다고 불안해하기도 한다. 유전자 변형식품(GMO)의 제조 과정을 조사하고, 인류 식량 문제 해결의 열쇠인지, 아닌지 보고서를 작성해 보자.

관련학과
농업경제학과, 식품자원경제학과

③ 일본은 강제징용 배상 판결에 대한 보복 조치로 한국의 주요 수입 품목 중 일본이 거의 독점하고 있는 3개 품목에 대해 수출규제를 하고, 무역 화이트리스트에서 한국을 배제하였다. 내가 만약 WTO 한국 대표 외교관이라면, 일본의 무역보복에 대한 부당성을 국제사회에 어떻게 호소할지 연설문을 작성해 보자.

관련학과
경제학과, 국제관계학과, 국제학부, 법학과, 정치외교학과

💬 **MEMO**

영역 | 화법과 작문의 태도

성취기준

[12화작04-01] 화법과 작문의 사회적 책임을 인식하고, 의사소통 윤리를 준수하는 태도를 지닌다.

▶ 말을 주고받을 때나 생각을 글로 옮길 때 상대방에게 피해를 줄 수 있는 표현을 삼가며 타인의 생각, 말, 글 등이 지적 재산에 포함된다는 점을 이해하고, 지적 재산의 가치를 인식하고, 이를 존중하는 태도를 갖추는 데 중점을 둔다.

[12화작04-03] 언어 공동체의 담화 및 작문 관습을 이해하고, 건전한 화법과 작문의 문화 발전에 기여하는 태도를 지닌다.

▶ 언어 공동체의 담화 관습과 작문 관습은 변화하는 것으로, 언어 사용을 통해 삶을 공유한다는 점에서 언어 사용자에게는 바람직한 언어문화를 가꿔야 할 책무가 있음을 이해하고, 실천하도록 한다.

탐구주제

2.화법과 작문 — 화법과 작문의 태도

① 표절은 예나 지금이나 동서양을 막론하고 문학이나 예술 등 인간의 문화가 발생할 때부터 나타났다. 한 예로, 소설가 A씨는 국내에서 촉망받던 베스트셀러 작가였다. 하지만 A씨는 해외 어느 작가의 작품을 표절했다는 논란에 빠지게 되고, 결국 문단에서 떠나게 되었다. A작가에게 물을 수 있는 윤리적 책임은 무엇이며, 이와 유사한 사례를 조사해 표절이 사회에 미치는 영향을 발표해 보자.

관련학과
법학과, 사회학과, 신문방송학과, 언론정보학과

② '언어 공동체'란 같은 말을 쓰면서 함께 살아가는 사회 집단을 말한다. 모국어 습득은 곧 해당 언어 공동체의 사유 세계에 동화되는 것이라고 볼 수 있다. 하지만 같은 언어 공동체에 속하면서도 사람들은 성별, 세대에 따라 다른 언어를 사용하기도 한다. 그래서 기성세대인 어른과 요즘 청소년들이 서로의 언어를 이해하지 못하는 현상이 자주 나타나고 있다. 바람직한 언어 사용을 위해 세대별로 지켜야 할 것들에 대해 말해 보자.

관련학과
사회학과, 문화콘텐츠학과, 미디어커뮤니케이션학과, 미디어학부, 신문방송학과, 언론정보학과

활용 자료의 유의점

- ⚠ 실제 삶의 맥락이 반영된 드라마나 영화 등 영상 자료와 신문, 도서, 인터넷 글 등 문서 자료를 활용
- ⚠ '화법과 작문' 수업에서 배운 정의적인 내용을 실제 언어생활에 적용하고 내면화
- ⚠ 점검표 등을 만들어 자신의 화법과 작문 수행을 스스로 점검해 보는 기회 필요
- ⚠ 현안이나 쟁점에 대해 찬반양론 중 취사선택 보다는 다양한 관점에서 비판적으로 분석한 후에 관점 결정

국어과

3

독서

핵심키워드

☐ 비판적 독서   ☐ 허생전   ☐ 이상 사회   ☐ 국화와 칼   ☐ 한일관계
☐ 연암 박지원   ☐ 풍자소설   ☐ 지역 문화 특성   ☐ 창의적 독서

영역 ## 독서의 방법

성취기준

[12독서02-03]	글에 드러난 관점이나 내용, 글에 쓰인 표현 방법, 필자의 숨겨진 의도나 사회·문화적 이념을 비판하며 읽는다.
[12독서02-05]	글에서 자신과 사회의 문제를 해결하는 방법이나 필자의 생각에 대한 대안을 찾으며 창의적으로 읽는다.

▶ 여러 글에 제시된 다양한 문제 상황과 해결 방법을 비판적으로 이해하고, 새로운 대안을 탐구하는 활동을 통해 삶의 문제를 창의적으로 해결하는 능력을 기르도록 한다.

탐구주제

3.독서 ― 독서의 방법

① 「허생전」은 1700년대 후반 박지원이 쓴 한문 단편소설로, 자신의 생각과 실학사상을 많이 반영한 책이다. 「허생전」에서는 글만 읽는 무능한 양반들을 비판하고, 백성들의 생활을 안정시키기 위해서는 상업과 공업을 발전시켜야 한다고 주장하고 있다. 소설 「허생전」을 읽고 당시 사회적 배경과 연계하여 허생의 경제관을 비판해 보고, 필자가 말하고자 하는 이상 사회에 대한 자신의 생각을 발표해 보자.   *(박지원(2008), 허생전, 예림당)*

관련학과
경영정보학과, 경영학과, 경제학과, 금융학과, 농업경제학과, 사회학과

② 신문이나 인터넷 뉴스를 읽다 보면 성향이 한쪽으로 치우쳐 작성된 기사를 자주 접하게 된다. 기사는 사람들의 생각을 은연중에 조장하기 때문에 글의 객관성, 신뢰성, 타당성, 정확성 등을 판단하며 비판적으로 읽어야 한다. 신문사별로 같거나 비슷한 주제의 사설 및 칼럼을 수집하여 읽고, 글에 쓰인 관점이나 표현 방법, 내용 등을 비교 분석해 보자.

관련학과
미디어학부, 사회학과, 신문방송학과, 언론정보학과

영역 독서의 분야

성취기준

[12독서03-02] 사회·문화 분야의 글을 읽으며 제재에 담긴 사회적 요구와 신념, 사회적 현상의 특성, 역사적 인물과 사건의 사회·문화적 맥락 등을 비판적으로 이해한다.

[12독서03-04] 시대의 사회·문화적 특성이 글쓰기의 관습이나 독서 문화에 반영되어 있음을 이해하고, 다양한 시대에서 생산된 가치 있는 글을 읽는다.

> ▶ 가급적 현재와 다른 글쓰기 관습이나 독서 문화가 반영된 글을 선정하여 당대의 글쓰기 관습이나 독서 문화에 대해 이해하고, 그러한 부분이 글에 어떻게 반영되어 나타나는지 살피면서 읽도록 지도한다.

[12독서03-05] 지역의 사회·문화적 특성이 다양한 형식과 내용으로 글에 반영되어 있음을 이해하고, 다양한 지역에서 생산된 가치 있는 글을 읽는다.

탐구주제

3.독서 ─ 독서의 분야

① 루스 베네딕트의 「국화와 칼」은 서양인들의 눈에 비친 일본인들의 행동과 특성을 담고 있다. '국화'는 차 한 잔을 마실 때에도 도(道)를 운운하는 일본인의 섬세한 미학적 세계를 상징하고, '칼'은 잔인하게 상대를 살상하는 야만적인 형태를 뜻한다. 이 같은 일본인의 특성이 오늘날 한일 관계에 미친 영향은 무엇인지 발표해 보자.

(루스 베네딕트(2019), 국화와 칼, 을유문화사)

관련학과
정치외교학과, 국제관계학과, 문화인류학과, 사회학과

② 조선 후기 실학자이자 소설가인 연암 박지원의 소설은 현실에 대한 풍자와 비판적 성격이 강하다. 그는 사실주의 기법을 통해 당대 양반들의 무능과 착취를 비판했으며, 서민들의 고통스러운 삶을 직설적으로 그려냈다. 박지원의 작품 가운데 하나를 선정 읽고, 기존의 '전(傳)' 양식과 글쓰기 관습적 측면에서 어떤 차이가 있는지 비교해 보자.

관련학과
사회학과, 심리학과, 문화인류학과

③ 프랑스의 소설가 알퐁스 도데는 주로 프랑스 남부 지방의 인물과 생활을 익살스럽고 정감 있게 묘사했다. 그의 작품 「별」은 어느 양치기 소년이 주인집 아가씨에 대해 느끼는 순수한 사랑의 감정을 프로방스의 아름다운 대자연을 통해 표현하고 있다. 소설 「별」의 배경으로 묘사되고 있는 지역의 사회·문화적 특성을 조사해 보자. *(알퐁스 도데(2013), 별, 비룡소)*

관련학과
사회학과, 지리학과, 문화인류학과

활용 자료의 유의점

- ⚠ 독서 이력의 기록이나 독서 토론, 독서 동아리, 독서 클럽 등 의미 있는 독서 활동에 참여
- ⚠ 자신의 독서 목적이 무엇인지 구체적으로 파악하고, 고전과 같이 여러 세대를 통해 검증된 가치 있는 글을 선정
- ⚠ 독서 서평 자료, 독서 토론에 관한 텔레비전 및 라디오 프로, 인터넷 독서 토론 웹사이트 등 다양한 자료를 활용
- ⚠ 지엽적인 지식이나 세부적인 기능, 전략에 매몰되지 않고 온전한 한 편의 담화나 글을 이해하는 데 주력

언어와 매체

핵심키워드

☐ 매체 언어   ☐ SNS   ☐ 사회적 관계형성 유형   ☐ 인터넷 매체   ☐ 스마트폰 중독   ☐ 청소년 문화
☐ 대중매체   ☐ 대중문화   ☐ 인터넷 언어   ☐ 통신 언어   ☐ 국어 파괴

영역

언어와 매체의 본질

성취기준

[12언매01-04] 현대 사회의 소통 현상과 관련하여 매체 언어의 특성을 이해한다.

▶ 오늘날 의사소통 매개체로 활용되는 다양한 매체들은 소리, 음성, 이미지, 문자, 동영상 등이 복합적으로 이뤄진 양식임을 이해하도록 한다.

탐구주제

4.언어와 매체 ― 언어와 매체의 본질

① 매체란 정보와 지식, 사상과 정서를 전달하고, 공유하는 수단이다. 예전에는 책, 신문, 잡지 등이 그 기능을 담당했지만, 오늘날은 텔레비전, 영화, 인터넷 등 다양한 방식이 있다. 매체 언어란 매체에서 사용하는 언어로, 소리, 음성, 그림, 문자, 동영상 등이 복합적으로 사용되어 익명적이고 이질적인 대중에게 전달된다. 매체 언어가 사회에 미치는 순기능과 역기능에 대해 발표해 보자.

관련학과
문화콘텐츠학과, 미디어커뮤니케이션학과, 미디어학부, 법학부, 사회학과, 신문방송학과, 언론정보학과

② 청소년기는 감수성이 예민하고 주변 환경의 영향을 많이 받는 시기다. 이제는 가족 중심의 생활 양식에서 벗어나 친구나 다른 사람들과의 관계가 더욱 중요시되는 시기이기도 하다. 청소년들이 타인과의 관계에서 하는 말이나 행동 등 아주 사소한 부분의 성향은 오프라인에서뿐만 아니라 인터넷상에서도 잘 나타난다. 청소년의 SNS를 통한 사회적 관계 형성 유형과 언어 사용 실태를 조사해 발표해 보자.

관련학과
문화콘텐츠학과, 미디어커뮤니케이션학과, 미디어학부, 사회학과, 아동가족학과, 아동·청소년학과

탐구주제

③ 스마트폰, 휴대용 컴퓨터 등 새로운 매체의 등장으로 우리의 생활은 더욱 편리해지고 다양한 정보를 쉽게 얻을 수 있게 되었다. 이제 인터넷은 우리가 매일 손쉽게 사용하는 매체가 되었으나, 정작 자신의 매체 이용 모습에 대해 비판적으로 살펴보지는 못하고 있다. 내가 자주 이용하는 매체의 종류를 정리해 보고, 나의 매체 이용실태를 점검해 보자.

관련학과

사회학과, 문화콘텐츠학과, 미디어커뮤니케이션학과, 미디어학부

영역
매체 언어의 탐구와 활용

성취기준

[12언매03-05] 매체 언어가 인간관계와 사회생활에 미치는 영향을 탐구한다.

▶ 인터넷이나 휴대전화가 개인적·사회적 의사소통과 인간관계에 미치는 영향을 알고 다른 사람과의 의사소통에서 존중과 배려의 태도를 기르도록 한다.

[12언매03-06] 매체를 바탕으로 하여 형성되는 문화에 대해 비판적으로 이해하고, 주체적으로 향유한다.

▶ 대중문화가 지닐 수 있는 대량 전달력, 큰 영향력 등의 장점과 상업성, 통속성, 지배층의 이데올로기 제약 등의 단점에 대해 정확히 인식하고, 부정적인 측면을 최소화함으로써 주체적으로 향유하도록 한다.

탐구주제

① 스마트폰이 대중화되면서 원하는 정보나 대상의 접근성이 높아 편리한 점도 있지만, 스마트폰 중독과 같은 부작용이 나타나 사회문제가 되고 있다. 뿐만 아니라, 청소년들의 사회적 관계 형성도 오프라인보다 온라인상에서 더욱 활발히 진행되고 있다. 청소년의 SNS를 통한 사회적 관계 형성 실태와 문제점에 대해 토의해 보자.

관련학과

문화콘텐츠학과, 미디어커뮤니케이션학과, 미디어학부, 사회학과, 아동가족학과, 아동·청소년학과

② 청소년 문화는 기성세대의 문화에 대해 비판적·저항적이지만, 다른 한편으로 새로운 문화 요소를 수용하는 속도가 빠르고, 변화 지향적이다. 또한 대중 매체에 현혹되어 대중 매체가 전하는 스타들에 매혹당하고, 그들이 입고 즐기는 것을 그대로 따라하는 등 유행에 민감하다. 대중문화가 청소년에게 미치는 순기능과 역기능을 살펴보고, 바람직한 청소년 문화에 대해 토론해 보자.

관련학과

문화콘텐츠학과, 미디어커뮤니케이션학과, 미디어학부, 사회학과, 아동가족학과, 아동·청소년학과

③ 매체 언어의 송신자는 제도화된 대규모 미디어 조직이며, 그 수용자는 특정 개인이나 집단이 아닌 불특정 다수의 대중이라는 특징이 있다. 뿐만 아니라 대중 매체를 통한 정보전달의 간접성, 정보 흐름의 일방성 및 정보의 대량성과 같은 특성을 지닌다. 매체 언어가 지닌 긍정적인 면과 부정적인 면을 정리해 발표해 보자.

관련학과

문화콘텐츠학과, 미디어커뮤니케이션학과, 미디어학부, 사회학과

언어와 매체에 관한 태도

성취기준

[12언매04-03] 현대 사회에서 언어와 매체 언어의 가치를 이해하고, 언어문화와 매체 문화의 발전에 참여하는 태도를 지닌다.

▶ 현대 사회의 문제로 부각되는 언어 규범 및 윤리 파괴의 문제를 극복하고, 건전하고 유익한 언어문화와 매체 문화 창달에 이바지하려는 태도를 갖추도록 한다.

탐구주제

4.언어와 매체 — 언어와 매체에 관한 태도

① '매체 언어'란 텔레비전, 신문, 컴퓨터, 영화 따위의 대중 매체에서 사용하는 언어를 말한다. 이중 인터넷 언어는 인터넷 온라인상의 의사소통 과정에서 사용되는 음성, 문자, 이모티콘을 총칭한 것이다. 인터넷 언어는 주로 줄임말과 어법에 맞지 않는 말 등이 많은데 최근 국어사전에 많이 등재되고 있다. 이러한 인터넷 언어의 국어사전 등재는 국어의 진화인지, 퇴화인지에 대한 자신의 의견을 발표해 보자.

관련학과
문화콘텐츠학과, 미디어커뮤니케이션학과, 미디어학부, 사회학과, 아동·청소년학과

② '통신 언어'는 빠르고 편하다는 이유로 청소년들 사이에 유행처럼 번지고 있다. 통신 대화방이나 게시판 이용에서는 물론이고 전자메일, 휴대전화 문자 메시지를 작성할 때에도 일상어와 규범적인 면에서 거리가 있는 통신 언어를 쓴다. 다수가 이해하고, 이용하는 인터넷 통신 언어를 국어 파괴라는 이유로 배척해야 하는지 아니면 사용해도 되는지에 대해 토론해 보자.

관련학과
문화콘텐츠학과, 미디어커뮤니케이션학과, 미디어학부, 사회학과, 아동·청소년학과

활용 자료의 유의점

⚠ 언어와 사고, 언어와 문화의 관계를 자신의 삶과 관련하여 이해

⚠ 매체의 기술적 측면보다는 의사소통적 측면에서 매체의 언어적 속성에 대해 이해

⚠ 자신이 생산한 자료, 또래 집단이 생산한 자료를 대상으로 자기의 언어생활을 반성적으로 고찰

⚠ 책, 신문, 잡지, 전화, 라디오, 사진, 광고, 영화, 텔레비전, 컴퓨터, 인터넷 등 다양한 매체 자료 활용

⚠ 선호하는 대중문화의 소재나 주제, 대중문화에 대한 비평 등을 소재로 토의, 토론, 글쓰기, 발표 등에 참여

5

문학

핵심키워드

☐ 공감 ☐ 재구성 ☐ 역사적 고찰 ☐ 맥락 ☐ 좌우명 ☐ 갯마을 ☐ 농촌 계몽 운동
☐ 죽은 시인의 사회 ☐ 미국 교육문화 ☐ 한국 교육문화 ☐ 식민지 ☐ 토지 ☐ 소외계층

영역 문학의 본질

성취기준

[12문학01-01] 문학이 인간과 세계에 대한 이해를 돕고, 삶의 의미를 깨닫게 하며, 정서적·미적으로 삶을 고양함을 이해한다.

▶ 우리의 삶에서 문학이 지니는 의의를 살펴보고, 문학의 수용과 생산 활동이 인간의 삶에 어떻게 기여하는지를 이해하며 문학 활동을 하는 자세를 기르기

탐구주제

5.문학 — 문학의 본질

(1) 문학이란 시, 소설, 수필, 희곡, 시나리오 등과 같이 언어를 사용하여 자신의 생각이나 느낌을 표현한 예술작품이다. 인간은 문학 작품을 통해 인물이 처한 상황을 이해하고, 자신의 삶과 관련지어 글의 의미를 해석하고, 정체성을 형성할 수 있다. 내 인생의 좌우명에 영향을 준 문학 작품을 선정하고, 이 책이 나의 삶에 어떤 영향과 감동을 주었는지 발표해 보자.

관련학과
심리학과, 상담심리학과

(2) 인간, 사회 현실, 자연 등 대상을 성찰하여 표현하는 문학 작품을 통해 우리는 인간과 세계를 더 잘 이해할 수 있다. 또한 문학 속 다양한 인물을 통해 삶을 바라보는 열린 눈과 태도를 가질 수 있다 오영수의 「갯마을」은 주인공 해순의 삶을 통해 바닷가 사람들의 애환을 담으면서, 어촌을 배경으로 훈훈한 인정과 인간에 대한 믿음을 보여 주고 있는 소설이다. 작품에 나타난 시대적 배경을 살펴보고, 주인공의 삶이 주는 의미를 해석해 보자.

(오영수(2005), 갯마을, 커뮤니케이션북스)

관련학과
사회학과, 심리학과

문학의 수용과 생산

성취기준

[12문학02-02]	작품을 작가, 사회·문화적 배경, 상호 텍스트성 등 다양한 맥락에서 이해하고, 감상한다.
[12문학02-04]	작품을 공감적, 비판적, 창의적으로 수용하고, 그 결과를 바탕으로 상호 소통한다.
[12문학02-05]	작품을 읽고 다양한 시각에서 재구성하거나 주체적인 관점에서 창작한다.

탐구주제

5.문학 — 문학의 수용과 생산

(1) 심훈의 「상록수」는 1930년대 일제 강점기, 농촌을 배경으로 한 소설이다. 이 시기에는 일제의 민족 말살 정책으로 한글 교육이 억압되고, 우리 민족에 대한 수탈이 더욱 강화되었다. 당시의 지식인들은 우리 민족의 정신을 살리고, 나아가 일제로부터 독립하는 발판을 마련하기 위해 농촌 계몽 운동에 힘썼다. 농촌 계몽을 위한 주인공들의 헌신적 노력을 통해 그 당시 지식인들이 지키고자 했던 것은 무엇인지 발표해 보자. *(심훈(2005), 상록수, 문학과지성사)*

관련학과
사회학과, 사회복지학과

(2) N.H 클라인바움의 소설 「죽은 시인의 사회」는 미국 최고 명문 사립고등학교를 배경으로 당시 미국 사회의 교육 풍토를 비판하고 있다. 소설 속에 나타난 학교와 오늘날 우리나라 학교를 비교해 보고, 바람직한 교사의 모습과 진정한 교육의 역할에 대해 토론해 보자. *(N.H 클라인바움(2004), 죽은 시인의 사회, 서교출판사)*

관련학과
사회학과, 아동·청소년학과, 교육계열

(3) 백신애의 「꺼래이」는 식민지 조선에서 살기 힘들어 소비에트 러시아로 방랑하는 꺼래이들의 고통과, 고통받는 이들의 민족을 넘어선 연대를 그린 소설이다. '꺼래이'는 '고려'를 러시아식으로 발음한 것으로 러시아인이 조선을 낮추어 부르는 말이었다. 시대를 살아가는 주인공의 삶을 비판적 시각에서 해석하고, 작품 속 인물과 관련한 역사적 사건을 조사해 발표해 보자. *(백신애(2017), 꺼래이, 한국저작권위원회)*

관련학과
심리학과, 사회학과, 지리학과

💬 **MEMO**

영역

한국 문학의 성격과 역사

성취기준

[12문학03-03] 주요 작품을 중심으로 한국 문학의 갈래별 전개와 구현 양상을 탐구하고, 감상한다.

> ▶ 한국 문학의 갈래와 그에 속하는 구체적인 작품의 특징을 이해하고, 파악함으로써 한국 문학 작품에 대한 감상 능력을 높이기 위해 설정하였다.

[12문학03-04] 한국 문학 작품에 반영된 시대 상황을 이해하고, 문학과 역사의 상호 영향 관계를 탐구한다.

탐구주제

5. 문학 — 한국 문학의 성격과 역사

① 박경리 「토지」는 구한말부터 일제강점기, 근현대사에 이르기까지 지주계층이었던 최씨 일가의 3대에 걸친 파란만장한 삶을 중심으로 펼쳐지는 대하소설이다. 소설 속의 다양한 인물들의 삶이 이루어놓은 사회적 공간에 따라 당대 사회의 변모가 충실히 그려져 있다. 「토지」의 상징적 의미와 인물들의 삶을 살펴보고, 내 삶의 진정한 주인공이 되기 위해 지켜야 할 가치에 대해 발표해 보자.
(박경리(2012), 토지, 마로니에북스)

관련학과
경영학과, 경제학과, 농업경제학과, 사회학과, 정치외교학과, 지리학과

② 조세희의 「난장이가 쏘아올린 작은 공」은 산업화 시대와 어울리지 않게 날품팔이 노동으로 생계를 책임지는 난쟁이 아버지를 비롯해 어머니, 두 아들 영수와 영호, 그리고 막내 영희 등 다섯 식구로 이루어진 한 가족의 이야기다. 작품 속에 나타난 사회적 문제를 조사하고, 소외계층 없이 함께 어울려 살아가는 통합된 사회가 되기 위해 필요한 것은 무엇인지 토의해 보자.
(조세희(2000), 난장이가 쏘아올린 작은 공, 이성과힘)

관련학과
경제학과, 노인복지학과, 법학과, 사회학과, 사회복지학과

활용 자료의 유의점

- ⓘ 교과서에 수록된 작품만이 아니라 학교 도서관 소장 작품이나 지역 문화 콘텐츠 등을 두루 활용
- ⓘ 계절, 사회적 쟁점, 지역 사회의 관심사 등을 적극적으로 고려하여 그와 관련된 작품을 선정
- ⓘ 한국 문학의 성격과 역사를 과거에 국한하지 말고 현재의 전개 양상이나 발전 과정 등을 탐구
- ⓘ 이론적인 배경보다는 문학사에서 중요하게 평가되어 온 작품을 중심으로 한국 문학의 성격과 역사를 이해

국어과

6

실용 국어

핵심키워드

☐ 비판적 평가 ☐ 협력적 문제 해결 ☐ 공감 ☐ 의사소통 ☐ 정보의 홍수 ☐ 정보의 신뢰성
☐ 팩트 체크 ☐ 가짜 뉴스 ☐ 님비현상 ☐ 코로나19 ☐ 감정이입 ☐ 갈등 ☐ 반사회적 범죄
☐ 반사회성 인격 장애 ☐ 사회적 관계 ☐ 조직 문화

영역 ## 정보의 해석과 조직

성취기준

[12실국02-02] 정보에 담긴 의도를 추론하고, 내용을 비판적으로 평가한다.

▶ 제시된 정보가 참인지 거짓인지, 사실인지 의견인지, 내용 선정에 편향성이 없는지, 적절한 가치를 내세우고 있는지 등 화자나 필자의 의도가 말과 글에 실현된 양상을 이해하고, 신뢰성, 타당성, 공정성의 기준을 적용하여 비판적으로 평가하도록 한다.

탐구주제

6. 실용 국어 — 정보의 해석과 조직

① '정보(Information)'란 실제 문제 해결에 도움이 될 수 있는 형태로 정리된 지식을 말한다. 인터넷의 발달로 '정보의 홍수'라고 불리는 요즘, 정보를 선택할 때는 기관, 저자, 게시자가 믿을 수 있는 상대인지 먼저 확인해야 한다. 신문이나 인터넷 기사를 검색하여 비판적 시각으로 살펴보고, 제시된 정보에 오류나 개인적 의견이 반영된 부분이 있는지 찾고, 잘못된 부분을 찾아 발표해 보자.

관련학과
미디어커뮤니케이션학과, 미디어학부, 법학과, 사회학과, 신문방송학과, 언론정보학과, 통계학과

② JTBC '뉴스룸'의 마지막에 '팩트 체크'라는 코너가 있다. 팩트가 무엇일까 알아보기 위해 뉴스의 한 꼭지를 이용한다는 것은 우리 사회에 '가짜 뉴스'가 만연해 있다는 것을 말해 준다. 인터넷에서 가짜 뉴스를 찾아 어떤 부분이 문제가 있는지 조사하고, 이러한 정보가 사회에 미치는 영향은 무엇인지 토론해 보자.

관련학과
미디어커뮤니케이션학과, 미디어학부, 법학과, 사회학과, 신문방송학과, 언론정보학과, 통계학과

영역 | 설득과 협력적 문제 해결

성취기준

[12실국03-02] 집단의 의사 결정 과정에 참여하여 합리적 방안을 탐색한다.

▶ 열린 자세로 여러 사람의 의견을 비교하며 듣게 함으로써 수용적 이해 능력을 신장하고, 적극적 경청을 통하여 공동체의 문제 해결 과정에 능동적으로 참여하는 자세를 갖게 한다.

[12실국03-03] 대화와 타협으로 갈등을 조정하여 문제를 협력적으로 해결한다.

▶ 갈등의 원인과 문제의 핵심을 검토하고, 상대를 만나 문제를 확인하여 상대방의 처지와 관점을 이해하고, 대화와 타협으로 문제를 해결하는 과정을 경험하도록 한다.

탐구주제

6.실용 국어 — 설득과 협력적 문제 해결

① 서울 ○○구에 특수학교 설립을 앞두고 주민들의 반대 시위가 열렸다. 특수학교가 필요하다는 사실에는 공감하지만 내 지역에는 안된다는 님비현상의 대표적 사례이다. 이러한 시설이 실제로 지역 경제에 어떤 영향을 미쳤는지 탐색해 보고, 이와 유사한 사례를 조사하여 발표해 보자.

관련학과
공공행정학과, 노인복지학과, 도시계획부동산학과, 도시행정학과, 법학과, 사회학과, 사회복지학과, 아동가족학과, 아동복지학과, 언론정보학과, 신문방송학과, 응용통계학과, 통계학과

② '코로나19로 중국 우한 교민들의 자가 격리가 ○○시의 ○○시설에서 이루어진다'라는 소식에 해당 지역 주민들이 크게 반발하였다. 그러나 관계 부처 직원들과 주민들의 대화와 타협으로 주민들은 정부의 결정을 수용하게 되었다. 이와 유사한 사례들을 찾아 공동체 문제 발생의 원인과 해결 방안에 대해 토의해 보자.

관련학과
공공행정학과, 사회학과, 신문방송학과

영역 | 대인관계와 의사소통

성취기준

[12실국04-02] 상대의 감정을 공감적으로 수용하며 자신의 감정을 적절하게 표현한다.

▶ 공감 능력은 인성 차원에서 매우 핵심적인 요소이므로 인성 교육과 연관 짓고, 서로의 속 이야기를 나눈 것에 대해서는 비밀을 유지하는 등 상호 신뢰가 바탕이 되어야 함도 인식하도록 한다.

탐구주제

1 '감정이입(感情移入)' 또는 '공감(共感)'은 다른 사람이 준거 기준 내에서 경험한 바를 이해하고 느끼는 능력으로서, 누군가가 다른 사람의 입장에서 생각해 보는 능력이다. 내가 가족이나 친구들과 공감을 통해 갈등을 극복한 사례가 있는지 발표하고, 공감의 중요성에 대해 토론해 보자.

관련학과
사회학과, 노인복지학과, 문화콘텐츠학과, 사회복지학과, 아동가족학과, 아동복지학과, 재활상담학과, 외교학과

2 요즘 반사회적 범죄 사건과 사이코패스와 같은 반사회성 인격 장애를 가진 사람들의 이상행동이 증가하고 있어 사회적 문제가 되고 있다. 이들은 사회적 규범을 따르지 않고, 사기성이 있으며, 충동적이고, 무책임하고, 무모하며, 후회나 죄의식과 같은 감정을 느끼지 않는다. 이는 공감 능력 부족에서 기인한다. 공감 능력을 기르고 사회적 관계를 개선하기 위한 방안에 대해 발표해 보자.

관련학과
심리학과, 상담심리학과, 사회학과, 아동가족학과

영역

문화와 교양

성취기준

[12실국05-01]   자신이 속한 공동체의 의사소통 문화를 이해한다.

▶ 취업을 염두에 두고 한국의 직장 공동체 문화를 이해하는 데 중점을 두도록 하며 언어 한국의 의사소통 문화에 대한 이해를 바탕으로 하여 보고와 지시, 업무 협조, 고객 응대 등 업무를 처리하는 다양한 장면에서의 의사소통 문화를 이해하도록 한다.

탐구주제

1 코로나19로 일상생활에 많은 변화가 생겼다. 외출할 때는 반드시 마스크를 끼며, 사람이 많이 모이는 곳에는 가지 않는다. 재택근무가 증가했을 뿐만 아니라 학교 수업도 원격으로 이루어진다. 코로나19 이후 친구, 선생님 등 여러 사람들과 소통하는 방식의 종류를 나열해 보고, 코로나19 이전의 의사소통 문화와 비교해 보자.

관련학과
미디어커뮤니케이션학과, 미디어학부, 사회학과, 신문방송학과, 언론정보학과, 아동·청소년학과

2 최근 몇 년간 일부 직장에서는 수평적인 조직 문화를 만들고자 직급 호칭 파괴 운동을 시행하였지만 하급자의 부담으로 실효성이 낮았다. 그러나 부장님, 차장님, 과장님 등과 같이 상사를 높이 부르던 직장 내 호칭 문화는 바뀌어야 한다는 목소리가 우세하다. 즉 직장 내 호칭에서 계급장을 떼고 '매니저', '프로' 등 수평적 호칭으로 바꾸거나 직장 내의 역할로 적절하게 부르자는 것이다. 직장 내 언어 형태가 조직 문화에 미치는 영향에 대해 토의해 보자.

관련학과
미디어커뮤니케이션학과, 미디어학부, 사회학과, 신문방송학과, 언론정보학과, 아동·청소년학과

- (!) 지나치게 전문적인 토의 지식을 습득하는 데 중점을 두지 않도록 유의
- (!) 실제 직무를 수행하는 의사소통 장면이나 문서 서식 등을 활용하여 실제적인 학습 실천
- (!) 실제 업무 상황을 다룬 만화, 소설, 드라마, 영화 장면이나 전자 우편과 인터넷 게시판 등 여러 매체를 활용
- (!) 실제 직무에서 사용하는 언어 자료를 활용하여 문장을 비판적으로 점검하고, 자신의 문장 사용을 성찰
- (!) 인터넷 정보 검색 등 컴퓨터 활용과 관련된 기술적인 방법을 습득하는 데 치중하지 않도록 유의

💬 MEMO

국어과

7

심화 국어

핵심키워드

☐ 언어 공동체 ☐ 정보화 사회 ☐ 설문조사 ☐ 민식이법 ☐ 어린이 보호구역 ☐ 민주정치
☐ 지역문제 ☐ 언어 문화 ☐ 한국어 위상 ☐ 표절 ☐ 언어폭력 ☐ 사이버 폭력

영역 ## 논리적 사고와 의사소통

성취기준

[12심국01-02] 대상과 목적을 고려하여 정보를 체계적으로 조직한다.

▶ 의사소통의 대상과 목적에 대한 분석에 그치는 것이 아니라 분석 결과를 바탕으로 하여 정보를 체계적
으로 조직하는 실제적인 방법을 익히도록 한다.

탐구주제

7.심화 국어 — 논리적 사고와 의사소통

① 현대 사회는 정보화 사회라고 불릴 만큼 수많은 정보가 넘쳐나고 있다. 그러므로 자신에게 필요한 정보를 찾아내고, 그 것을 체계적으로 정리할 수 있어야 한다. 면담이란 궁금한 내용을 알아보기 위하여 얼굴을 마주하고 이야기하는 것이 다. 내가 '○○학과' 입학사정관이라 가정하고, 학과에 적합한 학생 선발을 위한 면접 질문 내용 목록을 만들어 보자.

관련학과
사회학과, 심리학과

② '설문조사'는 미리 구조화되어 있는 설문지나 면접을 통하여 사회현상에 관한 자료를 수집하고 분석하는 연구 방법으 로, 관찰하려는 사항에 대해서 지식을 소유하고 있는 전문가가 설문 내용을 분석하고, 이를 통해 결과를 통합하여 조 사목적을 달성하려는 것을 목표로 한다. '원격 수업이 저소득층 자녀에게 미치는 학습 효과'를 주제로 설문지를 작성 해 보자.

관련학과
사회학과, 심리학과

영역 비판적 사고와 문제 해결

성취기준

[12심국02-03] 문제 해결에 필요한 방안을 탐색하여 합리적으로 의사 결정한다.

▶ 공동의 사고를 통해 타인의 의견을 존중하고, 공동의 의사 결정 과정에 적극적으로 참여하는 태도를 갖추어야 함을 강조한다.

탐구주제

7.심화 국어 — 비판적 사고와 문제 해결

① 어린이 보호구역 내 교통사고를 예방하고자 이에 관한 내용이 공론화를 거쳐 '민식이법'으로 개정되었다. 2020년 3월 25일부터 시행된 '민식이법'에는 어린이 보호구역 내 신호등과 과속단속 카메라 설치 의무화, 어린이 보호구역 내 안전 운전 의무 부주의로 사망이나 상해 사고를 일으킨 가해자를 가중처벌하는 내용을 담고 있다. 이와 같이 일상의 문제 해결을 위해 법제화된 사례가 있는지 조사해 보자.

관련학과
경찰행정학과, 공공행정학과, 법학과, 사회복지학과, 사회학과, 언론정보학과

② 민주정치의 오랜 역사와 전통을 가진 나라에서는 공청회가 전형적인 주민 참여의 방법으로 이용되어 왔다. 공청회는 각계각층의 의견을 청취, 수렴하여 이를 국가시책이나 사회제도 입안에 반영하는 데 그 취지가 있다. 주민 공청회를 통해 지역 문제를 해결하거나 합리적 의사 결정을 한 사례가 있는지 조사해 발표해 보자.

관련학과
사회학과, 행정학과, 법학과

영역 창의적 사고와 문화 활동

성취기준

[12심국03-03] 공동체의 언어문화 발전에 능동적으로 참여하는 태도를 지닌다.

▶ 의사소통 문화에 대한 비판적 언어 인식을 통해 문제점을 진단하고, 이를 바람직하고 발전적인 방향으로 개선하는 데 능동적으로 참여하는 태도를 기르도록 한다.

① 우리는 사회의 구성원으로서 공동체를 유지하고, 발전시키기 위해 다른 구성원들과 언어를 사용하여 의사소통을 한다. 소통 방식은 계층, 연령, 성별, 직업 등에 따라 다르게 나타난다. 이중 청소년들의 언어문화에 대해 조사하고, 바람직한 언어생활을 위해 어떤 노력이 필요한지 발표해 보자.

관련학과

미디어커뮤니케이션학과, 미디어학부, 사회학과, 신문방송학과, 언론정보학과, 아동·청소년학과

② 세계 속에서 한국어의 위상이 높아지면서 한국어에 대한 외국인의 관심도 커지고 있다. 미국, 중국, 일본, 호주 등 여러 나라의 고등학교에서 한국어를 제2외국어로 채택하고 있으며, 해마다 한국어능력시험 응시자 수도 꾸준히 증가하고 있다. 반면 우리는 다양한 매체를 통해 정체불명의 새말이나 비속어를 무분별하게 사용하는 등 한국어를 파괴하고 있다. 우리가 한국어의 진정한 세계화를 이루기 위해 필요한 것은 무엇인지 토의해 보자.

관련학과

사회학과, 문화콘텐츠학과

영역

윤리적 사고와 학문활동

성취기준

[12심국04-01] 쓰기 윤리의 중요성을 인식하고, 책임감 있는 태도로 글을 쓴다.

▶ 쓰기 윤리를 위반하는 기준에 대한 명확한 이해를 바탕으로, 다른 사람이 생산한 자료를 표절하지 않고 올바르게 인용하기, 연구 결과를 과장하거나 왜곡하지 않고 사실에 근거하여 기술하기 등에 중점을 두어 쓰기 윤리의 중요성을 인식시키고 이를 준수하는 태도를 함양한다.

[12심국04-03] 매체 이용과 표현의 윤리를 준수하는 태도를 지닌다.

▶ 매체 이용 윤리의 중요성과 무분별한 매체 사용으로 인한 피해의 심각성을 인식하도록 하는 데 중점을 둔다.

탐구주제

7.심화 국어 ― 윤리적 사고와 학문활동

① '표절'이란 다른 사람이 쓴 글을 마치 자신이 쓴 것처럼 행하는 행위를 말한다. 표절은 다른 사람의 창작물을 본떠서 나름대로 재창조한 모방이나, 다른 사람의 작품을 풍자, 해학적으로 재창작한 패러디와도 구별된다. 요즘 유명인이나 정치인들의 논문 표절이 사회적 이슈가 되고 있지만, 정작 본인들은 크게 죄의식을 갖지 않아 더욱 문제가 되고 있다. 표절 사례를 유형별로 조사하고, 표절이 사회에 미치는 영향에 대해 토의해 보자.

관련학과

법학과, 사회학과, 소비자학과, 문헌정보학과

2 최근 유명 연예인들의 악성 댓글로 인한 자살 뉴스가 모두를 안타깝게 한다. 악플은 일종의 언어폭력으로 인터넷상에서 상대방이 올린 글에 대한 비방이나 험담을 하는 악의적인 행위이다. 따라서 상대방에게 모욕감이나 치욕감을 줄 우려가 있다고 하여 우리나라에서는 정보통신망 이용촉진 및 정보보호 등에 관한 법률 명예훼손 또는 형법 모욕죄에 의해 규제된다. 악성 댓글의 피해 사례를 조사하고, 악성 댓글의 원인과 예방 대책에 대해 토론해 보자.

관련학과
미디어커뮤니케이션학과, 미디어학부, 사회학과, 신문방송학과, 언론정보학과, 아동·청소년학과

3 사이버 폭력은 사이버 공간에서 다양한 형태로 타인에게 가해지는 괴롭힘을 의미하며, 신체적 폭력을 수반하는 전통적인 폭력과는 달리 그 형태가 다양하다. 사이버 폭력의 가해자는 피해자의 고통을 직접 눈으로 확인할 수 없기 때문에 죄책감을 느끼거나 자신이 가해 행위를 한다고 생각하지 못하는 경우가 많다. 사이버 폭력의 사례를 유형별로 분류하고, 문제점과 대처 방안을 토의해 보자.

관련학과
법학과, 심리학과, 상담심리학과, 사회학과

활용 자료의 유의점

(!) 주제를 선정할 때에는 일상의 단순한 주제보다 관심 있는 학문 분야의 주제를 선정

(!) 쓰기 윤리 위반과 관련된 문제의 중대성과 피해의 심각성을 이해하는 데 중점

(!) 매체 이용과 표현의 윤리를 학습할 때 매체 자료 편집 방법이나 컴퓨터 활용 기법에 편중되지 않도록 유의

(!) 작가나 작품에 대한 배경지식을 학습하기보다는 언어 예술에 대한 학습자의 고유하고 온전한 반응, 아름다움에 대한 향유, 미적 가치에 대한 인식에 중점

💬 **MEMO**

국어과

8

고전 읽기

핵심키워드

☐ 자아 성찰   ☐ 인간과 세계에 대한 이해   ☐ 에밀   ☐ 분리된 평화   ☐ 내면 세계
☐ 주홍 글자   ☐ 낙인   ☐ 오만과 편견   ☐ 물질주의   ☐ 허위의식

영역 **고전의 가치**

성취기준

[12고전01-01]   고전의 특성을 이해하고, 고전 읽기의 중요성을 인식한다.

▶ 인간은 고전을 통해 자신의 삶을 돌아보고, 현재를 판단하며, 미래를 계획할 수 있다. 자신의 경험이나
  다른 사람들의 사례를 바탕으로 하여 고전을 통해 인간과 세계에 대한 이해를 넓히는 일의 중요성을
  인식하도록 한다.

탐구주제

8.고전 읽기 — 고전의 가치

① 주인공 에밀이 성장하여 아버지가 될 때까지의 과정과 그 과정 동안 그가 받은 교육을 서술한 루소의 「에밀」에서 교사는 어린이에게 자유를 최대한 보장하여 많은 경험을 쌓을 수 있도록 도와야 한다고 주장하고 있다. 루소가 우리나라에 온다면 에밀을 어떻게 교육했을지 생각해 보고, 오늘날 대한민국 교육에 필요한 것은 무엇인지 토론해 보자.

(장 자크 루소(2015), 에밀, 돋을새김)

관련학과
교육계열, 아동가족학과, 아동복지학과

② 고전이란 일시적인 베스트셀러와는 대립되는 개념으로, 문학의 역사에서 시대를 초월하여 높이 평가되는 문학예술 작품을 말한다. 고전은 시대를 관통했던 생각들과 사상들을 알 수 있어 창의력이 중요한 요즘 같은 시대에 조금 더 깊이 있는 생각을 할 수 있게 도와준다. 소년들의 이야기를 통해 인간에게 내재 되어 있는 야수성을 보여 준 존 놀스의 소설 「분리된 평화」를 읽고, 주인공의 내면세계를 자신의 경험에 비추어 서평해 보자.

(존 놀스(2014). 분리된 평화, 문예출판사)

관련학과
심리학과, 상담심리학과, 사회학과

영역 **고전의 수용**

성취기준

[12고전02-03] 현대 사회의 맥락을 고려하여 고전을 재해석하고, 고전의 가치를 주체적으로 평가한다.

▶ 고전을 읽으면서 현시대에서 그 의미를 다시 해석하고, 가치를 새롭게 인식하도록 한다.

[12고전02-04] 고전을 통해 알게 된 사실과 깨닫게 된 점을 바탕으로 삶의 다양한 문제에 대처할 수 있는 교양을 함양한다.

탐구주제

8.고전 읽기 — 고전의 수용

① 너다니엘 호손의 「주홍 글자」는 엄격한 청교도 사회와 죄인의 고독을 처절하게 그려낸 소설이다. 17세기 미국의 어둡고 준엄한 청교도 사회를 배경으로 죄지은 사람의 고독한 심리를 묘사한 걸작으로 꼽힌다. 현 사회에서 '주홍 글자'의 상징적 의미를 재해석해 보자. 그리고 오늘날 주홍 글자 즉, '낙인'을 새기고 살아가고 있는 사람들은 없는지 사례를 조사해 보고, 낙인이 개인 및 사회에 미치는 영향에 대해 토의해 보자.　　*(너다니엘 호손(2007), 주홍 글자, 민음사)*

관련학과
경찰행정학과, 법학과, 사회학과, 심리학과

② 고전은 시대가 바뀌고 살아가는 환경이 바뀌어도 오늘날 우리에게 많은 교훈과 감동을 준다. 과거에 겪은 일들이 현재에도 비슷하게 반복되기 때문이다. 결혼을 둘러싼 당대의 물질지향적인 세태와 허위의식을 날카롭게 풍자해낸 제인 오스틴의 「오만과 편견」을 읽고 오만과 자존감의 차이에 대해 생각해 보고, 자신이 생각하는 행복한 결혼의 조건에 대해 발표해 보자.　　*(제인 오스틴(2003), 오만과 편견, 민음사)*

관련학과
문화콘텐츠학과, 사회학과, 심리학과

활용 자료의 유의점

ⓘ 고전의 수용이 지나치게 한 분야에 치우치지 않도록 유의

ⓘ 고전으로 분류되는 글이나 책에 대한 정보를 비교하며 공통점과 차이점을 파악

ⓘ 고전이 쓰인 당시의 시대적 특성이나 사회적 배경, 문화 요인 등을 고려하여 고전의 내용을 이해

ⓘ 고전을 읽을 때는 원문의 일부분만을 발췌하여 읽지 않도록 하고, 한 편의 글이나 한 권의 책을 완독

ⓘ 고전에 담긴 문제 해결의 지혜를 정리하고, 고전의 내용을 바탕으로 여러 가지 문제의 해결 방안을 모색

사회과 교과과정

사회과

1

한국사

핵심키워드

☐ 고대 사회 ☐ 종교와 사상 ☐ 근대 국민 국가 ☐ 신분 체제 ☐ 흥선대원군 ☐ 민족운동 ☐ 민주화 ☐ 경제성장
☐ 남북화해 ☐ 근대화 ☐ 개항장 ☐ 해외 이주 ☐ 일제 강점기 ☐ 6.25 전쟁 ☐ IMF ☐ 국채보상운동

영역 ## 전근대 한국사의 이해

성취기준

[10한사01-02] 고대 사회의 종교와 사상을 시기별로 살펴보고, 정치·사회적 기능을 파악한다.

> ▶ 재래 신앙과 외래 종교 및 사상이 고대 사회에 미친 다양한 영향을 살펴보고, 신라 말기의 사회 변화 속에서 선종, 풍수지리설의 유행이 갖는 의미를 이해하도록 한다.

[10한사01-05] 조선 시대 세계관의 변화를 국내 정치 운영과 국제 질서의 변동 속에서 탐구한다.

[10한사01-06] 조선 시대 신분의 구성과 특성을 살펴보고, 양난 이후 상품 화폐 경제가 발달하면서 신분제에 변동이 나타났음을 이해한다.

탐구주제

1.한국사 ― 전근대 한국사의 이해

① 선사 시대부터 인류는 원시적 신앙과 예술 활동을 통해 안전하고 풍요로운 삶을 꿈꾸었다. 전 세계 곳곳에서 발견되는 동굴 벽화에는 주로 동물의 형상이 있는데 그것을 숭배하거나 풍요를 기원하기 위해서 그렸을 거라고 추측한다. 고대 사회의 종교와 사상을 반영한 문화유산 중 하나를 선정하여 '문화유산 홍보 포스터'를 만들어 전시해 보자.

관련학과
광고홍보학과, 사회학과, 문화인류학과, 사학과

탐구주제

(2) 조선 후기는 농업 생산량 증대와 화폐 경제의 발달로 서민의 경제력과 사회적 지위가 향상되어, 서민이 새로운 문화의 주체로 성장하였다. 화가 신윤복의 「단오풍정」, 김홍도의 「씨름도」 등의 풍속화나 「흥보전」, 「사씨남정기」, 「홍길동전」 등의 소설, 판소리 「춘향전」의 내용을 분석하여 당시 사회 변화나 생활상을 반영한 '가상 신문'을 만들어 친구들과 공유해 보자.　　(정종목(2004), 흥보전, 미디어창비) (김만중(2014), 사씨남정기, 문학동네) (허균(2009), 홍길동전, 민음사)

관련학과

사회학과, 문화콘텐츠학과, 문화인류학과, 문헌정보학과, 사학과

(3) 조선 후기에는 붕당 정치가 변질되면서 몰락한 양반이 등장하였다. 또한 부를 축적한 농민들이 족보를 위조하여 신분 상승을 하는 등 양반 중심의 신분 체제가 크게 흔들렸다. 이 시대 상민들이 받았던 차별과 이러한 차별에서 해방되고자 상민들은 어떤 노력을 기울였는지 자료를 찾아 발표해 보자.

관련학과

사회학과, 문화인류학과, 사학과

영역　근대 국민 국가 수립 운동

성취기준

[10한사02-01]	흥선대원군이 추진한 정책의 내용과 성격을 이해하고, 서구 열강의 침략적 접근에 대한 조선의 대응을 파악한다.
	▶ 세도 정치에 대한 저항과 열강의 침략적 접근이 심화되는 상황에서 흥선대원군이 집권하였음을 이해한다. 프랑스와 미국의 침략적 접근에 조선이 어떻게 대응했고, 그것이 현재에 주는 시사점이 무엇인지 파악한다.
[10한사02-03]	열강의 침략이 가속화되는 가운데 여러 세력이 추진한 근대 국민 국가 수립 노력을 탐색한다.
[10한사02-05]	개항 이후 열강의 경제 침략과 이로 인한 경제적 변화를 살펴보고, 이를 저지하기 위한 노력을 파악한다.
[10한사02-06]	개항 이후 근대 문물 수용으로 나타난 사회·문화적 변화를 살펴본다.

탐구주제

(1) 흥선대원군은 서양의 침략에 맞서려면 국가 재정을 확보하고, 군사력을 강화해야 한다고 주장하였다. 이를 위해 서양의 군사 기술을 도입해야 하지만 서양에 대한 강경한 대응을 통해 조선의 전통을 지켜야 한다는 모순된 모습을 보였다. 흥선대원군의 정책 가운데 하나를 골라 지지하거나 비판하는 이유를 발표해 보자.

관련학과

정치외교학과, 사회학과, 사학과

② 19세기 들어 서양 열강의 압력을 받은 동아시아 3국은 결국 모두 개항하였다. 청의 '이홍장', 일본의 '후쿠자와 유키지', 조선의 '김옥균'은 근대화 과정에서 활약한 대표적 인물이다. 이들의 주장하는 근대화의 방향과 한계를 비교해 보고, 동아시아 3국이 근대화를 위해 어떤 노력을 기울였는지 조사해 보자.

관련학과
정치외교학과, 사회학과, 사학과

③ 개항 초기에는 조선이 청나라에서 수입하는 양보다 일본에서 수입하는 양이 많았으나, 청나라와의 교역이 늘어나며 서서히 그 차이가 좁혀졌다. 그만큼 조선 시장을 둘러싼 일본과 청나라 사이의 다툼이 치열했던 것이다. 개항 이후 열강의 경제 침탈에 대항하여 국민들은 상권 침해 반대 운동, 토지 침탈 반대 운동, 국채보상운동 등 다양한 노력을 기울였다. 내가 만일 당시 사회를 살았다면 조선의 경제적 문제 상황을 극복하기 위해 무엇을 했을지 발표해 보자.

관련학과
경제학과, 사회학과, 정치외교학과, 국제관계학과, 사학과

④ 개항장은 근대 이후 국제조약에 따라 개방된 항구를 지칭하는 것으로 외국인 거류지가 설정되었고, 외교관이 주재하였다. 개항장은 서양 문물이 들어 오고, 조선 문물이 나가는 거점이었다. 개항장 안의 외국인 거주지 조계의 기능과 역할을 알아보고, 개항 이후 근대 문물 수용으로 인한 조선 사회의 변화 모습을 설명해 보자.

관련학과
정치외교학과, 국제관계학과, 사회학과

영역

일제 식민지 지배와 민족 운동의 전개

성취기준

[10한사03-01] 1차 세계 대전 전후 세계정세의 변화를 살펴보고, 일제의 식민지 지배 정책과 경제 구조 변화의 특징을 파악한다.

[10한사03-04] 사회 모습의 변화를 살펴보고, 다양한 사회 운동을 근대 사상의 확산과 관련지어 이해한다.

▶ 교통과 도시의 발달, 식민지 경제의 변화가 도시와 농촌 및 개인 삶에 미친 영향을 파악한다. 사회 문제의 해결을 위해 자유주의, 사회주의, 페미니즘 등 근대 사상에 입각하여 청년·농민·노동·여성·소년·형평 운동 등 다양한 대중 운동이 전개되었음을 인식한다.

[10한사03-05] 일제의 침략 전쟁 이후 식민지 지배 방식의 변화를 살펴보고, 전시 동원 체제로 달라진 민중의 삶을 사례 중심으로 파악한다.

탐구주제

(1) 조선 후기부터 일제 강점기를 거치면서 지배층의 수탈을 피하고, 나라를 되찾기 위하여 많은 사람이 해외로 이주하였다. 만주·연해주·미주·일본 등으로 이주한 동포들이 겪었을 어려움을 짐작해 보고, 한 곳을 선정하여 내가 당시 해외 이주 한국인이라 가정하며 '가상 일기'를 적어 보자.

관련학과

정치외교학과, 국제관계학과, 사회학과

(2) 일제 강점기에는 식민지 현실을 폭로하고, 일제에 맞서는 문학 활동이 등장하였고, 각계 분야의 문화·예술 활동이 활발히 전개되었다. 식민지 현실을 표현한 예술 작품이나 문학 작품을 선정해 당시 역사적 배경과 연결하여 이해하고, 느낀 점을 발표해 보자.

관련학과

국제관계학과, 문화콘텐츠학과, 사회학과

(3) 일본 정부는 한국 대법원이 강제 징용 피해자들에 대한 일본 기업의 배상 책임을 인정하였다는 이유로 경제 무역 보복을 실시하였다. 강제 징용 피해자에 대한 일본 정부와 우리 정부의 입장 차이를 비교하고, 일본의 사과와 배상을 요구하는 탄원서를 작성해 발표해 보자.

관련학과

정치외교학과, 국제관계학과, 무역학과

영역 | 대한민국의 발전

성취기준

[10한사04-01]	8·15 광복 이후의 정치적 상황을 세계 냉전 체제 형성과 관련하여 살펴보고, 통일 정부 수립을 위한 노력을 이해한다.
[10한사04-02]	대한민국 정부 수립의 과정과 의의를 살펴보고, 식민지 잔재를 청산하기 위한 노력을 설명한다.
[10한사04-03]	6·25 전쟁의 배경과 전개 과정을 살펴보고, 전후 남북 분단이 고착되는 과정을 파악한다.
[10한사04-04]	4·19 혁명과 그 이후의 정치 변화를 살펴보고, 독재에 맞선 민주화 운동과 그 의미를 탐구한다.
[10한사04-05]	경제 성장의 성과와 문제점을 살펴보고, 이에 따른 사회·문화의 변화를 파악한다.
[10한사04-07]	외환위기를 극복하기 위한 노력을 살펴보고, 이 시기에 당면한 사회적 과제를 탐구한다.
[10한사04-08]	남북 화해의 과정을 살펴보고, 동아시아 평화를 위해 공헌할 수 있는 방안을 생각해본다.

탐구주제

① 5·18 민주화 운동은 1979년 10·26 사태 이후 비상계엄령이 전국적으로 확대되면서 1980년 5월 18일에 전라남도 광주에서 일어난 대규모의 민주화 운동이다. 5·18 광주 민주화 운동은 한국 현대사 가운데 집권 세력에 대항한 최초의 무장항쟁이라는 중요한 역사적 의의가 있으며, 이후 6월항쟁으로 이어지는 민주화 운동의 실질적인 출발점이자 준거점이되었다. 이와 관련된 문학 작품이나 영화를 찾아 감상하고, 민주화 운동 피해자 및 유공자에게 편지를 써서 낭독해 보자.

관련학과
정치외교학과, 사회학과, 심리학과, 사학과

② 6·25 전쟁은 한반도 분단의 결과이며, 한반도의 분단은 제2차 세계 대전 종전을 전후하여 극동아시아 지역을 중심으로 펼쳐진 미국과 소련 등 주변 열강의 견제와 타협에서 비롯되었다. 휴전 후 한국인들은 새 국가 건설을 둘러싸고 다양한 주장을 내세웠다. 김구, 이승만, 여운형, 박헌영이 지향했던 사회의 조건을 조사하고, 당시 새로운 국가 건설을 위해 가장 필요했던 것은 무엇이었을지 토론해 보자.

관련학과
정치외교학과, 사회학과, 사학과

③ 해방 이후 민족 분단으로 인한 대립과 반목은 끝내 동족상잔의 비극을 불러왔다. 6·25 전쟁은 엄청난 희생자를 낳고, 한민족에게 치유하기 어려운 정신적 후유증을 남겼다. 전쟁이 우리 민족에게 미친 영향에 대해 토론해 보자. 전쟁과 가난이라는 가혹한 환경에서 동생들을 돌보며 희생하는 주인공의 이야기를 감동적으로 그린 권정생의 「몽실언니」를 당시 역사적 배경과 연계하여 이해하고, 느낀 점을 발표해 보자. *(권정생(2012), 몽실언니, 창비)*

관련학과
정치외교학과, 국제관계학과, 사회학과, 사학과

④ 민주화 운동은 독재정권과 권위주의적인 사회구조에 맞서 민주주의를 구현하기 위해 전개한 정치·사회적인 집단활동을 가리킨다. 전후 권위주의 체제에 저항하며 자유 민주주의적 기본 가치를 실현하고자 했던 민주화 운동의 결과로 이룩된 민주주의의 발전 과정과, 눈부신 고도 경제 성장의 과정 및 그로 인한 사회·문화의 변화 과정을 주제로 역사 신문을 제작해 보자.

관련학과
경제학과, 도시계획부동산학과, 도시행정학과, 부동산학과, 사회학과, 지리학과, 사학과

⑤ 산업화가 진행되면서 도시의 노동자 수도 증가하였지만 정부와 기업은 수출 중심의 경제 정책의 성과를 이루기 위해 노동자들의 권리를 제한하고, 저임금 정책을 고수하였다. "근로기준법을 준수하라! 노동자는 기계가 아니다!"라고 외치며 분신한 전태일이 쓴 탄원서를 읽고, 당시 경제 성장의 숨은 주역이었던 노동자들의 인권 침해에 대해 토의해 보자.

관련학과
경영학과, 경제학과, 사회학과, 법학과, 사학과

⑥ '금 모으기 운동'은 1997년 IMF 구제금융 요청 당시 대한민국의 부채를 갚기 위해 국민들이 자신이 소유하던 금을 나라에 자발적으로 내어놓은 운동이다. 이를 '제2의 국채보상운동'이라고 불렀다. 당시 외환 위기를 오늘날 경제 위기 상황과 비교하고, 향후 이를 극복하기 위한 대안을 제시하는 공익 포스터를 만들어 보자.

관련학과
경제학과, 금융학과, 사회학과, 사학과

탐구주제

(7) '판문점'은 남북의 공동 경비 구역(JSA)으로 1953년 정전 협정이 체결된 뒤 한반도의 분단을 상징하는 장소가 되었다. 그러나 2018년 남북 두 정상이 만나면서 평화의 상징이 되었다. 통일 한국 이후 판문점을 장소 마케팅할 경우 사용할 '홍보 포스터'를 만들어 친구들과 공유해 보자.

관련학과
국제학부, 정치외교학과, 광보홍보학과, 관광학, 문화콘텐츠학과, 지리학과

활용 자료의 유의점

- ⚠ 지도, 연표, 그림, 도표, 사진 등 시각 자료를 활용
- ⚠ 역사적 사건이나 인물을 소재로 한 문학 작품, TV 드라마, 다큐멘터리, 영화 등을 활용
- ⚠ 서구 문물의 유입으로 변화된 생활 모습을 학습할 때 당시의 신문이나 사진 자료를 활용
- ⚠ 다양한 인간 군상이 등장하는 문학 작품을 독서 토론 소재로 선택하여 주인공들의 입장과 생각을 역사적 사실과 연결

💬 MEMO

사회과

2

통합사회

핵심키워드

☐ 행복 지수 ☐ 자연환경 ☐ 생활 공간 ☐ 인권 ☐ 정의 ☐ 문화 ☐ 세계화 ☐ 지속 가능한 삶
☐ 재난 ☐ 지열발전소 ☐ 산업화 ☐ 소금법 ☐ 대체복무제 ☐ 사회적 소수자 ☐ 기업가정신
☐ 윤리적 소비 ☐ 교육기회의 불균형 ☐ 다문화사회 ☐ 분쟁 해결

영역 **인간, 사회, 환경과 행복**

성취기준

[10통사01-03] 행복한 삶을 실현하기 위한 조건으로 질 높은 정주 환경의 조성, 경제적 안정, 민주주의의 발전 및 도덕적 실천이 필요함을 설명한다.

▶ 사람이 사람답게 살아가기 위한 질 높은 정주 환경의 조성, 삶의 질을 유지하기 위한 경제적 안정, 시민의 참여가 활성화되는 민주주의의 실현, 도덕적으로 행위하고 성찰하는 삶 등 행복한 삶을 실현하기 위한 조건들을 균형 있게 다루도록 한다.

탐구주제

2.통합사회 — 인간, 사회, 환경과 행복

① '행복 지수'란 국내총생산(GDP) 등 경제적 가치뿐 아니라 삶의 만족도, 미래에 대한 기대, 실업률, 자부심, 희망, 사랑 등 인간의 행복과 삶의 질을 포괄적으로 고려해 산출된 지표이다. 행복 지수가 높은 나라들의 공통점은 무엇인지 살펴보고, 나의 행복 지수에 영향을 미치는 요인들을 나열해 보자. 국가별 행복 지수에서 한국은 2020년 61위로 작년보다 7계단 내려갔다. 우리 국민의 행복 지수가 낮은 이유를 생각해 보자.

관련학과
심리학과, 사회학과

② 마음의 병을 앓고 있는 사람들을 치료하던 정신과 의사가 행복의 참된 의미를 찾아 여행을 떠난다는 내용을 담은 「꾸뻬씨의 행복 여행」을 읽고 행복은 자기중심적인 집착에서 벗어나 자신에 대한 진정한 이해와 화해가 이루어질 때 찾아온다는 말에 대한 의미가 무엇인지 이야기해 보자. *(프랑수아 를로르(2004), 꾸뻬씨의 행복 여행, 오래된미래)*

관련학과
사회학과, 심리학과

자연환경과 인간

성취기준

[10통사02-01] 자연환경이 인간의 생활에 미치는 영향에 관한 과거와 현재의 사례를 조사하여 분석하고, 안전하고 쾌적한 환경 속에서 살아갈 시민의 권리에 대해 파악한다.

▶ 기후와 지형 등 자연환경에 따른 생활양식의 차이를 다루고, 자연환경의 영향으로 인해 인간의 삶이 위협받는 사례를 조사하고, 이와 관련하여 시민에게 보장된 권리를 파악한다.

[10통사02-02] 자연에 대한 인간의 다양한 관점을 사례를 통해 설명하고, 인간과 자연의 바람직한 관계에 대해 제안한다.

▶ 자연에 대한 인간의 다양한 관점은 인간 중심주의와 생태 중심주의를 중심으로 다루되 구체적인 사례를 통해 학습하도록 한다. 그리고 자연 생태계와 인간의 삶은 유기적으로 연계되어 있음을 고려하면서 인간과 자연의 바람직한 관계를 다루도록 한다.

[10통사02-03] 환경 문제 해결을 위한 정부, 시민사회, 기업 등의 다양한 노력을 조사하고, 개인적 차원의 실천 방안을 모색한다.

▶ 국내외적으로 발생하는 환경 문제 해결을 위한 정부의 제도적 노력이나 시민단체들의 시민운동 및 캠페인, 기업 차원에서의 시설 정비 및 기술 개발 등 다양한 실제 사례들을 조사하고, 개인적 차원에서 할 수 있는 분리수거, 에너지 절약 등 실천 방안을 탐색할 수 있도록 한다.

탐구주제

2.통합사회 ― 자연환경과 인간

① 우리나라는 매년 여름철 집중 호우로 인한 수위 상승으로 저지대가 범람하여 인명과 재산에 막대한 피해를 입고 있으며, 이로 인한 산사태와 지반 침하는 또 다른 위협이 된다. 재난 관련 신문 및 인터넷 자료를 활용하여 재난의 구체적 사례를 조사하고, 공공의 안전을 위한 국가의 역할과 안전 문제 해결의 원칙을 말해 보자.

관련학과
지리학과

② '지열발전소'는 원자력발전소, 태양열·태양력·풍력발전소와는 달리, 환경오염이 거의 없고 지속 가능한 발전이 가능하다는 점에서 미래 성장동력으로 주목받아왔다. 그러나 포항지진과 포항지열발전소와의 연관성이 높다는 정부조사단의 발표로 공사가 중단되었다. 이를 인간과 자연과의 관점에서 설명해 보자.

관련학과
경제학과, 공공행정학과, 지리학과

③ '미세먼지'는 사람의 눈에 보이지 않을 정도로 작은 먼지 입자이다. 주로 연료를 태우는 등 인위적인 원인으로 발생하며, 호흡 과정에서 폐에 들어가 폐 질환 등의 원인이 된다. 미세먼지와 황사를 비교하고, 미세먼지를 줄이기 위해 정부, 시민단체, 기업, 개인은 각각 어떤 노력을 해야 하는지 토의해 보자.

관련학과
공공행정학과, 국제관계학과, 국제학부, 지리학과

영역 | 생활공간과 사회

성취기준

[10통사03-01] 산업화, 도시화로 인해 나타난 생활공간과 생활양식의 변화 양상을 조사하고, 이에 따른 문제점을 해결하기 위한 방안을 제안한다.

> ▶ 산업화와 도시화로 인해 나타난 생활공간의 변화 양상으로는 거주 공간, 생태 환경 등의 변화를 다루며, 생활양식의 변화 양상은 도시성의 확산, 직업의 분화, 개인주의 가치관의 확산 등에 초점을 둔다.

[10통사03-03] 자신이 거주하는 지역을 사례로 공간 변화가 초래한 양상 및 문제점을 파악하고, 이를 해결하기 위한 방안을 제안한다.

> ▶ 자신이 거주하는 지역의 토지 이용, 산업 구조, 직업, 인구, 인간관계, 생태 환경 및 주민의 가치관 등의 변화를 중심으로 살펴볼 수 있으며, 이 과정에서 나타난 문제점과 그 해결 방안을 탐구하도록 한다.

탐구주제

2.통합사회 ─ 생활공간과 사회

① 산업화와 도시화는 생활공간과 주민들의 생활양식을 빠르게 변화시켰다. 최근에는 교통·통신의 발달로 촌락에 도시적 생활양식이 전파되면서 도시와 촌락이 하나의 생활권을 형성하고 있다. 내가 사는 지역의 과거 모습과 현재 모습을 비교한 후 변화 이후 좋아진 점과 문제점을 찾아 발표해 보자.

관련학과
도시계획부동산학과, 도시행정학과, 부동산학과, 사회학과, 지리학과

② 각종 자료를 통해 30년 전 도시의 모습과 오늘날 도시의 모습을 비교하고, 30년 전 도시에서 발생한 사건, 사고를 조사해 오늘날과 비교해 보자. 도시화로 발생한 사회적·개인적 문제를 제시하고, 문제 해결 방안을 토의해 보자.

관련학과
공공행정학과, 도시계획부동산학과, 도시행정학과, 부동산학과, 사회학과, 지리학과

영역 | 인권보장과 헌법

성취기준

[10통사04-02] 인간 존엄성 실현과 인권 보장을 위한 헌법의 역할을 파악하고, 준법 의식과 시민 참여의 필요성에 대해 탐구한다.

> ▶ 인권과 헌법의 관계, 인권 보장을 위해 헌법에 규정된 제도적 장치 등을 다룬다. 준법 의식과 함께 정의 실현, 인간존엄성 실현 등을 위해 시민 불복종 등 시민 참여의 의미와 필요성을 함께 생각하고, 시민 불복종의 정당화 조건에 대해서도 다루도록 한다.

사회적 소수자 차별, 청소년의 노동권 등 국내 인권 문제와 인권지수를 통해 확인할 수 있는 세계 인권 문제의 양상을 조사하고, 이에 대한 해결 방안을 제시한다.

▶ 사회적 소수자의 사례로는 장애인, 이주 외국인 등을 다룰 수 있으며, 청소년 노동권의 경우 청소년들이 일을 하면서 보장받아야 할 권리 및 관련 법규를 청소년 아르바이트와 같은 사례에 적용하여 다룰 수 있다.

탐구주제

2. 통합사회 ― 인권보장과 헌법

① 인도의 소금법 반대 행진은 외세에 의한 인도의 정복을 상징하는 '소금법'에 항거한 시민불복종 운동이다. '소금법'은 인도인의 소금 채취를 금지하고, 영국의 전매사업으로 하여 소금에 과도한 세금을 물리는 법이다. 이외 시민 불복종 사례를 조사하여 발표해 보자.

관련학과
국제관계학과, 국제학부, 법학과, 사회학과, 정치외교학과

② 양심적 병역 거부자들은 개인의 신앙이나 신념으로 병역을 거부하여 법원으로부터 실형을 선고를 받아 왔지만, 대체복무제가 도입되어 국방의 의무를 다른 방식으로 이행하도록 하였다. 대체복무제가 사회에 미친 영향과 시민 불복종의 정당화 조건은 무엇인지 토론해 보자.

관련학과
사회학과, 군사학과

③ 사회적 소수자는 신체적 또는 문화적 특성 때문에 자기가 사는 사회의 다른 구성원들과 구분되어 불평등한 처우를 받는 사람들로서, 스스로 집합적 차별의 대상임을 인식하는 사람들의 집단이다. 사회적 소수자들의 인권을 알리는 UCC, 포스터, 게시물 등을 만들어 전시해 보자.

관련학과
사회학과, 사회복지학과, 법학과

영역

시장경제와 금융

성취기준

[10통사05-02]   시장경제의 원활한 작동과 발전을 위해 요청되는 정부, 기업가, 노동자, 소비자의 바람직한 역할에 대해 설명한다.

▶ 시장경제의 원활한 작동과 발전을 위해 요청되는 시장 참여자들의 역할은 시장의 한계와 관련지어 제시한 것이다. 정부의 역할, 기업가정신, 기업의 사회적 책임, 노동권, 윤리적 소비 등에 대해서도 함께 다룬다.

(1) 기업가정신은 기업의 본질인 이윤을 추구하고, 사회적 책임을 수행하기 위하여 기업가가 갖추어야 할 자세나 정신을 이르는데 기업이 처한 상황과 시대에 따라 변화한다. 또한 기업 활동에서 계속적으로 혁신하여 나가려고 하며 사업 기회를 실현시키기 위하여 조직하고, 실행하고, 위험을 감수하려고 한다. 성공적인 창업은 '기업가정신'이 결정한다. 오늘날 창업주가 가져야 할 기업가정신에 대해 말해 보자.

관련학과

경영정보학과, 경영학과, 경제학과, 소비자학과

(2) 고용계약은 당사자 일방이 상대방을 위하여 노무를 제공할 것을 약정하고, 그 상대방은 이에 대하여 보수를 지급할 것을 약정하는 계약이다. 자본주의 발전에 따라 고용계약 당사자 간의 계약 지위 불평등이 심화되자 이러한 문제점 해결을 위한 법(근로기준법·노동조합법 및 노동관계 조정)이 제정되어 당사자 간의 실질적 평등을 이룰 수 있도록 했다. 고용주와 노동자의 관계로 역할을 분담한 후 고용 계약서를 작성하여 발표해 보자.

관련학과

경영정보학과, 경영학과, 경제학과, 소비자학과, 호텔경영학과

(3) 윤리적 소비는 소비자가 상품이나 서비스 따위를 구매할 때 윤리적인 가치 판단에 따라 의식적으로 올바른 선택을 하는 것을 말한다. 예를 들어 인간이나 동물·환경에 해를 끼치는 상품은 피하고, 환경과 지역 사회에 도움이 되거나 공정 무역을 통해 만들어진 제품을 구매하는 것 등이 있다. 일상생활에서 내가 할 수 있는 윤리적 소비에는 어떤 것들이 있는지 발표해 보자.

관련학과

경제학과, 소비자학과, 사회학과

영역
사회정의와 불평등

성취기준

[10통사06-02] 다양한 정의관의 특징을 파악하고, 이를 구체적인 사례에 적용하여 평가한다.

▶ 자유주의적 정의관과 공동체주의적 정의관을 바탕으로 개인의 권리와 공동체에 대한 의무, 사익과 공익(공동선) 등의 문제를 중심으로 탐구하도록 한다.

[10통사06-03] 사회 및 공간 불평등 현상의 사례를 조사하고, 정의로운 사회를 만들기 위한 다양한 제도와 실천 방안을 탐색한다.

▶ 사회 계층의 양극화, 공간 불평등, 사회적 약자에 대한 차별 등의 사례를 조사하여 원인을 분석하고, 이를 해결하기 위한 사회 복지 제도, 지역 격차 완화 정책, 적극적인 우대 조치 등을 다루도록 한다.

탐구주제

(1) 최근 반려동물을 키우는 사람들이 증가하고 있다. 하지만 반려동물에게 목줄을 채우지 않는 견주와 주민들 사이에 갈등이 커지고 있다. 실제로 산책하던 한 노부부가 개한테 물려 중태에 빠지고, 소형 반려견을 대형 반려견이 물어 죽이는 등 반려견 관련 뉴스가 자주 등장하여 사회 문제가 되고 있다. 여기서 대립하는 권리는 무엇이며, 이와 유사한 사례를 찾아 발표해 보자.

관련학과
법학과, 사회학과

---

(2) '개천에서 용 난다'는 옛말이 되고, 점차 부모의 교육 수준과 소득에 따라 교육 기회의 불균등이 심각해지고 있다. 서울대의 한 논문에 의하면 소득수준에 따른 대학진학률이 저소득층 74.9%, 중간층 92.1%, 고소득층 93.9% 등으로 나타났으며, 성적이 비슷한 학생들도 소득수준에 따라 대학진학률이 차이가 나는 것으로 드러났다. 이러한 현상이 발생하게 된 원인과 대안은 무엇인지 토의해 보자.

관련학과
사회학과, 사회복지학과, 경제학과

---

(3) 우리나라는 수도권 및 동남권과 다른 지역 간의 격차로 공간적 불평등 문제가 발생하고 있다. 이러한 공간적 불평등은 인구, 산업 구조, 소득 수준, 삶의 질 등 다양한 분야에서 나타나며, 이는 교육, 문화, 의료, 공공 서비스, 정보 격차 등 주민 생활 환경의 지역 격차를 발생시킨다. 이에 정부는 수도 서울의 과도한 기능을 지방으로 이전할 것을 제안하였다. 하지만 찬반 의견이 만만치 않다. 이러한 공간 불평등 해소를 위한 대안이 어떤 실효를 거둘 수 있는지 토론해 보자.

관련학과
공공행정학과, 도시계획부동산학과, 도시행정학과, 부동산학과, 사회학과, 지리학과

영역 | 문화와 다양성

성취기준

[10통사07-03] 문화적 차이에 대한 상대주의적 태도의 필요성을 이해하고, 보편 윤리의 차원에서 자문화와 타문화를 성찰한다.

> ▶ 지역에 따라 문화적 차이가 나타나는 맥락을 파악하게 함으로써 문화 상대주의의 필요성을 인식할 수 있도록 하며, 자문화와 타문화를 보편 윤리 차원에서 성찰함으로써 극단적 문화 상대주의로 흐르지 않도록 경계한다.

[10통사07-04] 다문화사회에서 나타날 수 있는 갈등을 해결하기 위한 방안을 모색하고, 문화적 다양성을 존중하는 태도를 갖는다.

> ▶ 다문화사회의 갈등 해결 방안을 다룰 때, 다문화사회의 갈등만을 부각하기보다는 긍정적 측면도 함께 다루면서 다문화사회의 모습을 다룰 수 있도록 한다.

탐구주제

① 어떤 사회의 특수한 자연환경과 사회적 맥락, 역사적 배경 등을 고려하여 그 사회의 문화를 이해하는 태도를 문화 상대주의라고 한다. 소고기를 먹지 않는 인도인, 미국 내 자녀 체벌에 대한 범죄 행위 취급 등을 통해 문화 상대주의의 필요성을 설명하고, 명예 살인, 식인 풍습, 여성 할례 등 극단적 문화 현상이 문화 상대주의로 사용되지 않도록 보편적 가치와 상대적 가치를 구분하여 설명해 보자.

관련학과

법학과, 사회학과, 아동가족학과, 문화인류학과

② 1993년 외국인 산업 연수생 제도를 통해 국내 노동시장에 외국 인력이 유입된 이후 외국인 노동자는 매년 급증하고 있다. 외국인 노동자가 증가하고 있지만 낮은 경제적 지위, 편견과 차별, 인권 침해로 내국인과 잦은 갈등을 빚고 있다. 1970년대 우리나라 파독 광부와 간호사가 독일에서 겪은 차별과 인권 침해 관련 기사나 영상을 보고, 느낀 점을 말해 보자. 그리고 다문화사회에서 함께 어울려 살기 위해 필요한 것은 무엇인지 발표해 보자.

관련학과

정치외교학과, 국제관계학과, 국제학부, 법학과, 사회복지학과, 사회학과, 아동가족학과, 아동복지학과

③ 다문화가족은 우리와 다른 민족 또는 다른 문화적 배경을 가진 사람들이 포함된 가족을 총칭하는 용어이다. 한국에서 다문화가정은 공식 통계가 집계된 이후 꾸준히 증가하고 있다. 하지만 사회적 편견과 차별, 문화적 차이로 많은 어려움을 겪고 있다. 내가 만약 국회의원이 된다면 우리 지역 다문화가정을 위해 어떤 노력을 할 것인지 공약을 세워보자.

관련학과

국제관계학과, 국제학부, 법학과, 사회복지학과, 사회학과, 아동가족학과, 아동복지학과

영역 # 세계화와 평화

성취기준

[10통사08-01] 세계화 양상을 다양한 측면에서 파악하고, 세계화 시대에 나타나는 문제를 조사하여 이를 해결하기 위한 방안을 제안한다.

▶ 세계화와 지역화의 관계 파악, 세계도시의 형성과 다국적 기업의 등장에 따른 공간적·경제적 변화 등을 통해 세계화의 양상을 알아보고, 문화의 획일화와 소멸, 빈부 격차의 심화, 보편 윤리와 특수 윤리 간 갈등 등 세계화가 초래할 수 있는 문제점에 대한 해결 방안을 제안하도록 한다.

[10통사08-02] 국제 갈등과 협력의 사례를 통해 국제 사회의 행위 주체의 역할을 파악하고, 평화의 중요성을 인식한다.

▶ 지구촌 곳곳의 갈등과 협력에 대한 사례를 통해 국가, 국제기구, 비정부 기구 등 국제 사회의 행위 주체의 역할을 다루고, 평화의 중요성은 소극적 평화와 적극적 평화로 구분하여 다룬다.

[10통사08-03] 남북 분단과 동아시아의 역사 갈등 상황을 분석하고, 우리나라가 국제 사회의 평화에 기여할 수 있는 방안을 탐구한다.

▶ 남북 분단의 배경과 통일의 필요성, 동아시아의 역사 갈등 상황에 대한 분석과 그 해결 방안을 다룬다.

탐구주제

① '세계화'란 국경을 넘어 세계 전체의 상호 의존성이 높아지면서 지구촌 전체가 단일한 체계로 통합되어 가는 현상이다. 세계화 시대 우리나라 전통문화(음식, 의복)를 세계에 알릴 수 있는 사업 계획서를 모둠별로 작성하여 발표해 보자.

관련학과

경제학과, 국제경영학과, 국제관계학과, 국제물류학과, 국제통상학과, 국제학부, 글로벌경영학과, 글로벌비즈니스학과, 정치외교학과

---

② 전쟁을 막는 것만으로 평화를 위한 노력을 충분히 했다고 볼 수 없다. 전쟁을 막기 위한 노력은 소극적인 것으로, 우리 는 이러한 평화의 의미를 적극적 평화의 개념으로 확장해야 한다. 오늘날 남북 관계에서 소극적 평화를 넘어 적극적 평화를 위해 국가 및 국제사회는 무엇을 해야 하는지 발표해 보자. 또한 국가 간 갈등이나 분쟁의 해결을 위해서는 국 제협력이 무엇보다 필요하다. 국제적 위기 상황에서 국가 간 상호 협력한 사례를 조사해 보자.

관련학과

정치외교학과, 국제관계학과, 국제학부

---

③ 근현대 시기 일본의 침략 전쟁과 식민지 지배 정당화, 일본 주요 정치인들의 야스쿠니 신사 참배, 일본 우익 세력에 의 해 왜곡된 역사 교과서 제작, 영토 분쟁 등으로 동아시아 국가 간 갈등이 발생하고 있다. 평화와 공존의 동아시아가 되 기 위해 실천해야 할 과제는 무엇인지 토의해 보자.

관련학과

정치외교학과, 국제관계학과, 국제학부, 지리학과, 군사학과, 사학과

영역 미래와 지속 가능한 삶

성취기준

[10통사09-01] 세계의 인구 분포와 구조 등에 대한 자료 분석을 통해 현재와 미래의 인구 문제 양상을 파악하고, 그 해결 방안을 제안한다.

▶ 세계의 인구 분포와 구조, 인구 이동에 대한 자료를 분석하고, 저출산·고령화, 인구 과잉 등 지역별로 다 양한 인구 문제가 나타나게 된 배경과 문제점을 파악한다.

[10통사09-02] 지구적 차원에서 사용 가능한 자원의 분포와 소비 실태를 파악하고, 지속 가능한 발전을 위한 개인 적 노력과 제도적 방안을 탐구한다.

▶ 지구적 차원에서 사용 가능한 자원의 분포와 소비 실태는 석유, 석탄, 천연가스 등을 중심으로 다룬다. 그리고 지속 가능한 발전은 경제, 환경뿐만 아니라 사회가 균형 있게 성장하는 포괄적이고 총체적인 성 장에 있음을 고려하면서 개인적 노력과 제도적 방안을 다루도록 한다.

탐구주제

① 20세기 지구촌은 유례없는 인구 폭발을 경험했다. 21세기 들어서도 한 해 8천만 명이 늘어 2019년 지구촌 인구는 77억 명을 넘어섰다. 게다가 인구의 중심축이 아시아에서 아프리카로 넘어가고 있다. 이로 인한 세계 경제 시장의 변화를 전망해 보자.

관련학과

경제학과, 사회학과, 국제관계학과, 지리학과, 문화인류학과

② '지속 가능한 발전'이란 미래 세대가 그들의 필요를 충족시킬 수 있는 가능성을 손상시키지 않는 범위에서 현재 세대의 필요를 충족시키는 발전을 말한다. 나의 소비 습관을 돌아보고, 지속 가능한 발전을 위해 일상생활에서 실천할 수 있는 일에는 무엇이 있는지 발표해 보자.

관련학과

경제학과, 소비자학과

활용 자료의 유의점

① 행복 실현을 위한 다양한 조건을 동서양의 고전이나 문학 작품, 신문 자료, 통계 자료를 통해 조사

① 주제와 사례를 중심으로 지도, 도표, 영화, 통계, 연표, 사료, 연감, 신문, 방송, 사진, 여행기 등 다양한 자료 활용

① 시장의 한계에 대한 구체적인 사례를 제시하고, 이를 극복하기 위한 경제 주체들의 역할을 토의

① 자본주의의 전개 과정과 그 특징을 파악하고, 합리적 선택을 실제 사례에 적용

① 자신이 거주하는 지역을 사례로 공간 변화가 초래한 양상 및 문제점을 파악하고, 이를 해결하기 위한 방안을 제시

💬 **MEMO**

동아시아사

〔핵심키워드〕

☐ 문화적 공통점 ☐ 유학 ☐ 개항 ☐ 인구이동 ☐ 근대화 ☐ 서민문화
☐ 정화의 원정 ☐ 여성 인권 ☐ 영토분쟁 ☐ 역사왜곡 ☐ 화교

〔영역〕 **동아시아 역사의 시작**

성취기준

[12동사01-01] 동아시아 세계의 범위를 파악하고, 각국 간의 관계와 교류의 역사를 이해해야 할 필요성을 인식한다.

> ▶ 동아시아가 당면한 역사 인식의 문제를 해결하기 위하여 각국의 관계와 교류의 역사를 이해할 필요성을 인식시킨다. 이를 통해 동아시아의 평화 공영을 위해 노력하는 태도를 갖도록 한다.

[12동사01-02] 동아시아의 다양한 자연환경을 배경으로 나타난 삶의 모습을 농경과 목축을 중심으로 파악한다.

탐구주제
3.동아시아사 — 동아시아 역사의 시작

① 동아시아 지역에는 한민족, 한족, 일본 민족, 몽골족, 위구르족, 티베트족, 비엣족 등이 거주하며 일찍부터 활발히 교류하였고, 때로는 갈등을 겪으면서 치열하게 전쟁을 벌이기도 하였다. 동아시아 각 지역의 문화 교류 사례를 조사하고, 평화로운 공존을 위해 필요한 것은 무엇인지 발표해 보자.

관련학과
정치외교학과, 국제관계학과, 지리학과, 문화인류학과, 사학과

---

② 동아시아는 동서로 일본 열도에서 티베트고원, 남북으로 북부 베트남에서 몽골고원에 이르는 넓은 지역을 일컫는다. 역사적으로 동아시아 지역의 많은 국가들은 불교·한자·유교 등을 바탕으로 한 공통적인 문화 요소를 형성하고 있다. 동아시아 각 지역의 자연환경을 배경으로 의식주 문화를 비교하고, 공통점과 차이점을 조사하여 발표해 보자.

관련학과
지리학과, 문화인류학과, 사학과

Ⅰ. 동양과
동양사
Ⅲ. 도덕과
Ⅳ. 수리과
Ⅴ. 과학과
Ⅵ. 예술과

영역 # 동아시아 세계의 성립과 변화

성취기준

[12동사02-01]	인구 이동이 여러 국가와 정치 집단의 형성, 분열, 통합에 영향을 미쳤음을 설명한다.
[12동사02-03]	율령 체제의 특징을 파악하고, 각 지역에서 유교·불교·성리학이 수용되는 과정과 영향을 비교한다.

탐구주제

3.동아시아사 — 동아시아 세계의 성립과 변화

① 인구 이동은 기후 변화와 자연재해로 나타난 생활 환경의 변화, 인구 증가, 정치적 혼란, 부족 간 갈등 등으로 발생한다. 그리고 한 지역에서 시작된 이동은 토착민과 이주민, 먼저 들어온 이주민과 뒤에 들어온 이주민들 사이에 갈등을 일으키면서, 연쇄적인 이동을 유발한다. 동아시아의 지역별 인구 이동 경로를 지도에 표시하고, 인구 이동이 정치, 경제, 사회에 미친 영향을 탐구해 보자.

관련학과
정치외교학과, 국제관계학과, 사회학과, 지리학과, 문화인류학과, 사학과

② 유학은 공자와 그 제자들의 가르침인 경전을 연구하는 학문이다. 공자의 가르침에서 시작된 유교는 사람이 지켜야 할 도리를 중시 여기며, 조선 시대에는 이러한 유교를 국교로 삼아 정치와 사회 질서를 유지하려 하였다. 모둠을 구성하여 유학이 동아시아 사회에 끼친 영향에 대해 사례를 중심으로 조사한 후 발표해 보자.

관련학과
문화인류학과, 사회학과, 지리학과, 사학과

영역 # 동아시아의 사회 변동과 문화 교류

성취기준

[12동사03-01]	17세기 전후 동아시아 전쟁의 배경, 전개 과정 및 그 결과로 나타난 각국의 변화를 파악한다.
	▶ 중국의 왕조 변천과 조선의 정치·사회 체제의 변화, 일본의 막부 변천 및 문화 발달에 주목한다. 각국의 정치 변화 이후에 나타난 중화 의식의 변화를 비교의 관점에서 이해할 수 있도록 한다.
[12동사03-03]	인구 증가로 인해 도시와 상업이 발달하고 서민 문화가 융성하였음을 사례를 들어 설명한다.

탐구주제

① 17세기를 전후로 발발한 동아시아의 전쟁은 국제 관계의 변화뿐만 아니라 각국의 정치·사회·문화를 크게 변화시켰다. 17세기 전후 동아시아 전쟁의 배경과 영향을 파악하고, 전쟁으로 인한 교류와 그 영향에 초점을 맞추어 각국의 중화의식이 변화해가는 과정을 조사해 보자.

관련학과
정치외교학과, 국제관계학과, 지리학과, 문화인류학과, 군사학과, 사학과

---

② 17~18세기 동아시아에서는 농업 생산량이 늘어나고 상업이 크게 성장하였다. 이에 따라 교역의 확대로 도시가 성장하고, 서민의 경제력이 커지면서 각 지역에서 전통적인 서민 문화가 성장하였다. 예를 들어 일본 에도 시대의 서민 문화를 상인 문화라고 부르는 이유는 문학·공연·그림 등 문화 전반에 걸쳐 그 소재나 주인공이 주로 상인이었기 때문이다. 이 외 다양한 사례들을 조사해 발표해 보자.

관련학과
국제무역학과, 국제통상학과, 무역학과, 정치외교학과, 국제관계학과, 사회학과, 지리학과, 사학과

---

③ 정화의 원정은 1405년과 1433년 사이에 걸쳐 일어난 7번의 탐험 원정이다. 정화의 원정으로 동남아시아에 진출하는 화교의 수가 크게 늘었다. 오늘날 동남아시아 각국의 정치와 경제에 화교들이 미친 영향을 조사해 발표해 보자.

관련학과
글로벌경영학과, 국제무역학과, 정치외교학과, 국제관계학과, 지리학과, 문화인류학과, 사학과

영역 | 동아시아의 근대화 운동과 반제국주의 민족 운동

성취기준

[12동사04-03] 동아시아 각국에서 서양 문물의 수용으로 나타난 사회·문화·사상적 변화 사례를 비교한다.

> ▶ 문물 수용의 시기와 변동의 정도는 나라별로 차이를 보이는데 만국 공법, 사회 진화론, 과학기술, 신문과 학교, 시간과 교통, 도시, 여성, 청년 등의 주제를 중심으로 다루고, 가능할 경우 각국 간의 연관성을 부각시켜 제시하도록 한다.

탐구주제

① 19세기 들어 서양 열강의 압력을 받은 동아시아 3국은 결국 모두 개항하였다. 동아시아 각국은 개항을 전후한 시기에 본격적으로 서양 문물을 수용하면서 사회 전반에 걸쳐 커다란 변동을 겪었다. 그중 여성의 인권 변화에 대해 조사해 보자.

관련학과
사회학과, 정치외교학과, 국제관계학과, 지리학과, 문화인류학과

② 동아시아 각국의 문화가 발전할 수 있었던 데에는 자국의 문화를 발전시키고자 서구 문물을 주체적으로 수용한 사람들의 노력이 있었다. 한·중·일 각 국의 근대화 운동을 주도했던 인물의 연대기를 작성하고, 특정 시기 동아시아 각국의 상황을 입체적으로 분석하여 역사 신문을 만들어 보자.

관련학과

정치외교학과, 국제관계학과, 지리학과, 사회학과

영역 # 오늘날의 동아시아

성취기준

[12동사05-03] 오늘날 동아시아 국가 간의 갈등과 분쟁 사례를 살펴보고, 그 해결을 위해 노력하는 자세를 갖는다.

▶ 동아시아에는 과거사 정리, 영토 분쟁, 역사 왜곡 등의 문제를 놓고 한·중·일 간, 일본과 러시아 간, 중국과 동남아시아 국가 간에 '역사 현안'이 존재하고 있고 이러한 '역사 현안'은 국가 간의 외교 문제로 비화되기도 한다. 동아시아의 평화를 위협하고, 긴장을 고조시키는 한·중·일 및 중국과 동남아시아 국가 간 '역사 현안'을 일본군 '위안부' 문제, 일본의 독도에 대한 부당한 영유권 주장, 중국의 고구려사 등 고대사 왜곡 문제, 중국과 동남아시아 국가 간 영토 분쟁 등을 사례로 들어 각각의 구체적인 쟁점을 중심으로 이해할 수 있도록 한다.

탐구주제

3.동아시아사 — 오늘날의 동아시아

① 오늘날 동아시아에서는 여러 곳에서 영토 분쟁이 일어나고 있고, 일본 제국주의 침략에 따른 문제들이 제대로 해결되지 못한 채 역사 갈등이 계속되고 있다. 오늘날 동아시아 각국의 정치·경제·사회의 발전 상태를 알아보고, 동아시아 국가 간의 갈등 양상과 이를 해결하기 위한 방안을 탐구해 보자.

관련학과

정치외교학과, 국제관계학과, 지리학과, 문화인류학과, 사학과

② 동아시아의 평화를 위협하고, 긴장을 고조시키는 한·중·일 및 중국과 동남아시아 국가 간 '역사 현안'인 일본군 위안부 문제, 일본의 독도에 대한 부당한 영유권 주장, 중국의 고구려사 등 고대사 왜곡 문제, 중국과 동남아시아 국가 간 영토 분쟁 중 하나를 선택하여 UCC를 제작해 보자.

관련학과

정치외교학과, 국제관계학과, 지리학과, 군사학과, 사학과

활용 자료의 유의점

(!) 동아시아 각국의 역사적 갈등 관계 속에 내재된 주장이나 쟁점을 이해

(!) 유학에 관해서는 가급적 주변에서 쉽게 접할 수 있는 사례를 조사

(!) 동아시아 각국의 개항을 초래한 조약의 원문을 분석하여 불평등한 요소를 파악

(!) 동아시아 각국의 모습이 형성되는 과정을 파악할 수 있는 국가별 주요 사건을 연표로 정리

(!) '역사 현안'을 바라보는 각국의 입장을 해당 국가의 신문 보도 내용 등을 비교하며 이해

💬 MEMO

핵심키워드

☐ 문명의 발생 ☐ 토기 ☐ 서아시아·인도 ☐ 유럽 ☐ 아메리카 ☐ 제국주의 ☐ 냉전
☐ 세계 4대 문명 ☐ 재레드 다이아몬드 ☐ 이슬람교 ☐ 여성 인권 ☐ 산업혁명 ☐ 제국주의
☐ 냉전 체제 ☐ 지구촌 ☐ 갈등과 분쟁

영역 ## 인류의 출현과 문명의 발생

성취기준

[12세사01-03] 여러 지역에서 탄생한 문명의 내용을 조사하여 공통점과 차이점을 설명한다.

▶ 중국, 인도, 메소포타미아, 이집트 등지에서 발생한 문명이 다양하게 발전해 나가는 모습을 탐구하도록 한다.

탐구주제
4.세계사 — 인류의 출현과 문명의 발생

① '토기'는 고대인들의 음식문화, 생활 습관, 의식 세계를 담아내던 시대의 산물이라 할 수 있다. 이러한 토기는 시대와 지역에 따라 여러 가지 특징을 보인다. 토기 외에 구석기와 신석기 시대의 생활 모습을 역사적 자료나 유물을 근거로 하여 추론해 보고, 중국, 인도, 메소포타미아, 이집트 등지에서 발생한 문명과 비교해 보자.

관련학과
지리학과, 문화인류학과

② 문명의 발생지는 대체로 강물이 주기적으로 범람하는 하천 하류의 농경을 기반으로 한다. 세계 4대 문명 발상지를 세계 지도에 표시하여 지리적인 공통점을 찾아보고, 문명의 특징적인 요소들을 파악하여 각 문명의 유물, 유적, 제도 등을 소개하는 안내 책자를 만들어 보자.

관련학과
지리학과, 문화인류학과, 사학과

탐구주제

③ '재레드 다이아몬드'는 유라시아 문명이 다른 문명을 정복할 수 있었던 이유는 유라시아 인종의 지적, 도덕적, 유전적 우월성 때문이 아니라, 지리적 차이에 있다고 주장하였다. 그의 저서 「총 균 쇠」를 읽고, 인류 문명의 발달 과정과 불평등에 대한 필자의 관점과 표현 방법에 대해 모둠별 독서 토론을 진행해 보자.

(재레드 다이아몬드(2013), 총 균 쇠, 문학사상사)

관련학과

국제경영학과, 국제관계학과, 국제학부, 글로벌비즈니스학과, 무역학과, 문화콘텐츠학과, 지리학과, 정치외교학과, 사학과

영역 ## 서아시아·인도 지역의 역사

성취기준

[12세사03-01] 서아시아 여러 제국의 성립과 발전을 살펴보고, 이슬람교를 중심으로 이슬람 세계의 형성과 확장을 탐구한다.

▶ 이슬람교가 빠르게 확산되면서 형성된 이슬람 세계의 특징을 탐구하고, 이슬람과 각지의 교류가 동서 문명에 미친 영향을 알아본다.

탐구주제

① 서아시아는 아시아의 서남부 지역. 아라비아반도를 포함한, 동쪽의 아프가니스탄으로부터 서쪽의 터키까지의 지역을 가리킨다. 서아시아 여러 제국의 발전 과정과 정치·문화적 유산을 이해하고, 이를 바탕으로 동서 교류에 기여한 역할을 조사하여 발표해 보자.

관련학과

사회학과, 국제무역학과, 무역학과, 정치외교학과, 국제관계학과, 지리학과, 사학과

---

② 서아시아는 지리적으로 동양과 서양의 사이에 있어 과거에 침략의 대상이었고, 이에 따라 역사가 매우 복잡하다. 그리고 서아시아는 이스라엘을 제외하고는 모두 이슬람교를 믿는 아랍 국가다. 이 지역사회의 이해를 위해 이슬람교의 풍속, 음식, 의복, 가옥 등 주민 생활 모습을 모둠별로 조사하여 발표해 보자.

관련학과

정치외교학과, 문화인류학과, 지리학과, 사학과

유럽·아메리카 지역의 역사

영역

성취기준

[12세사04-04]	시민 혁명과 국민 국가의 형성 과정을 이해하고, 산업 혁명의 세계사적 의미를 해석한다.

탐구주제

4.세계사 — 유럽·아메리카 지역의 역사

1 18세기 이전까지 대부분 나라에서 선거권은 평등하게 주어지지 않았다. 모든 성인 남성이 선거권을 가지게 된 후에도 여성과 유색인종의 선거권 인정은 이뤄지지 않는 경우가 대부분이었다. 서프러제트는 19세기~20세기 초반 영미권에서 여성 참정권을 주장한 사람들을 이르는 말이다. 영화 '서프러제트' 예고편을 시청하고, 당시 여성의 삶을 추측해 보자. 그리고 여성의 인권을 신장하고, 양성평등한 민주사회로 나아가기 위해 어떤 노력을 기울여야 하는지 토의해 보자.

관련학과

사회학과, 법학과, 정치외교학과, 사학과

2 구제도의 모순을 타도하고, 시민계급이 정치 권력을 장악한 프랑스 혁명은 전형적인 시민 혁명으로 설명된다. 영화 '레미제라블' 속 시민 혁명의 한 장면을 감상하고, 당시 유럽 사회 시민들이 처해진 상황을 토대로 시민들이 원하는 사회는 어떤 사회였을지 생각해 보자. 그리고 시민 혁명이 가져온 세계사적 의미를 파악해 보자.

관련학과

사회학과, 경제학과, 국제무역학과, 무역학과, 정치외교학과, 국제관계학과, 지리학과, 사학과

제국주의와 두 차례 세계 대전

영역

성취기준

[12세사05-01]	제국주의 열강의 침략과 이에 대항한 아시아·아프리카의 민족 운동에 대해 조사한다.
[12세사05-02]	제1, 2차 세계 대전의 원인과 결과를 알아보고, 세계 평화를 실현하기 위한 방법에 대해 토론한다.

▶ 세계 대전을 경험한 국제사회가 전쟁의 재발을 막고 평화를 유지하기 위해 다양한 노력을 전개하였음을 이해한다.

탐구주제

1 '제국주의'란 자국의 정치적·경제적 지배권을 다른 민족·국가의 영토로 확대시키려는 국가의 충동이나 정책을 말한다. 강대국들은 값싼 원료와 식량을 손쉽게 구하고, 국내에서 만든 상품의 판매 시장으로, 남아도는 국내 자본의 투자 시장으로 활용하기 위해 무력을 이용하여 식민지 쟁탈에 열을 올렸다. 제국주의의 침략 과정과 이에 저항하는 각국의 민족 운동 사례를 모둠별로 조사해 발표해 보자.

관련학과
정치외교학과, 국제관계학과, 군사학과, 사학과

2 전체주의란 개인의 자유를 억압하고, 극단적으로 집단의 이익만을 강조하는 정치사상 또는 체제를 말한다. 대공황 이후 등장한 전체주의가 제2차 세계 대전으로 이어지는 모습을 살펴보고, 제국주의 열강의 침략과 이에 대응했던 각 민족의 움직임을 인터넷, 사전, 도서 등을 통해 조사하고, 이러한 저항이 현재 양국 관계에 미친 결과를 조사하여 발표해 보자.

관련학과
정치외교학과, 국제관계학과, 군사학과, 사학과

영역 ## 현대세계의 변화

성취기준

[12세사06-02] 세계화와 과학·기술 혁명이 가져온 현대 사회의 변화를 파악하고, 지구촌의 갈등과 분쟁을 해결하려는 태도를 기른다.

▶ 세계화·정보화·과학기술의 발달 등 현대 사회의 다양한 특성을 이해한다. 세계 각지에서 나타나고 있는 갈등과 분쟁을 세계사적 관점에서 접근함으로써 원인을 규명하고, 해결 방안을 모색한다.

탐구주제

1 '냉전 체제'란 제2차 세계 대전 이후 미국과 소련 및 그 동맹국들 사이에 전개된 제한적인 대결상태를 말한다. 미국과 소련은 국제 질서의 주도권을 놓고 경쟁, 대립하면서 세계 곳곳에 자본주의와 사회주의 체제를 확대하는 데 힘썼다. 냉전 체제가 각국의 역사 전개에 어떠한 영향을 미쳤는지 한국, 독일, 베트남을 사례로 보고서를 작성해 보자.

관련학과
정치외교학과, 국제관계학과, 지리학과, 군사학과, 사학과

탐구주제

(2) 우리가 살고 있는 지구는 과학기술과 교통·통신의 발달로 지구촌이 되어가고 있다. 이렇듯 세계는 점점 더 가까워지고 있지만, 아직도 지구촌에는 해결하기 어려운 여러 가지 갈등과 분쟁들이 일어나고 있다. 이러한 분쟁을 해결하기 위한 방안을 모색하고, 평화를 주제로 한 역사 포스터, 가상 평화 회담문 등을 제작하여 학급에 게시해 보자.

관련학과
정치외교학과, 국제관계학과, 지리학과, 문화인류학과, 사학과

활용 자료의 유의점

- ! 논술, 발표, 토론, 제작 활동 등을 통해 역사를 간접적으로 체험
- ! 제국주의의 침략 과정과 이에 저항하는 각국의 민족 운동을 사례 중심으로 탐구
- ! 세계사의 내용을 단순화·파편화하여 학습하기보다 이것들이 갖는 전체적인 의미와 흐름을 파악
- ! 전 세계 각지에서 발생하는 여러 문제가 과거의 역사적 사실과 밀접하게 관련되어 있음을 이해
- ! 흥미와 이해도를 높이기 위해 시민 혁명이나 산업 혁명과 관련된 영화, 음악, 미술 등 다양한 매체를 활용

💬 **MEMO**

사회과

5

경제

☐ 시장경제 ☐ 시장가격 ☐ 수요와 공급 ☐ 비교우위 ☐ 효율성 ☐ 합리적 의사결정 ☐ 빅이슈
☐ 사회적 기업 ☐ 물가변동 ☐ 한국 경제 ☐ 실업 ☐ 자유무역 ☐ 자산관리

영역

경제 생활과 경제 문제

성취기준

[12경제01-01]	사람들의 경제생활에서 희소성이 존재함을 인식하고, 합리적 선택의 필요성을 이해한다.
[12경제01-02]	다양한 사례를 통해 비용과 편익을 고려하여 선택하는 능력을 계발하고, 매몰 비용은 의사 결정 과정에서 고려하지 않아야 함과 인간은 경제적 유인에 반응함을 인식한다.
[12경제01-03]	경제 문제를 해결하는 다양한 방식의 장단점을 비교하고, 시장경제의 기본 원리와 이를 뒷받침하는 사회 제도를 파악한다.

▶ 기본적인 경제 문제를 해결하는 방식으로써 전통 경제, 계획경제, 시장경제의 특성을 간단히 비교한 후 시장경제는 경제 주체의 자유와 경쟁을 바탕으로 가격 기구를 통해 경제 문제를 해결하려고 한다는 점을 강조한다. 또한 이러한 시장경제를 뒷받침하기 위해서는 사유 재산권, 경제활동의 자유, 공정한 경쟁 등이 보장되어야 한다는 점을 이해한다.

탐구주제

5.경제 — 경제 생활과 경제 문제

① 경제에서 '효율성'이란 돈, 시간, 노력, 정성 등 사용 가능한 거의 모든 자원을 들이는 인풋(input)으로 파악하고, 아웃풋(output)은 돈, 명예, 사회적 파장 등 일정한 효과를 거둘 수 있는 것들을 말한다. 학급비 10만원이 있다 가정하고, 학급구성원 모두가 만족을 얻을 수 있는 학급비 지출 품목을 효율성 있게 작성해 보자.

관련학과
경영학과, 경제학과, 소비자학과

② 우리는 종종 '대학은 꼭 가야 할까?', '아니면 일찍 사회에 진출하는 것이 나을까?' 하는 선택의 고민을 한다. 이때, 대학 진학을 결정한 경우, 대학 진학의 비용과 편익을 분석해 보고 대학 진학이 합리적인 의사결정인지 생각해 보자. 이외에 생활 속에서 경험한 비용 편익과 관련한 경제적 유인 사례를 조사하여 보고서로 작성해 보자.

관련학과

경제학과, 소비자학과

③ '빅이슈(The Big Issue)'는 1991년 9월 영국의 존 버드와 고든 로딕이 창간한 격주간 잡지이다. '빅이슈'는 홈리스를 지원하기 위해 발행되는 스트리트페이퍼로, 잡지 판매대금의 절반 이상이 홈리스 출신의 판매사원에게 돌아간다. 이처럼 이윤 추구보다는 사회적 목적을 우선 추구하며 취약 계층의 일자리를 제공하는 사회적 기업에 대해 조사해 보자.

관련학과

경제학과, 사회학과, 사회복지학과, 문화콘텐츠학과

④ '시장 경제'는 종종 계획 경제, 혼합 경제 등과 대비되는 개념으로 다루어진다. 실제 사회에서 순수한 형태의 시장 경제는 존재하지 않으며 각 국가 또는 사회마다 다양한 형태로 수용되고 있다. 시장경제를 뒷받침하기 위해서는 사유재산권, 경제활동의 자유, 공정한 경쟁 등이 보장되어야 한다. 이러한 제도들의 한계점과 문제점 극복을 위한 과제를 제시해 보자.

관련학과

경제학과, 사회학과

영역

시장과 경제활동

성취기준

[12경제02-01] 시장 가격의 결정과 변동 원리를 이해하고, 수요와 공급의 원리를 노동 시장과 금융 시장 등에 적용한다.

▶ 노동의 수요와 공급에 의해 균형 임금이 결정되며, 노동의 수요와 공급이 변하면 이에 따라 임금이 변한다는 점을 학습한다. 노동 시장과 금융 시장의 사례는 학생들의 탐구 활동으로 다룰 수도 있다.

[12경제02-04] 시장 실패 현상을 개선하기 위한 정부의 시장 개입과 그로 인해 나타날 수 있는 문제점을 이해하고, 이를 보완할 수 있는 방안을 모색한다.

▶ 시장 실패와 이를 개선하기 위한 정부 개입, 정부 실패에 대한 대책을 균형 있게 학습한다.

탐구주제

1 물가는 여러 가지 상품들의 가격을 한데 묶어 이들의 종합적인 움직임을 알 수 있도록 한 것으로 여러 가지 상품들의 평균적인 가격수준이다. 과일값, 돼지고깃값, 배춧값 등 물가 변동 신문 기사를 스크랩 한 후 물가 변동의 원인을 파악하고, 물가 안정을 위한 정책에는 어떤 것들이 있는지 조사해 보자.

관련학과

경제학과, 농업경제학과, 식품자원경제학과, 소비자학과

2 수요란 일정 기간 동안 사람들이 어떤 상품에 대해 가지고 있는 구매 의사이며, 공급은 일정 기간 동안 사람들이 어떤 상품에 대해 가지고 있는 판매 의사를 말한다. 모둠별로 수요자와 공급자로 나누고 가상의 상품을 사고파는 게임을 체험해 보자. 또한 수요자와 공급자의 수를 조정하여 수요와 공급이 변동할 때 시장 가격이 어떻게 달라지는지 파악해 보자.

관련학과

경제학과, 금융학과, 소비자학과

3 시장 실패란 시장 경제 제도에서 가격 기구에 맡길 경우, 효율적인 자원 배분 및 균등한 소득 분배를 실현하지 못하는 상황을 의미한다. 시장 실패가 나타날 때 정부가 개입해야 하는지 개입하지 말아야 하는지 모둠별로 찬성과 반대로 나누어 토론해 보자.

관련학과

경제학과, 사회학과

영역 # 국가와 경제활동

성취기준

[12경제03-01] 경제 성장의 의미와 요인을 이해하고, 한국 경제의 변화와 경제적 성과를 균형 있는 시각에서 평가한다.

▶ 경제 성장이라는 거시적 관점에서 한국 경제의 변화상을 살펴보고, 그 과정에서 나타난 경제적 성과를 균형 있게 학습한다.

[12경제03-03] 실업과 인플레이션의 발생 원인과 경제적 영향을 알아보고, 그 해결 방안을 모색한다.

탐구주제

1 한국은 선진국이 과거 200~300년간에 걸쳐 이룬 성장을 20~30년간에 이루었다는 의미에서 압축적으로 성장했다고 볼 수 있다. 1970년대, 1980년대, 1990년대, 2000년대, 2010년대 한국 경제의 주요 산업에 대해 조사하고, 한국 경제의 변화와 성과를 나타내는 경제신문을 제작해 보자.

관련학과

경제학과

---

2 실업은 일할 능력과 의사가 있으면서도 일자리를 구할 수 없는 상태를 말한다. 최근 경기 상황에 대한 기사, 실업의 원인과 이에 따른 정부의 대책 관련 기사, 청년 실업 관련 기사 등을 수집하여 보고서를 작성한 후 실업이 개인과 사회에 미치는 영향 및 대책을 주제로 토론해 보자.

관련학과

경제학과, 사회학과, 심리학과

세계 시장과 교역

성취기준

[12경제04-01] 비교우위에 따른 특화와 교역을 중심으로 무역 원리를 파악하고, 자유무역과 보호무역 정책의 경제적 효과를 이해한다.

▶ 국가 간 거래의 필요성을 인식하고, 비교우위에 따른 특화와 교역의 이득을 중점적으로 학습한다.

탐구주제

1 비교우위는 다른 나라에 비해 더 작은 기회비용으로 재화를 생산할 수 있는 능력을 뜻한다. 한 나라에서 어떤 재화를 생산하기 위해 포기하는 재화의 양이 다른 나라보다 적다면 비교우위가 있는 것이다. 우리나라의 각 시대별 비교우위 재화를 조사하고, 시대별로 비교우위 재화가 달라지는 이유는 무엇인지 발표해 보자.

관련학과

경제학과, 국제무역학과, 국제통상학과, 무역학과, 사회학과

---

2 자유무역은 국가가 외국 무역에 아무런 제한을 가하지 않고, 보호·장려도 하지 않는 무역이다. 반면 보호무역은 국내 산업이 국제 경쟁력을 가질 때까지 국가가 그 산업을 보호·육성하면서 대외 무역을 통제하는 것을 말한다. 자유무역을 옹호하는 입장과 보호무역을 옹호하는 입장으로 나누어, 각 입장의 주요 주장 및 논리를 중심으로 토론해 보자.

관련학과

경제학과, 국제무역학과, 국제통상학과, 무역학과, 국제관계학과

경제생활과 금융

성취기준

[12경제05-02] 수입과 지출에 영향을 주는 요인들을 인식하고, 개인 자산과 부채의 합리적인 관리 방법을 파악한다.

탐구주제

① 자산 관리의 원칙, 다양한 금융 상품의 특성, 개인 재무 설계를 주제로 모의 투자 게임을 해 보자. 대표적인 금융 상품으로 적금, 주식, 채권을 설정하고, 각각 일정 기간의 수익률과 위험을 정한 후 모둠별로 모의 투자 게임을 진행한 후 자신의 투자에 대한 성공 요인 혹은 실패 요인, 모의 투자를 통해 느낀 점 등을 담은 종합 보고서를 작성해 보자.

관련학과

경영학과, 경제학과, 금융학과, 세무학과, 회계학과

② 소비는 평생 동안 이어지지만 반대로 소득을 얻을 수 있는 기간은 한정적이다. 때문에 일생에 걸쳐 자신이 벌어들일 소득을 예상하여 이를 언제, 얼마만큼 소비하고, 어떻게 저축해 자산을 키울지 미리 계획을 세우는 것이 중요하다. 노후에는 소득이 감소하지만, 소비 규모는 여전히 크기 때문에 경제적인 어려움을 겪을 수 있기 때문이다. 현재의 나의 소비에 문제가 없는지, 앞으로 자산이 어떻게 증가하고 변화할지, 노후대비를 위한 자산관리 계획을 세워보자.

관련학과

경제학과, 금융학과, 사회학과

활용 자료의 유의점

! 생활 경험과 밀접한 내용을 소재로 활용하여 경제 현상 및 경제 문제에 접근

! 경제 현상에 대한 흥미와 관심을 갖고, 경제 현상의 원리를 발견하며, 이를 경제생활에 적용

! 경제 관련 도표, 통계, 보고서, 연감 등 다양한 유형의 실증적 자료를 읽고, 변형하며, 추론하는 방법을 탐구

! 신문, 잡지, 인터넷 등 각종 매체를 통해 접하는 다양한 경제 정보를 파악하고 분석

! 경제 현상을 다른 사회현상과 관련지어 전체적, 종합적으로 이해할 수 있도록 문학 작품, 신문 기사, 방송물, 영화, 역사 기록물 등 다양한 유형의 소재를 활용

💬 **MEMO**

사회과

6

정치와 법

☐ 민주주의 ☐ 법치주의 ☐ 정치 참여 ☐ 민법 ☐ 형법 ☐ 국제법 ☐ 인권침해 ☐ 지방자치제
☐ 시민단체 ☐ 언론 ☐ 불법 계약 ☐ 양육비 ☐ 부당 노동행위 ☐ 근로자의 권리 ☐ 근로계약서
☐ 세계의 화약고 ☐ 경제 보복 ☐ 국제기구의 역할

영역 **민주주의와 헌법**

성취기준

[12정법01-03] 우리 헌법에서 보장하는 기본권의 내용을 분석하고, 기본권 제한의 요건과 한계를 탐구한다.

▶ 우리 헌법이 어떤 기본권을 보장하고 어떤 경우에 기본권이 제한될 수 있는지에 대해서 분석하고, 기본권 제한의 한계와 방법에 대해서도 탐구한다.

탐구주제

6.정치와 법 — 민주주의와 헌법

① 국가인권위원회는 '코로나19 자가 격리자에 대해 실시간 위치 추적이 가능한 이른바 손목밴드를 착용하도록 하는 방안이 논의되는 상황에 우려를 표한다'고 밝혔다. 의료인과 국민 모두의 노력에도 불구하고 자가 격리 기간 중 이탈자가 속출하는 상황에서 개인의 기본권이 제한되어야 하는지, 인권 침해이므로 기본권은 지켜져야 하는지 토론해 보자. 또한 이와 유사한 사례가 있는지 조사해 보자.

관련학과
법학과, 사회학과

② 어린이집 원장 K씨는 CCTV의 의무적 설치로 본인과 보육교사들의 업무 외 사적인 부분까지 모두 노출되는 것은 적절하지 않다고 생각하여 관련 기관에 항의하였다. CCTV 설치 의무화는 어린이집 원장 및 보육교사들의 기본권을 침해한 것으로 볼 수 있는지의 여부와 그렇게 생각하는 이유는 무엇인지 자신의 생각을 발표해 보자.

관련학과
법학과, 사회학과, 아동학과, 아동복지학과

민주국가와 정부

성취기준

[12정법02-03] 중앙 정부와의 관계 속에서 지방자치의 의의를 이해하고, 우리나라 지방자치의 현실과 과제를 탐구한다.

▶ 중앙 정부와 지방자치단체 간의 조화로운 관계의 필요성을 인식하고, 현재 우리나라가 직면하고 있는 지방자치의 현실과 문제점을 진단하며 이를 해결하기 위한 구체적인 방안을 탐구하여 우리나라의 지방자치가 나아갈 방향을 모색한다.

탐구주제

6.정치와 법 ― 민주국가와 정부

① 국가직은 국가의 기관이나 단체에 속하여 사무를 맡아보는 공무원의 직군을 말하며, 지방직은 지방의 기관이나 단체에 속하여 사무를 맡아보는 공무원의 직군을 말한다. 국가직과 지방직으로 이원화돼 있던 소방공무원이 2020년 4월 1일부터 국가직으로 전환됐다. '소방공무원의 국가직화'를 다룬 기사를 읽고, 지방자치의 현실과 문제점을 파악하여 구체적인 해결 방안을 제시해 보자.

관련학과
법학과, 행정학과

② 중앙 정부는 지방자치제가 확립된 행정 제도에서, 전국의 행정을 통할하는 최고 기관이다. 반면, 지방자치는 일정한 지역의 주민이 스스로 선출한 지방 의회 의원과 지방자치단체장들이 그 지방의 일을 처리하게 하는 제도이다. 지방자치제는 국가의 주인은 국민이고 국가와 그 권력은 국민으로부터 나온다는 민주주의의 가장 근본적·일반적 원리로부터 나온 제도이다. 중앙 정부와 지방자치단체 간의 조화로운 관계를 위한 역할 분담에 대해 토의해 보자.

관련학과
법학과, 행정학과

정치과정과 참여

성취기준

[12정법03-01] 민주 국가의 정치과정을 분석하고, 시민의 정치 참여의 의의와 유형을 탐구한다.

▶ 정치과정에 대한 전반적인 이해를 토대로 정치과정에서 중요한 시민 참여의 의의와 유형을 분석한다.

| [12정법03-03] | 정당, 이익집단과 시민단체, 언론의 의의와 기능을 이해하고, 이를 통한 시민 참여의 구체적인 방법과 한계를 분석한다. |

▶ 정당, 이익집단, 시민단체, 언론 등 다양한 정치 주체의 기능과 역할을 이해하고, 우리가 일상생활에서 실천할 수 있는 시민 참여의 구체적인 방법을 탐색한다.

탐구주제

6.정치와 법 ─ 정치과정과 참여

① '시민단체'란 일반 시민들이 개인이나 집단의 이익이 아니라, 사회와 국가의 발전을 위해 자발적으로 모임을 갖고 활동하는 단체를 말한다. 시민단체는 정부가 시행하는 정책을 감시하는 역할을 하여 정부가 정책을 결정하는 데 큰 영향을 미친다. 학생의 입장에서 정치에 참여할 수 있는 방법이 무엇인지 탐색해 보고, 내가 가입하여 활동하고 싶은 시민단체의 종류와 그 이유를 발표해 보자.

관련학과
사회학과, 법학과

② 언론은 매체를 통해 어떤 사실을 사람들에게 알리는 역할을 하며 여론을 형성하는 데 아주 큰 영향을 미친다. 언론의 여러 기능과 역할들 중에서 대부분의 언론학자들이 손꼽는 가장 중요한 기능은 '권력에 대한 견제와 감시'이다. 언론을 통해 정치에 참여할 수 있는 방법에 대해 알아보자.

관련학과
법학과, 사회학과, 정치외교학과, 문화콘텐츠학과

영역
개인생활과 법

성취기준

| [12정법04-02] | 재산 관계(계약, 불법행위)와 관련된 기본적인 법률 내용을 이해하고, 이를 일상생활의 사례에 적용한다. |

▶ 민법의 주요 내용인 재산 관계를 계약, 불법행위 등의 개념에 초점을 맞추어 기본적인 법률 내용을 확인하고 이를 일상생활의 사례에 적용한다.

| [12정법04-03] | 가족 관계(부부, 부모와 자녀)와 관련된 기본적인 법률 내용을 이해하고, 이를 일상생활의 사례에 적용한다. |

▶ 민법의 주요 내용인 가족 관계를 혼인과 부부 관계, 부모와 자녀 관계(친자 관계, 친권)에 초점을 맞추어 기본적인 법률 내용을 확인하고 이를 일상생활의 사례에 적용한다.

탐구주제

(1) 계약은 어떤 일에 대하여 지켜야 할 의무를 미리 정해 놓고 서로 어기지 않을 것을 다짐하는 것이다. 그리고 계약으로 인해 당사자 간에 일정한 법률 효과가 발생한다. 일상생활에서 불법 계약으로 인해 피해를 본 사례를 조사하여 문제점을 분석하고, 이러한 피해를 방지하기 위한 대책은 무엇인지 발표해 보자.

관련학과

법학과, 부동산학과, 금융학과, 사회학과, 소비자학과

(2) 최근 이혼 후 자녀의 양육비를 지급하지 않는 부모가 사회적 이슈가 되고 있다. 자녀 양육비는 실제 가구 소비지출 중 18세 미만의 자녀에게 지출하는 비용을 말한다. 자녀의 양육을 방치하는 부모에게 물을 수 있는 법적 책임과 제재에 대해 논의해 보자.

관련학과

법학과, 심리학과, 사회학과, 아동가족학과, 아동학과, 아동복지학과

영역

사회생활과 법

성취기준

[12정법05-03] 법에 의해 보장되는 근로자의 기본적인 권리를 이해하고, 이를 일상생활의 사례에 적용한다.

▶ 노동법에 의해 보호되는 근로자의 권리에 대한 이해를 바탕으로 사회생활에서 발생하는 다양한 법적 문제를 탐구한다.

탐구주제

(1) 노동 3권은 근로자의 인간다운 생활을 보장하기 위해 헌법에서 정한 단결권, 단체교섭권, 단체행동권을 말한다. '부당노동행위'란 근로자의 노동 3권 행사에 대한 사용자의 방해행위를 말한다. 부당 노동행위 및 고용에 대한 신문 기사를 스크랩하여 사례별로 분류한 후 근로자의 권리를 보호하기 위한 구체적 방안에 대해 논의해 보자.

관련학과

경영학과, 법학과, 사회학과

(2) '근로계약서'란 회사가 인력을 채용하여 근로자는 일을 하고 회사로부터 그 대가를 지급받기로 약정하고 작성하는 근로계약 문서이다. 모둠별로 다양한 사업장의 고용주와 노동자로 역할을 나누어 근로계약서를 작성한 후 내용을 분석해 보자.

관련학과

경영학과, 법학과, 사회학과

탐구주제

③ 편의점에서 아르바이트생으로 일하는 이○○(22세, 여)씨는 시급 8,000원을 받으면서 일주일 내내 하루 8시간을 꼬박 업무에 매달렸다. 점심시간을 제외하고는 따로 휴식시간도 없고 가끔 일이 많을 때는 시간외근무를 하기도 했지만, 고용주는 대가 없이 '수고했어'라는 말뿐이었다. 뭔가 부당해 보였지만 이○○씨는 참을 수밖에 없었다. 이○○씨가 구제 받을 수 있는 내용과 방법에 대해 조사해 보자.

관련학과
경영학과, 법학과, 사회학과

영역 국제 관계와 한반도

성취기준

[12정법06-01] 오늘날의 국제 관계 변화(세계화 등)를 이해하고, 국제사회에서 국제법이 지닌 의의와 한계를 탐구한다.

▶ 오늘날 국제 관계의 변화를 세계화를 중심으로 이해하고, 국제사회에서 국제법이 지닌 의의와 한계를 국제 분쟁 해결의 주요한 수단이라는 측면에서 분석한다.

[12정법06-02] 국제 문제(안보, 경제, 환경 등)를 이해하고, 이를 해결하기 위해 국제기구들이 수행하는 역할과 활동을 분석한다.

▶ 국제연합, 국제사법재판소 등 국제기구들이 다양한 국제 문제와 관련해서 어떤 역할과 활동을 수행하는지를 탐색한다.

[12정법06-03] 우리나라의 국제 관계를 이해하고, 외교적 관점에서 한반도를 둘러싼 국제 질서를 분석한다.

▶ 우리나라의 국제 관계에 대한 이해를 토대로 한반도를 중심으로 국제 분쟁의 해결 과정에서 충돌하는 국가 주권의 문제를 분석하고, 외교적 관점에서 우리나라의 바람직한 국제 관계의 방향을 탐구한다.

탐구주제

① 이스라엘과 팔레스타인 지역은 유대교를 믿는 이스라엘과 이슬람교를 믿는 팔레스타인과의 분쟁으로 1948년 이후 지금까지 계속되고 있다. 팔레스타인 지역에 이스라엘 국가가 세워지자, 이 지역에 살던 원주민들이 팔레스타인 해방 기구라는 자치 정부를 설립하면서 이 지역은 '세계의 화약고'가 되었다. 이 과정에서 국제사회나 국제법은 제 역할을 수행하지 못하였다. 국제사회에서 국제법의 역할과 한계를 조사하고, 국가 간 분쟁이 발생했을 때 국제기구가 개입하여 해결한 사례를 조사하여 발표해 보자.

관련학과
정치외교학과, 국제관계학과, 지리학과

② 일본은 우리나라 대법원이 일제 전범 기업에 대하여 정신근로대와 강제징용 노동자에게 배상 판결을 선고하자 즉시 무역 보복을 실시하였다. WTO에서는 정치적 이유에 따른 경제 보복을 금하고 있지만, 일본은 다른 이유를 대며 경제 보복을 정당화하고 있다. 이와 같은 국가 간 무역 보복이 국제사회에 미치는 영향은 무엇이며, 국제법이 지닌 의의와 한계는 무엇인지 토론해 보자.

관련학과
경제학과, 국제무역학과, 무역학과, 법학과, 정치외교학과, 국제관계학과, 지리학과

③ 코로나19와 같은 바이러스형 전염병은 발병국의 대응만으로 한계가 있으며 국제기구와 국제법에 기초한 협조가 필수적이다. 코로나19 확산 사태 대응 관련 국제기구의 역할과 향후 과제에 대해 토론해 보자.

관련학과
정치외교학과, 국제관계학과, 법학과

④ 북한이 핵실험과 로켓 발사를 강행하자 한·미는 북한의 위협에 대응하기 위해 사드 배치를 결정하였다. 중국과 러시아는 사드 배치 결정 발표 직후 '군사적 대응'까지 언급하며 크게 반발하였고, 중국은 즉시 한류 금지령을 내려 경제 보복을 하였다. 한반도를 중심으로 국제 분쟁의 해결 과정에서 충돌하는 국가 주권의 문제를 분석하고, 우리나라의 바람직한 국제 관계의 방향을 제시해 보자.

관련학과
정치외교학과, 국제학과, 군사학과

활용 자료의 유의점

- ⚠ 정치와 법의 기본적인 원리에 대해 실생활과 관련된 구체적인 사례를 최대한 활용
- ⚠ 정치와 법 영역의 학습시 국내와 국외 사례를 비교·분석하여 우리나라의 현실을 종합적으로 판단
- ⚠ 실생활과 관련된 풍부한 사례를 접할 수 있도록 방송 자료, 신문 자료, 헌법재판소 결정, 대법원 판례, 인터넷 자료 및 영화, 드라마, 시사만화, 통계 자료 등을 활용

💬 **MEMO**

7

사회·문화

핵심키워드

☐ 사회적 지위·역할   ☐ 문화 상대주의   ☐ 문화 속성   ☐ 사회 불평등   ☐ 고령화   ☐ 다문화
☐ 경제적 양극화   ☐ 사회적 양극화   ☐ 학력 인플레이션   ☐ 역할 갈등   ☐ 아노미 현상   ☐ 가짜 뉴스
☐ 복지 사각지대   ☐ 세계화   ☐ 정보화

영역 | 사회·문화 현상의 탐구

성취기준

[12사문01-01]   사회·문화 현상이 갖는 특성을 분석하고 다양한 관점을 적용하여 사회·문화 현상을 설명한다.

▶ 사회·문화 현상을 올바르게 이해하기 위해서는 여러 관점을 균형 있고 조화롭게 활용하는 노력이 필요
하다는 점을 인식한다.

탐구주제

7.사회·문화 — 사회·문화 현상의 탐구

① 양극화는 '경제적 양극화'와 '사회적 양극화'로 나뉘는데 주로 경제적 양극화의 결과로 사회적 양극화 현상이 나타난다. 즉, 빈부의 격차가 심해질수록 빈익빈 부익부 현상이 두드러지고, 부유층과 서민층의 사회 갈등이 발생하면서 사회가 통합되지 못하게 된다. '교육은 계층 이동의 사다리', '수저 계급론'은 교육에 관한 이러한 사회적 관점을 상징적으로 나타낸다. 두 입장을 기능론적 관점과 갈등론적 관점에서 해석하여 자신의 견해를 발표해 보자.

관련학과
사회학과, 경제학과

② 우리나라 학부모들의 교육열과 대학 진학률은 세계적 수준이다. 그뿐만 아니라 일자리는 늘지 않는데 학력을 중시하는 풍조가 사회에 만연함에 따라 학력 수준이 점점 높아지는 '학력 인플레이션' 현상이 심각해지고 있다. 이러한 현상이 나타나는 원인과 사회 및 경제에 미치는 영향을 분석해 보자.

관련학과
사회학과, 심리학과

개인과 사회 구조

성취기준

[12사문02-02] 사회적 지위와 역할의 의미를 설명하고 역할 갈등의 원인 및 해결 방안을 탐색한다.

[12사문02-04] 개인과 사회 구조의 관계 속에서 발생하는 일탈 행동을 다양한 관점에서 분석한다.

> ▶ 개인, 집단, 사회 구조의 관계 속에서 발생하는 다양한 일탈 행동을 아노미 이론, 차별 교제 이론, 낙인 이론 등을 통해 분석하고 비교하며 각 이론의 유용성과 한계를 인식한다.

탐구주제

7.사회·문화 — 개인과 사회 구조

① 현대사회에서는 모든 사람들이 동시에 여러 가지의 지위를 가지게 되고, 다양한 지위마다 각각 요구되는 역할들이 따로 있어 이런 역할들이 서로 갈등을 일으킬 때가 있다. 한 예로, 현대 사회에서 여성의 교육 수준이 높아지고 외부 활동이 증가하면서, 전통적으로 여성의 영역으로 간주되던 가정 내 역할과 새로이 부각된 직업인 사이에는 필연적으로 역할 갈등이 일어날 수밖에 없다. 이 같은 역할 갈등의 해결 방안을 제시하고, 오늘날 여성에게 요구되는 역할 기대에 대해 토의해 보자.

관련학과
사회학과, 심리학과, 상담심리학과

② '아노미 상태'에서 사람들은 무기력해지고, 소외감을 느끼며, 경우에 따라서는 질서와 법을 무시하고 자신만의 이익을 추구하는 경향을 보인다. 따라서 아노미 상태에서의 사회적 불안과 혼란은 범죄를 증가시킨다. 아노미 현상이 시대와 사회에 따라 어떻게 나타나는지, 신문 기사를 검색하여 30년 전 범죄 사례와 오늘날 범죄 사례를 비교 분석해 보자.

관련학과
심리학과, 상담심리학과, 사회학과, 법학과

문화와 일상생활

성취기준

[12사문03-01] 문화에 대한 이해를 바탕으로 문화를 바라보는 여러 관점을 설명하고 문화 다양성 존중 및 조화를 추구하는 태도를 가진다.

> ▶ 우리 사회 안팎의 문화 다양성 관련 양상에 대해 인식하고 문화 상대주의적 태도를 함양한다.

[12사문03-03] 대중문화의 특징을 대중매체와의 관계 속에서 분석하고 대중문화를 비판적으로 수용하는 태도를 가진다.

탐구주제

① 서남아시아 어느 왕실에서 공주의 결혼식 잔치에 쓰일 도자기를 입찰에 부쳤다. 독일, 프랑스, 영국 등 세계적인 명품 도자기 회사들이 출사표를 던졌으나, 최종적으로 우리나라의 한 도자기 회사가 선정되었다. 이 회사는 도자기에 꽃이나 동물을 그려 넣으면 이슬람이 금기시하는 '우상 숭배'에 해당하여 제품 선정에 치명적인 결격 사유가 된다는 것을 알고 있었기 때문이다. 이처럼 상대 문화에 대한 이해와 배려로 기회를 잡은 사례를 조사해 발표해 보자.

관련학과
사회학과, 문화인류학과

② 최근 인터넷 동영상 공유 서비스를 통한 개인 방송이 활성화 됨에 따라 가짜 뉴스가 등장하고 있다. 가짜 뉴스는 정치적, 경제적 이익을 위해 사실이 아닌 정보를 마치 사실처럼 가장해 기사 형식으로 작성하여 배포한 것을 말한다. 문제는 일부 매스컴에서는 이를 여과 없이 인용하여 사실인 듯 반영한다는 것이다. 이러한 가짜 뉴스의 구체적 사례를 제시하고, 가짜 뉴스를 구분하는 방법을 제시해 보자.

관련학과
사회학과, 심리학과

영역 | 사회 계층과 불평등

성취기준

[12사문04-03] 다양한 사회 불평등 양상을 조사하고 그와 관련한 차별을 개선하기 위한 방안을 모색한다.

▶ 사회적 소수자, 성 불평등, 빈곤의 양상과 그 문제점 및 해결 방안을 탐색한다.

[12사문04-04] 사회 복지의 의미를 설명하고 복지 제도의 유형과 역할 및 한계를 분석한다.

탐구주제

① '성소수자 차별 반대' 지하철역 광고가 이틀 만에 훼손되자 성소수자 인권 단체는 크게 반발하였고, 광고 훼손자는 성소수자가 싫어서 범행을 저질렀다고 진술하였다. 이처럼 우리 사회에서 볼 수 있는 사회적 약자를 향한 증오와 차별 사례를 조사하고 이러한 차별을 개선하기 위한 방안을 발표해 보자.

관련학과
법학과, 사회학과, 사회복지학과, 심리학과, 상담심리학과

② 2014년 2월, 생활고에 시달리던 세 모녀가 극단적 선택을 한 사건이 발생하였다. 그들은 생활고로 힘들어했지만, 법이나 규정에서는 기초생활수급권자에 포함이 되지 못해서 지원을 받지 못했다. 그것이 바로 복지 사각지대다. 이러한 복지 사각지대를 극복하고 도움이 절실한 이들을 지원할 수 있는 방안에 대해 토의해 보자.

관련학과
법학과, 사회학과, 사회복지학과, 아동가족학과, 아동복지학과

현대의 사회 변동

성취기준

[12사문05-02]	세계화 및 정보화로 인한 변화 양상을 설명하고 관련 문제에 대처하는 방안을 모색한다.
[12사문05-03]	저출산·고령화와 다문화적 변화로 인해 대두되는 과제를 제시하고 이에 대한 대응 방안을 모색한다.

탐구주제

7.사회·문화 — 현대의 사회 변동

① 해외직구란 외국에서 판매 중인 상품을 국내 고객이 온라인으로 직접 주문하여 국제 배송을 통해 받아보는 것을 말한다. 소비자들은 안방에서 세계 각지의 다양한 상품을 가격과 품질을 비교하여 구입할 수 있다. 이렇듯 세계화·정보화는 사람들의 일상을 크게 변화시켰다. 이외에 세계화·정보화로 인한 생활의 변화를 구체적 예를 들어 제시해 보자.

관련학과

경제학과, 국제무역학과, 국제통상학과, 무역학과, 항공관광학과, 국제관계학과, 소비자학과, 지리학과

② 우리나라에서는 1990년대부터 국제결혼이 늘어나면서 결혼 이주 여성이 많아졌으며, 노동 여건의 변화로 외국인 근로자들의 이주가 급격하게 증가하였다. 다문화사회를 맞이하여 사회적 갈등을 줄이고 통합을 이루기 위해 필요한 것은 무엇인지 개인적·사회적·국가적 측면으로 나누어 토론해 보자.

관련학과

사회학과, 사회복지학과, 아동복지학과, 지리학과, 문화인류학과

활용 자료의 유의점

⚠️ 자신이 경험하게 되는 사회·문화 현상을 소재로 연구 주제를 설정하고, 양적 연구 혹은 질적 연구 절차에 따른 연구 설계 및 자료 수집

⚠️ 개인과 사회의 관계 및 다양한 사회 집단과 사회 조직의 실제 사례 등을 통해 이론과 사례, 개념과 사례를 연계하여 이해

⚠️ 하위문화 등 다양한 문화의 구체적 사례를 접할 때 특정 문화에 대한 호기심에 머무르거나 편견을 갖지 않도록 문화 다양성 측면에서 접근

⚠️ 문화 전파, 문화 접변 등과 같은 다양한 문화 변동 관련 개념을 학습할 때 영화, 드라마 등과 같은 영상 자료나 그림, 조각 등과 같은 예술 작품을 활용

💬 **MEMO**

사회과

8

사회문제 탐구

핵심키워드

☐ 정보화 사회 ☐ 학교폭력 ☐ 저출산 고령화 사회 ☐ 사회적 소수자 ☐ 사형제도 ☐ 인권침해
☐ 게임 중독 ☐ 디지털 피로증후군 ☐ 컴퓨터 범죄 ☐ 포스트 코로나 시대 ☐ 노인 빈곤
☐ 청소년 범죄 ☐ 1인 가구 ☐ 출산 정책 ☐ 블랙컨슈머 ☐ 노키즈존 ☐ 노쇼

영역

사회문제의 이해

성취기준

[12사탐01-01]	사회문제의 의미와 특징을 이해하고, 사회문제를 바라보는 서로 다른 관점을 비교한다.
[12사탐01-03]	사회문제 탐구 과정에서 발생할 수 있는 윤리적 쟁점을 파악하고, 이에 대한 해결 방안을 모색한다.
[12사탐01-04]	사회현상에 대한 통계적 조사를 수행하는 다양한 기관(통계청, 한국은행, 여론조사 기관 등)과 관련 직업에 대해 파악한다.

탐구주제

8.사회문제 탐구 — 사회문제의 이해

법학과

❶ 정보통신기술의 발달에 따른 윤리적 문제의 사례 분석을 통한 해결 방안 탐구
❷ 사형 제도를 둘러싼 법원의 판례를 사례로 사형 제도의 문제 분석 및 개선 방안
❸ 흉악범의 얼굴 공개로 인한 인권 침해 문제와 국민의 알 권리 사이의 쟁점 분석

사회학과

❶ 우리나라 여론조사의 문제점과 공정성 강화를 위한 제도적 방안 고찰
❷ 사회적 현상의 과학적 탐구 방법 필요성과 한계점에 관한 연구
❸ 생명과학과 생명윤리의 관계 분석을 통한 윤리적 쟁점 및 해결 방안
❹ 갈등론과 기능론적 관점에서 사회적 양극화의 원인과 개선 방안에 관한 연구

탐구주제

회계·세무학과

❶ 사회적 통계로 알 수 있는 우리 사회의 문제점과 개선 방안에 대한 연구
❷ 통계청 인구 조사 결과 분석을 통한 30년 후 한국 경제 성장률 전망 예측과 대책 방안 연구

영역 | # 게임 과몰입

성취기준

[12사탐02-01]	정보사회의 의미와 특징을 이해하고, 정보사회에서 나타나고 있는 다양한 사회문제에 대해 조사한다.
[12사탐02-03]	청소년 게임 과몰입의 원인에 대한 다양한 관점을 파악하고, 토의 등을 통해 게임 과몰입 문제의 해결 방안을 도출한다.

탐구주제

사회학과

❶ 코로나19가 보여준 정보화 사회의 양면성이 개인 및 사회에 미치는 영향
❷ 정보화 사회에서 프라이버시와 표현의 자유 양면성의 쟁점 파악을 통한 문제 해결
❸ 지역 및 계층 간 정보 격차와 정보 불평등에 따른 문제점과 해결 방안 연구
❹ 사이버 공간에서 악성 댓글 사용자에 대한 심리적 원인 분석을 통한 해결 방안 탐구

심리학과

❶ 청소년의 심리적 특성이 게임 과몰입과 게임 중독에 미치는 원인 분석 및 개선 방안
❷ 게임 중독 질병 지정이 게임 이용자의 태도와 게임 이용 양상에 미치는 영향
❸ 청소년의 스마트폰 중독이 개인 및 사회에 미치는 영향 분석
❹ 청소년 은둔형 외톨이 성향이 인터넷 게임 중독 행태에 미치는 영향

법학과

❶ 컴퓨터 범죄 유형과 예방을 위한 법적·사회적 제도 방안 탐구
❷ 가짜 뉴스 확산에 대한 처벌법 발의의 필요성과 사회에 미치는 영향

학교폭력

성취기준

[12사탐03-03]   학교 폭력의 원인에 대한 다양한 관점을 확인하고, 토의 등을 통해 학교 폭력의 해결 방안을 도출한다.

탐구주제

8.사회문제 탐구 ― 학교폭력

심리학과

❶ 학교 폭력의 사례 분석을 통한 학교 폭력의 원인과 해결 방안 탐구
❷ 학교 폭력 실태조사를 통한 학교 폭력의 유형 탐구 및 예방 대책 고찰
❸ 부모의 양육 태도가 자녀의 행동 특성 및 자아존중감에 미치는 영향
❹ 청소년의 공감 능력이 학교 적응 및 교우 관계에 미치는 영향

법학과

❶ 청소년 범죄 사례 분석을 통한 소년법 개정의 필요성과 문제점 탐구
❷ 촉법소년의 범죄 유형과 범죄 예방을 위한 합리적 방안
❸ 「학교폭력의 예방 및 대책에 관한 법률」의 효과와 한계점 분석을 통한 개선 방안

문화콘텐츠학과

❶ 청소년 미디어 노출과 미디어가 범죄에 미치는 상관관계 분석
❷ 정보통신의 발달이 범죄에 이용되는 사례 분석을 통한 정보화의 양면성 탐구

사회학과

❶ 산업화·도시화로 인한 가족 해체가 청소년 폭력성에 미치는 영향
❷ 입시 위주의 주입식 교육 환경이 청소년 인성 교육에 미치는 영향

저출산·고령화 사회에 따른 문제

성취기준

[12사탐04-02]   통계 자료를 통해 우리나라의 저출산·고령화 현황을 분석하고, 사회문제 탐구 절차를 적용하여 저출산·고령화로 인해 나타날 수 있는 문제점에 대한 탐구 계획을 수립한다.

탐구주제

행정학과

❶ 출산율 높이기 위한 국가 정책의 효과성 분석을 통한 개선 방안 연구
❷ 출산 여성들의 사회 복귀 실태 분석을 통한 여성 사회적 지원 정책의 실효성 탐구

사회복지학과

❶ 고령화 사회에서 현 노인복지 정책의 효과 분석을 통한 개선안 탐구
❷ 독거노인 자살률 증가에 따른 독거노인 생활 안전 지원 방안 연구

지리학과

❶ 우리나라 각 지역별 인구 증감률 비교 분석을 통한 지역 문제 해결 방안 탐구
❷ 저출산·고령화가 나타나는 지역의 특성 분석을 통한 대책 방안 연구

사회학과

❶ 우리나라 시대별 가족 계획 표어 분석을 통한 인구 문제 원인과 해결 방안
❷ 1인 가구 증가의 원인과 1인 가구가 사회 및 경제에 미치는 영향 분석
❸ 삼포(연애·결혼·출산) 세대의 증가 원인 분석을 통한 해결 방안 탐구

경제학과

❶ 물가 상승률과 출산율의 상관관계 분석을 통한 사회적 경제적 대안 제시
❷ 여성의 근로 시간과 최저임금 수준이 결혼·출산율에 미치는 영향

심리학과

❶ 결혼 기피 현상과 초혼 연령 상승이 사회에 미치는 영향 분석
❷ 고령화 사회 노인 자살률 증가의 원인 분석 및 해결 방안

영역 # 사회적 소수자에 대한 차별

성취기준

[12사탐05-03]	사회적 소수자에 대한 편견과 차별의 발생 원인에 대한 다양한 관점을 파악하고, 토의 등을 통해 사회적 소수자 차별 문제의 해결 방안을 도출한다.
[12사탐05-04]	사회적 소수자의 인권 문제 해결을 위한 우리 사회의 제도 및 기구(국가인권위원회, 시민단체 등)를 탐구하고, 관련 직업에 대해 조사한다.

정치외교학과

❶ 코로나19로 인한 외국인 혐오 문제 분석 및 대책 방안
❷ 결혼 이민자에 대한 사회적 편견과 차별 원인 분석을 통한 대안 제시

사회학과

❶ 성소수자의 시대별 인식 변화와 차별 해소를 위한 방안 연구
❷ 동성결혼 합법 국가 현황과 동성결혼 합법화가 한국 사회에 미치는 영향
❸ 이주 노동자 자녀들의 학교 적응 실태와 학습권 보장을 위한 사회적 방안
❹ 외국인 노동자 인권 침해 실태와 이들의 보호를 위한 우리 사회의 제도 및 기구 탐구

법학과

❶ 사회적 소수자의 인권 침해 사례와 법적 안전망 실태 분석
❷ 성 소수자들이 우리 사회에 미친 영향과 그들의 인권 보장을 위한 제도적 방안 탐구

심리학과

❶ 사회적 소수자 차별의 심리적 원인 분석 및 대책 방안
❷ 사회적 소수자가 느끼는 심리적 소외감 및 박탈감의 발생 원인과 극복 방안

영역 사회문제 사례 연구

성취기준

[12사탐06-01]	자신이 일상생활에서 경험하는 사회문제 중 하나를 탐구 대상으로 선정하고, 선정 이유에 대해 설명한다.
[12사탐06-02]	선정한 사회문제를 해결하기 위한 탐구 계획을 수립하고, 다양한 자료 수집 방법을 활용하여 선정한 사회문제의 현황을 분석한다.
[12사탐06-03]	선정한 사회문제를 바라보는 다양한 관점을 파악하고, 토의를 통해 해결 방안을 도출한다.
[12사탐06-04]	토의를 통해 도출된 사회문제 해결 방안을 직접 실천해 보고, 사회문제 탐구 및 해결 과정에 대한 보고서를 작성하여 발표한다.

탐구주제

경제학과

❶ 코로나19 방역과 경제 회복의 딜레마가 우리에게 주는 과제
❷ 서울시 부동산 가격 상승이 우리나라 사회·경제에 미치는 영향
❸ 포스트 코로나 시대 기업 및 자영업자의 생존 전략 방안

사회복지학과

❶ 복지 사각지대 사례를 통한 원인 파악과 발굴 방안에 관한 연구
❷ 아동학대의 유형별 사례와 예방을 위한 사회적·국가적 대책 방안 탐구
❸ 노인 빈곤 실태가 사회 경제에 미치는 영향 분석

법학과

❶ 윤창호법의 주요 내용과 법 시행으로 인한 한계점과 개선 방안에 관한 연구
❷ 공익신고자 보호법의 문제점과 개선 방안에 관한 고찰

사회학과

❶ 노인 빈곤의 원인과 바람직한 노후 설계를 위한 대책 방안
❷ 묻지마 폭행 증가 원인과 사례 분석을 통한 대책 방안 제시

광고홍보학과

❶ 미디어가 청소년 소비문화에 미치는 영향에 관한 연구
❷ 시대별 광고 문구 사례 분석을 통한 사회적 특성 파악 탐구

세무학과

❶ 고액 체납자 발생 원인과 징수를 위한 제도적 방안 탐구
❷ 탈세와 탈루의 사례 분석 및 사회·경제에 미치는 영향

국제무역학과

❶ 일본의 경제 보복이 한·일 양국의 정치·경제 상황에 미치는 영향 탐구
❷ 코로나19가 세계 경제 및 무역 시장에 미친 영향 분석
❸ 미·중 무역 전쟁의 원인과 한국 경제에 미치는 영향 분석

소비자학과

❶ 블랙컨슈머의 유형별 특징과 사례별 대처 방안에 관한 탐구
❷ 노키즈존 사례 분석을 통한 증가 원인과 해결 방안에 관한 연구
❸ 노쇼의 유형별 분석을 통한 대처 방안과 노쇼 현상의 확산이 사회·경제에 미치는 영향 탐구

- ⚠ 사회문제를 다룸에 있어 편향성이나 공정성 문제가 발생하지 않도록 균형 있게 접근
- ⚠ 다양한 사회문제 탐구 경험을 토대로 자신이 직접 사회문제를 선정하고, 탐구 계획을 수립하여 해결
- ⚠ 사회적 소수자에 대한 차별이 지구촌 차원에서도 문제가 될 수 있음을 인식하고, 해결할 수 있는 방안을 창의적으로 모색
- ⚠ 사회문제의 사례들과 관련된 자료를 다루는 과정에서 개인이나 특정 집단 등 권리에 대한 침해가 발생하지 않도록 유의

💬 MEMO

사회과
9

한국지리

핵심키워드

☐ 영역 ☐ 독도 영유권 분쟁 ☐ 지구온난화 ☐ 자연재해 ☐ 관광마케팅
☐ 지역개발 ☐ 농산물 시장 개방 ☐ 통일한국 ☐ 다문화 ☐ 공간적 불평등 ☐ 저출산 고령화

영역 **국토인식과 지리정보**

성취기준

[12한지01-01] 세계 속에서 우리나라의 위치와 영역의 특성을 파악하고, 독도 주권, 동해 표기 등의 의미와 중요성을 이해한다.

▶ 정확하고 유의미한 지리적·역사적 자료를 통해 독도 주권과 동해 표기 등의 의미와 중요성을 올바르게 파악하고, 관련된 현안에 대해 학생 수준에서 할 수 있는 활동 방안을 모색해 본다.

탐구주제

9.한국지리 — 국토인식과 지리정보

① '영역'은 한 나라의 주권이 미치는 범위로, 외부의 침입으로부터 보호되어야 할 공간이다. 정확하고 유의미한 지리적·역사적 자료를 통해 독도 주권과 동해 표기 등의 의미와 중요성을 올바르게 파악하고, 관련된 현안에 대해 학생 수준에서 할 수 있는 활동 방안을 모색해 보자.

관련학과
법학과, 정치외교학과, 국제관계학과, 지리학과, 군사학과

② '독도 영유권 분쟁'은 일본이 대한민국의 영토인 독도에 대한 영유권을 주장하면서 비롯된 한일 양국 간의 분쟁이다. 일본은 중학교 교과서에 독도를 자국의 영토라고 표기하는 등 역사 왜곡을 서슴지 않고 있다. 일본이 주장하는 독도 영유의 근거를 제시하고, 이를 반박하는 주장을 보고서로 작성해 보자.

관련학과
법학과, 정치외교학과, 국제관계학과, 지리학과, 군사학과

영역 기후환경과 인간생활

성취기준

[12한지03-02] 다양한 기후 경관을 사례로 기후 특성이 경제생활 등 주민들의 일상생활에 미치는 영향을 설명한다.

> ▶ 최근, 기후의 경제적 측면이 갖고 있는 중요성이 강조되고 있는데 이는 우리 국토를 변화시키는 원인이 되기도 하며, 지구적 차원에서부터 지역적 수준까지 다양한 층위에 걸쳐 주민들의 일상에 영향을 주고 있음을 파악하도록 한다.

[12한지03-03] 자연재해 및 기후 변화의 현상과 원인, 결과를 조사하고, 인간과 자연환경 간의 지속 가능한 관계에 대해 토론한다.

탐구주제

9.한국지리 — 기후환경과 인간생활

① 겨울에 우리나라를 찾는 동남아 관광객들이 증가하고 있다. 동남아에서 보기 힘든 눈을 보며, 스키를 즐기기 위한 관광객들이다. 이처럼 우리나라의 기후 특성을 이용한 관광 마케팅 기획안을 작성해 보자.

관련학과
경제학과, 광고홍보학과, 항공관광학과, 국제관계학과, 지리학과

② 지구 표면의 평균 기온이 상승하는 현상을 지구온난화라고 한다. '지구온난화'가 우리나라 생태계에 미치는 영향을 조사하고, 지구온난화가 가속화되지 않도록 온실 효과를 유발하는 탄소의 배출을 최소화하기 위해 우리가 일상생활 속에서 실천할 수 있는 일들을 발표해 보자.

관련학과
국제관계학과, 지리학과, 소비자학과

영역 거주 공간의 변화와 지역 개발

성취기준

[12한지04-04] 지역 개발의 영향으로 나타나는 공간 및 환경 불평등과 지역 갈등 문제를 파악하고, 국토 개발 과정이 우리 국토에 미친 영향에 대해 평가한다.

> ▶ 지역 개발로 인하여 나타나는 공간 및 환경 불평등 문제를 다양한 스케일에서 탐색한다.

탐구주제

① 우리나라는 수도권 및 동남권과 다른 지역 간의 격차로 공간적 불평등 문제가 발생하고 있다. 수도권 및 동남권은 생산 활동과 관련된 교역, 업무, 전문 서비스 기능과 소비 활동과 관련된 여러 서비스 시설 및 문화 시설이 잘 갖추어져 있다. 그러나 이 지역을 제외한 대부분의 자치 단체는 재정 여건이 좋지 않으며, 고용 기회가 적고 소득 수준 및 생활 수준이 상대적으로 낮은 편이다. 지역 균형 발전을 위해 행정수도 이전은 불가피한 선택인지 찬성과 반대로 나누어 토론해 보자.

관련학과

부동산학과, 사회학과, 지리학과, 행정학과

② 우리나라는 1960년대 이후 부족한 자원의 한계를 극복하고 효율적으로 경제 성장을 이루기 위해 정부 주도의 하향식 개발 방식을 채택하였다. 그 결과 자본과 노동력이 대도시 및 공업 도시로 집중하면서 농촌 및 지방이 더욱 낙후되는 결과를 가져왔다. 이에 지역 불균형 발전 문제가 지역 개발 정책이나 경제 성장 과정과 관련하여 나타나고 있음을 인식하고, 국토 개발 과정이 우리 국토에 미친 긍정적인 면과 부정적인 면을 탐구해 보자.

관련학과

부동산학과, 사회학과, 지리학과, 행정학과

영역
생산과 소비의 공간

성취기준

[12한지05-02] 농업 구조 변화의 원인 및 특성을 이해하고, 이로 인해 발생하는 다양한 문제의 해결 방안을 탐구한다.

[12한지05-03] 공업의 발달 및 구조 변동으로 인한 공업 입지와 공업 지역의 변화를 파악하고, 이러한 현상이 지역 경관과 주민의 생활에 미친 영향을 설명한다.

[12한지05-04] 상업 및 서비스 산업의 입지에 영향을 미치는 요인과 최근의 변화상을 파악하고, 교통·통신의 발달이 생산 및 소비 공간에 미치는 영향을 평가한다.

▶ 상업 및 서비스 산업의 변화를 다양한 측면에서 탐구해 봄으로써 생산 및 소비 공간의 변화 과정과 모습을 이해하도록 한다.

탐구주제

① 오늘 먹은 점심 식단을 보면 밥에 들어간 쌀은 국내산, 김치에 들어간 고춧가루는 중국산, 맛있게 구운 소고기는 호주산, 새콤달콤한 포도는 칠레산 등 우리는 실제로 여러 나라의 식재료를 삼시세끼 다양하게 맛보고 있다. 각 식량자원의 원산지를 지도에 표시하고, 농산물 시장 개방의 영향과 이에 대처하기 위한 방안을 제시해 보자.

관련학과

경제학과, 농업경제학과, 식품자원경제학과, 무역학과, 소비자학과, 지리학과

② 공업 지역의 변화에 영향을 미치는 요소에는 집적 이익과 집적 불이익 발생, 산업 기술이나 교통의 발달, 산업 구조의 변화, 국가 정책의 변화 등이 있다. 우리나라의 공업 지역 가운데 한 곳을 선정하여 그 지역 산업 구조의 변화가 생산·소비 활동의 입지, 지역 구조 및 주민들의 일상생활에 어떠한 영향을 미쳤는지 관련 내용을 조사하여 보고서를 작성해 보자.

관련학과

경영학과, 경제학과, 사회학과, 지리학과

③ 지속적인 노동의 분화·특화는 재화와 서비스의 생산에 있어 상호연락 및 통신의 필요성을 증대시켰으며 이는 통신 및 교통의 발달을 수반했다. 교통과 정보 통신의 발달이 생산, 유통, 소비 공간의 변화와 지역 및 주민들의 일상생활 변화에 어떠한 영향을 미치고 있는지를 구체적인 사례를 들어 조사해 보자.

관련학과

경제학과, 경영정보학과, 무역학과, 소비자학과

영역
인구 변화와 다문화 공간

성취기준

[12한지06-02]	저출산·고령화 등 인구 문제와 이에 따른 공간적 변화를 파악하고, 이의 해결 방안을 제시한다.
[12한지06-03]	외국인 이주자 및 다문화가정의 증가와 이로 인한 사회·공간적 변화를 조사·분석한다.

▶ 세계화 과정 속에서 활발히 일어나고 있는 국제 이주 및 이주자들의 국내 정착 과정 및 이로 인해 나타나는 사회·공간적 변화를 파악한다.

탐구주제

9.한국지리 — 인구 변화와 다문화 공간

① 우리나라는 저출산과 고령화로 인한 경제활동인구 감소, 외국인 노동력에 대한 수요 증가, 국제결혼의 지속적 증가로 인해 다문화사회가 되었다. 그러나 언어나 문화적 차이, 경제적 어려움, 외국인에 대한 편견으로 갈등을 겪고 있다. 다문화사회가 저출산·고령화 사회의 대안이 될 수 있는지 의견을 발표해 보자. 그리고 갈등과 차별 없이 통합된 사회가 되기 위해 필요한 것은 무엇인지 토의해 보자.

관련학과

사회학과, 문화인류학과, 지리학과

② 외국인 거주자가 전체 인구에서 차지하는 비율이 5%가 넘는 사회를 다문화사회라고 한다. 그러나 중요한 것은 단순히 외국인의 숫자가 많은 것이 아니라 외국인이 주류 문화에 동화되지 않고 고유의 문화적 정체성을 유지하면서 거주해야 한다는 것이다. 국토 공간에서 역동적으로 형성되고 있는 다문화 공간의 대표적 사례 지역을 조사하여 발표해 보자.

관련학과

사회학과, 문화인류학과, 부동산학과, 지리학과

우리나라의 지역 이해

성취기준

[12한지07-02] 북한의 자연환경 및 인문환경 특성, 북한 개방 지역과 남북 교류의 현황을 파악하고, 통일 국토의 미래상을 설계한다.

[12한지07-03] 수도권의 지역 특성 및 공간 구조 변화 과정을 경제적·문화적 측면에서 이해하고, 수도권이 당면하고 있는 문제점 및 이의 해결 방안에 대해 탐구한다.

▶ 지역의 구조와 지역성 파악이 중요하며, 우리 국토의 모든 지역을 소중히 여기는 태도를 고취할 수 있도록 노력한다.

탐구주제

9.한국지리 — 우리나라의 지역 이해

① 한반도는 우리 국민이 살아갈 생활 공간으로 남한과 북한이 서로에게 필요한 것을 공급해 줄 수 있는 상호 보완적인 지역이다. 남한은 상대적으로 평야가 넓어 농산물이 풍부하고 인구가 많으며, 북한은 산지가 많아 임산 자원과 지하 자원이 풍부하고 수력 발전에 유리하다. 그러나 한반도의 분단으로 생활 공간이 단절되고 남한과 북한의 상호 보완성이 사라져 국토의 효율적 이용이 어렵게 되었다. 통일 한국의 미래 모습을 상상해 보고, 통일 한국에서 전망 있는 사업을 구상하여 사업 계획서를 작성해 보자.

관련학과
정치외교학과, 국제관계학과, 지리학과, 경제학과, 경영학과

② 지역 개발은 지역의 잠재력을 최대한 개발함으로써 지역 주민의 삶의 질을 향상시키기 위한 목적으로 하지만 개발로 인한 수혜가 모든 지역에 골고루 미치지 않고, 모든 구성원을 만족시키는 개발이 어렵기 때문에 갈등이 발생하고 있다. 지역 개발로 인하여 나타나는 공간 및 환경 불평등 문제를 구체적 사례를 제시하여 설명해 보자.

관련학과
부동산학과, 법학과, 사회학과

활용 자료의 유의점

ⓘ 지역 사회의 특성과 학교의 실정에 알맞은 지역 학습 자료 활용
ⓘ 국토와 관련된 단순 사실의 암기보다는 이전의 학습 과정이나 일상생활을 통해 이해
ⓘ 도시 변화 전·후의 경관을 비교할 수 있는 사진, 위성 영상, 동영상, 영화 등 자료 활용
ⓘ 일상생활에서 직·간접적으로 경험하게 되는 사회현상을 지리적 관점에서 이해
ⓘ 직접 체험하기 힘든 지리적 현상을 컴퓨터, 인터넷, TV 등 다양한 시청각 매체를 활용하여 간접적으로 경험

사회과 10

세계지리

핵심키워드

- [ ] 세계화와 지역화 [ ] 세계의 자연환경 및 인문환경 [ ] 자원 [ ] 분쟁 [ ] 문화 [ ] 종교
- [ ] 지역 브랜드화 [ ] 카르스트 지형 [ ] 국제적 인구 이주 [ ] 난민 수용 [ ] 사막화
- [ ] 분리독립 [ ] 유럽연합 [ ] 경제 세계화

영역 **세계화와 지역 이해**

성취기준

[12세지01-01] 세계화와 지역화가 한 장소나 지역의 정체성 변화에 영향을 주는 사례를 조사하고, 세계화와 지역화가 공간적 상호 작용에 미치는 영향을 파악한다.

▶ 일상생활 속에서 경험할 수 있는 세계화와 지역화 현상의 주요 사례를 통하여 세계화와 지역화가 동시에 진행되는 현상이며, 이것은 각 지역의 정체성이나 공간적 상호 작용의 변화에 큰 영향을 미치기 때문에 지리적으로 인식하고 지리적 관점에서 접근할 필요가 있다는 점을 이해한다.

탐구주제

10.세계지리 — 세계화와 지역 이해

(1) '세계화'란 인간의 공간적 활동 범위가 국경의 제한을 넘어 전 세계가 같은 정치적·경제적·사회적·문화적 생활권을 형성해 나가는 범세계적 흐름과 추세를 말한다. 세계화가 인류에 미치는 긍정적인 면과 부정적인 면은 무엇인지 토론해 보자.

관련학과
글로벌경영학과, 국제무역학과, 국제물류학과, 국제통상학과, 무역학과, 항공관광학과, 국제관계학과, 지리학과, 인류학과

(2) '햄버거'는 독일의 함부르크(Hamburg)에서 즐겨 먹던 스테이크에서 유래한 것으로, 18세기 초 독일에서 온 이민자들에 의해 미국으로 건너왔다. 이후 1904년 미국에서 열린 세인트루이스 세계 박람회 때 햄버그스테이크를 빵 사이에 끼워서 팔면서 오늘날 햄버거의 기본적인 형태를 갖추게 되었다. 그러나 쌀이 주식인 인도네시아에서는 라이스 햄버거, 독일에서는 정통 뉘른베르크 소시지를 넣어 만든 햄버거, 에스파냐에서는 만테고 치즈로 만든 햄버거 등 지역의 입맛과 전통을 고려한 상품도 개발하여 판매하고 있다. 이와 유사한 사례를 찾아 발표해 보자.

관련학과
글로벌경영학과, 식품자원경제학과

탐구주제

③ 지역 브랜드화란 지역의 상품과 서비스, 축제 등을 특별한 브랜드로 인식시켜 지역 이미지를 높이고, 지역의 경제를 활성화하는 전략이다. 내가 사는 지역의 이미지를 부각시키는 브랜드를 만들어 홍보 포스터나 UCC를 만들어 보자.

관련학과
관광경영학과, 광고홍보학과, 부동산학과

영역 세계의 자연환경과 인간 생활

성취기준

[12세지02-05] 세계적으로 환경 보존이나 관광의 대상지로 주목받고 있는 주요 사례를 중심으로 카르스트 지형, 화산 지형, 해안지형 등 여러 가지 특수한 지형들의 형성 과정을 이해한다.

▶ 관광지로 유명해진 사례를 조사하고 인간과 환경이 공존할 수 있는 지속 가능한 환경을 위한 태도를 갖도록 한다.

탐구주제

① 카르스트 지형, 화산 지형, 해안 지형 중 세계적으로 환경 보존이나 관광의 대상지로 주목받고 있는 지역 한 곳을 선정하여, 지형의 형성 과정과 주요 경관을 설명하고, 이곳의 지속 가능한 환경 보존을 위해 우리가 해야 할 일들을 발표해 보자.

관련학과
광고홍보학과, 항공관광학과, 지리학과

---

② 베트남의 할롱베이, 중국 계림, 터키 남서부 지방의 파묵칼레, 크로아티아의 플리트비체 국립공원 등은 세계적으로 보존될 가치가 있는 카르스트 지형이다. 이 중 한 곳을 선정하여 지형의 형성 과정과 경관을 안내하는 홍보 영상물 또는 홍보 포스터를 만들어 공유해 보자.

관련학과
광고홍보학과, 항공관광학과, 지리학과

💬 **MEMO**

세계의 인문환경과 인문 경관

성취기준

[12세지03-02]   세계의 일반적 인구 변천 단계와 그 지역적 차이를 파악하고, 국제적 인구 이주의 주요 사례 및 유형을 도출한다.

▶ 세계의 주요 인구 이주 사례들에서 보이는 이주의 주요 유형은 무엇인지 파악하도록 한다.

탐구주제

10.세계지리 ― 세계의 인문환경과 인문 경관

① 한 국가에서 다른 국가로의 인구 이동은 정치, 경제, 종교, 문화, 환경 조건 등 다양한 요인에 따라 이루어진다. 인구의 국제 이동은 경제적 원인에 의한 이동이 많으며, 종교적 원인과 정치적 원인도 중요하게 작용한다. 국제적 인구 이주에 따른 인구 유입 지역과 인구 유출 지역의 변화 모습을 설명해 보자.

관련학과

정치외교학과, 국제관계학과, 지리학과, 문화인류학과

② 인종, 종교, 국적, 특정 사회집단의 구성원인 신분 또는 정치적 견해를 이유로 박해를 받아 다른 나라로 망명한 사람을 난민이라고 한다. 우리나라에서도 난민 수용에 대한 찬반 의견이 엇갈리고 있다. 난민 수용에 대한 자신의 의견을 발표해 보자.

관련학과

정치외교학과, 국제관계학과, 사회복지학과

건조 아시아와 북부 아프리카

성취기준

[12세지05-03]   건조 아시아와 북아프리카의 주요 사막화 지역과 요인을 조사하고, 사막화의 진행으로 인한 여러 가지 지역 문제를 파악한다.

▶ 사막화의 진행이 지구적 쟁점이자 심각한 지역 문제로 대두되고 있는 만큼 주요 사막화 지역과 그 요인, 사막화로 파생되는 여러 가지 문제들을 조사하게 함으로써 지역 쟁점 및 과제를 파악하도록 한다.

① '다르푸르 분쟁'은 '아랍계 유목민'과 '아프리카계 정착 농부' 사이의 갈등으로 알려져 있으나, 그 이면에는 사막화라는 환경 문제가 숨어 있다. 이처럼 환경 문제로 갈등을 겪고 있는 지역의 사례를 찾아 대책 방안을 논의해 보자.

관련학과
농업경제학과, 식품자원경제학과, 정치외교학과, 국제관계학과, 지리학과

② 사막화는 극심한 가뭄과 같은 기후적 요인에 의해 일어나기도 하지만 지표수나 지하수가 건조한 지역에서의 과도한 식물벌채나 경작 및 관개, 노천채굴 등 인위적 요인에 의해 일어나기도 한다. 사막화 방지와 사막화가 진행 중인 개발 도상국을 기술적·재정적으로 지원하기 위한 방안에는 어떤 것들이 있는지 발표해 보자.

관련학과
국제관계학과, 지리학과, 정치외교학과

영역
유럽과 북부 아메리카

성취기준

[12세지06-03] 　유럽과 북부 아메리카에서 나타나는 정치적 혹은 경제적 지역 통합의 사례를 조사하고, 지역의 통합에 반대하는 분리 운동의 사례와 주요 요인을 탐구한다.

▶ 정치적 혹은 경제적 측면에서 지역 통합의 노력과 분리 운동이 동시에 나타나고 있는 만큼, 이에 관련된 주요 사례들을 조사하게 함으로써 그 배경과 쟁점을 파악하도록 한다.

탐구주제

① '분리 독립'은 어떤 큰 집단에 속한 주민들이 새로운 집단을 구성해 독립하는 일을 말한다. 분리 독립을 주장하는 것은 대부분 역사적인 맥락에서 그 원인을 찾을 수 있는데 과거에는 각각 다른 국가였지만 정복자에 의해 통합, 통일된 이후 현재는 한 국가의 형태를 유지하고 있는 경우가 많다. 유럽 및 북부 아메리카에서 분리 독립을 추진하고 있는 지역을 지도에 표시하고, 이 지역의 분리 운동의 원인과 과정을 UCC로 제작해 보자.

관련학과
정치외교학과, 국제관계학과, 지리학과, 사학과

② '유럽과 북부 아메리카의 지역 통합과 분리 운동'이라는 공통된 대주제하에 '유럽연합의 탄생 배경과 회원국의 변화', '캐나다 퀘벡 주의 분리 운동', '종교나 민족, 언어 등의 차이로 인한 분리 운동 지역', '경제의 지역 차로 인한 분리 운동 지역' 등의 소주제로 나누어 모둠별로 협력학습을 진행해 보자.

관련학과
경제학과, 국제무역학과, 국제물류학과, 국제통상학과, 무역학과, 정치외교학과, 국제관계학과, 문화인류학과, 지리학과

③ 브렉시트는 영국의 유럽연합(EU) 탈퇴를 뜻하는 말로 영국(Britain)과 탈퇴(exit)의 합성어이다. 영국은 2016년 6월 23일 국민투표를 통해 처음으로 브렉시트를 결정한 나라가 됐다. 영국이 유럽 연합에서 탈퇴하게 된 원인을 파악하고, 영국의 유럽 연합 탈퇴가 영국과 유럽 연합에 미치는 영향에 대해 토론해 보자.

관련학과
경제학과, 국제무역학과, 국제물류학과, 국제통상학과, 무역학과, 정치외교학과, 국제관계학과

영역 # 사하라 이남 아프리카와 중·남부 아메리카

성취기준

[12세지07-02] 사하라 이남 아프리카의 주요 국가들이 겪고 있는 분쟁 및 저개발의 실태를 파악하고, 그 주요 요인을 식민지 경험이나 민족(인종) 및 종교 차이와 관련지어 추론한다.

▶ 사하라 이남 아프리카의 경우 이 지역의 분쟁이나 저개발 문제를 식민지 경험이나 민족(인종) 및 종교 차이 등과 관련지어 추론하도록 한다.

[12세지07-03] 사하라 이남 아프리카와 중·남부 아메리카에서 나타나는 자원 개발의 주요 사례들을 조사하고 환경 보존이나 자원의 정의로운 분배라는 입장에서 평가한다.

▶ 자원 개발이 속도를 내면서 환경 보존이나 자원의 정의로운 분배를 둘러싼 지역 문제들이 나타나고 있는 만큼, 이에 관련된 주요 사례들을 조사하게 함으로써 그 내용과 해결 과제를 파악하도록 한다.

탐구주제

10.세계지리 — 사하라 이남 아프리카와 중·남부 아메리카

① 수단은 아프리카 북동부에 있는 나라로 북부 이슬람교도와 남부 그리스도교도 간 갈등을 겪고 있다. 영화 '신이 찾은 아이들(수단 내전)'을 감상한 후 내전의 발발 원인을 살펴보고, 국제사회가 도울 수 있는 방안에 대해 토의해 보자.

관련학과
정치외교학과, 국제관계학과, 지리학과, 문화인류학과

② 아프리카는 종족 간 갈등, 반정부 조직에 의한 무력투쟁, 자원 갈등, 외세의 개입 등 기타 복합적 요인으로 분쟁이 잦은 지역이다. 자신이 뉴스 기자라 가정하고, 사하라 이남 아프리카 지역 중 분쟁에 휩싸인 지역 한 곳을 선정해 취재해 보자.

관련학과
정치외교학과, 국제관계학과, 지리학과, 문화인류학과

③ 아프리카의 시에라리온은 다이아몬드 광산을 개발하여 많은 소득을 올릴 수 있었다. 그러나 채굴권을 둘러싼 정부와 반군 사이의 다툼으로 내전이 끊이지 않게 되었다. 이에 2003년 세계 다이아몬드 회사들과 생산 가공국 정부들은 다이아몬드 생산, 유통과정을 감시하고 분쟁지역 광석 매매를 금지하는 '킴벌리 프로세스' 협약에 합의했다. 이처럼 분쟁 국가에 대해 국제사회가 할 수 있는 역할은 무엇인지 조사해 보자.

관련학과

글로벌경영학과, 정치외교학과, 국제관계학과, 지리학과

영역

평화와 공존의 세계

성취기준

[12세지08-01]	경제의 세계화가 파생하는 효과들이 무엇인지 파악하고, 경제의 세계화에 대응하여 여러 국가들이 공존을 위해 결성한 주요 경제 블록의 형성 배경 및 특징을 비교 분석한다.
[12세지08-02]	지구적 환경 문제에 대처하기 위한 국제적 노력이나 생태 발자국, 가뭄 지수 등의 지표들을 조사하고, 우리가 일상에서 실천할 수 있는 방안들을 제안한다.
[12세지08-03]	세계의 평화와 정의를 위한 지구촌의 주요 노력들을 조사하고, 이에 동참하기 위한 세계시민으로서의 바람직한 가치와 태도에 대해 토론한다.

▶ 경제의 세계화와 지역별 경제 블록의 형성, 지구온난화 및 오염 물질의 국제적 이동 등의 지구적 환경 문제에 대한 국제적 노력이나 협약, 세계유산의 지정과 관리, 국제 난민의 실태와 인도적 지원, 다양한 지역 분쟁에 대한 조정 등을 비롯한 세계 평화와 정의를 위한 노력들을 학습하고, 그러한 노력에 적극 동참할 수 있는 세계시민으로서의 소양과 태도를 함양하도록 한다.

탐구주제

① '경제 세계화'란 지구상의 모든 국가들이 동일한 경제·사회·문화적 생활권을 형성해 나가는 범세계적 흐름을 말한다. 경제 세계화에 따른 우리나라의 경제 위기 극복 역량에 관해 분석하고, 경제 세계화가 우리나라에 미치는 긍정적·부정적 영향을 조사해 발표해 보자.

관련학과

경영학과, 글로벌경영학과, 경제학과, 국제무역학과, 국제물류학과, 국제통상학과, 무역학과, 정치외교학과, 국제관계학과, 지리학과

② '지속 가능한 발전'이란 1987년 세계 환경개발 위원회에서 처음 사용한 개념으로, '우리의 미래'라는 보고서에서 "미래의 세대가 그들의 필요를 충족시킬 수 있는 가능성을 손상시키지 않는 범위에서 현재 세대의 필요를 충족시키는 개발"이라고 정의하였다. 지구촌의 지속 가능한 발전에 위협이 되는 지구적 환경 문제에 관한 언론이나 매체에 보도된 주요 사례들을 조사하여 보고서를 작성해 보자.

관련학과

정치외교학과, 국제관계학과, 지리학과

탐구주제

(3) 노르웨이 비영리 단체 EAT가 식습관과 건강, 기후 변화의 인과관계를 분석해 발간한 '더 나은 미래를 위한 식습관' 보고서에 따르면, 한국의 1인당 음식 소비로 인한 온실가스 배출량은 지구가 감당할 수 있는 한계를 넘어섰다고 한다. 나의 음식 소비 습관을 검토해 보고, 바람직한 음식 소비 습관을 기르기 위한 방안을 말해 보자.

관련학과
농업경제학과, 식품자원경제학과, 사회학과, 소비자학과, 지리학과

활용 자료의 유의점

(!) 세계 다른 지역의 변화가 우리 지역의 변화, 우리 삶의 변화와 긴밀히 연결되어 있음을 이해

(!) 동·서양의 대표적 옛 세계지도들을 비교 분석하고, 동양과 서양의 지리 정보 및 세계관의 차이 추론

(!) 지형도나 사진, 다큐멘터리 등을 보면서 해당 기후 및 지형의 형성 과정을 추론

(!) 국내외 이슈와 관련되어 있거나 일상 속에서 쉽게 접할 수 있는 지도, 경관 사진, 동영상 등 활용

(!) 지역 분쟁이나 저개발의 요인을 학습함에 있어서 주요 사례를 중심으로 구체적으로 비교 분석

(!) 지리적 개념이나 보편적 특성, 일반적 원리가 지역적 맥락에서 어떻게 적용될 수 있는지를 주안점 두고 학습

💬 **MEMO**

사회과

11

여행지리

핵심키워드

☐ 여행 ☐ 지속가능성 ☐ 성찰 ☐ 공존 ☐ 행복 ☐ 지리정보시스템
☐ 세계 문화축제 ☐ 전통음식 ☐ 봉사여행 ☐ 포스트 코로나 시대 ☐ 관광산업

영역

여행을 왜, 어떻게 할까?

성취기준

[12여지01-01] 책이나 대중매체에 나타난 여행 사례를 통해 다양한 여행의 의미와 종류를 찾아보고, 여행이 개인 삶과 세계 인식에 미치는 영향을 탐구한다.

[12여지01-03] 다양한 지도 및 지리정보시스템을 활용하여 여행지 및 여행 경로에 대한 정보를 수집·정리·조직한다.

탐구주제

11.여행지리 — 여행을 왜, 어떻게 할까?

---

① 여행은 일이나 유람을 목적으로 다른 고장이나 외국에 가는 일 또는 자기 거주지를 떠나 객지를 두루 돌아다니는 것을 말하며, 자기 자신을 찾는 것을 동기로 해야 한다. 자신이 여행하고 싶은 여행지를 선정한 후 지도 및 지리정보시스템을 활용하여 여행 계획서를 작성하여 발표해 보자.

관련학과
광고홍보학과, 항공관광학과, 항공서비스학과, 지리학과

---

② '지리정보시스템'은 지리적 공간과 관련된 모든 정보를 디지털화해서 컴퓨터를 통하여 입력, 저장, 관리, 분석, 편집 등 다양하게 활용할 수 있도록 만들어진 시스템이다. 지리정보시스템을 활용하여 '가상 체험 여행'을 다녀온 후 여행담을 발표해 보자.

관련학과
광고홍보학과, 항공관광학과, 항공서비스학과, 지리학과

<table>
<tr><td>영역</td><td></td></tr>
</table>

매력적인 자연을 찾아가는 여행

성취기준

[12여지02-03]	천연기념물, 국립공원, 남극 같은 지구환경의 다양성과 지속가능성을 위해 여행이 제한되고 있는 지역의 가치를 이해하고, 보존과 개발의 갈등 속에서 변화하고 있는 모습을 탐구한다.
[12여지02-04]	우리나라의 매력적인 생태 및 자연여행이라는 주제로 우리나라의 생태 및 자연에 대한 이해를 높이고 즐길 수 있는 여행지를 선정하고 소개한다.

탐구주제

11.여행지리 ― 매력적인 자연을 찾아가는 여행

① 국립공원은 국가에서 지정하여 관리하고 보호하는 공원이다. 우리나라에서 국립공원으로 지정된 곳으로는 북한산, 지리산, 오대산, 계룡산, 한려해상, 설악산, 속리산, 한라산, 내장산 등이 있다. 이러한 곳들이 국립공원으로 지정된 이유는 무엇이며 어떻게 보존해야 하는지 발표해 보자. 그리고 이 지역 중 한곳을 선정하여 홍보 포스터를 제작해 보자.

관련학과
광고홍보학과, 항공관광학과, 항공서비스학과, 지리학과

② 우리나라의 산지, 하천, 해안 등에는 아름다운 경관을 자랑하는 곳이 많다. 매력적인 지형으로 널리 알려진 지역을 한 곳 선정하여 그곳의 자연적 특성을 조사하고, 그곳의 볼거리를 가장 효율적으로 즐길 수 있는 여행 계획을 세워보자.

관련학과
광고홍보학과, 항공관광학과, 항공서비스학과, 지리학과

<table>
<tr><td>영역</td><td></td></tr>
</table>

다채로운 문화를 찾아가는 여행

성취기준

[12여지03-01]	스포츠, 문화, 엑스포 등 세계 각국에서 벌어지는 축제의 사례를 선정하여 축제의 개최 배경, 의미, 성공적인 축제 관광의 조건을 탐구한다.
[12여지03-02]	종교, 건축, 음식, 예술 등 다양한 문화로 널리 알려진 지역을 사례로 각 문화의 형성 배경과 의미를 이해하고, 관광적 매력을 끄는 이유를 탐구한다.

탐구주제

(1) '문화축제'는 지역의 문화를 주제로 하여 열리는 축제로, 여행자는 문화축제에 직접 참여하여 축제를 즐길 수 있다. 한 예로, 브라질의 리우 카니발은 지역 주민 스스로 즐기는 축제로, 관광객과 지역 주민이 함께 어울릴 수 있는 삼바 퍼레이드가 유명하다. 이외에 세계의 문화축제 중 하나를 선정하여 축제의 의미와 유래를 조사하고, 축제 홍보 포스터를 만들어 보자.

관련학과
항공관광학과, 국제관계학과, 지리학과, 문화인류학과

(2) '음식 여행'이란 세계 각국의 독특한 전통 음식을 맛보는 여행을 말한다. 세계의 여러 지역은 기후와 지형이 각기 다양하며, 지역마다 구할 수 있는 식재료가 다르기 때문에 지역별 특색있는 음식 문화가 발달한다. 내가 여행하고 싶은 지역의 전통 음식을 조사하고 음식의 유래와 조리법을 발표해 보자.

관련학과
항공관광학과, 국제관계학과, 지리학과, 문화인류학과

영역
인류의 성찰과 공존을 위한 여행

성취기준

[12여지04-02] 분쟁, 재난, 빈곤, 환경 문제 등으로 고통받는 지역으로의 봉사여행이 지역과 여행자에게 주는 긍정적 변화를 탐구하고 인류의 행복한 공존을 위한 노력에 공감하고 실천 방법을 모색한다.

탐구주제

(1) '봉사여행'이란 '자원봉사'와 '여행'의 합성어로 자원봉사를 겸하는 여행을 의미한다. 봉사여행에는 자연 복원 활동, 멸종 위기의 동물 구조, 교육 봉사 활동 등 다양한 형태가 있다. 이 중 하나를 선택하여, 봉사여행 계획서를 작성해 보자.

관련학과
항공관광학과, 국제관계학과, 지리학과

(2) 세계 여러 지역에서는 다양한 이유로 갈등과 분쟁이 발생하고 있으며 이는 곧 다른 지역과 나라에 영향을 미친다. 지도에서 분쟁, 재난, 빈곤, 환경 문제 등으로 고통받는 지역을 찾아 표시한 후, 그 가운데 한 곳을 선정하여 어려움에 처한 원인을 조사하고, 내가 그곳 주민들에게 어떤 도움을 줄 수 있는지 생각해 보자.

관련학과
심리학과, 정치외교학과, 국제관계학과, 지리학과

영역

여행자와 여행지 주민이 모두 행복한 여행

성취기준

[12여지05-01] 여행 산업이 여행지에 미치는 경제적·환경적·문화적 영향을 파악하고, 책임 있고 바람직한 여행을 위한 실천 방법을 모색한다.

탐구주제

11. 여행지리 — 여행자와 여행지 주민이 모두 행복한 여행

① 서울의 북촌 한옥마을은 많은 사적들과 문화재, 민속자료가 있어 해마다 국내외 관광객들이 자주 찾는 우리나라 관광 명소 중 하나로 지역 경제 활성화에 큰 역할을 담당해 왔다. 그러나 관광객의 급증으로 주민들이 소음과 쓰레기에 몸살을 앓고 있다. 이처럼 여행 산업이 지역 주민에게 미치는 긍정적 영향과 부정적 영향의 사례를 찾아 발표해 보자.

관련학과
경제학과, 부동산학과, 항공관광학과, 지리학과

② 코로나19 발발 이후 전 세계 관광 산업은 유례없는 불황에 빠졌다. 사실상 지구촌 관광산업 전체가 멈춰 섰다고 해도 과언이 아니다. 포스트 코로나 시대 관광 산업은 어떻게 변화할지 전망해 보자.

관련학과
광고홍보학과, 항공관광학과, 항공서비스학과, 사회학과, 소비자학과, 지리학과, 국제관계학과

활용 자료의 유의점

- ⓘ 실생활에서 경험한 잠재적 지식과 기능들을 학습 과정에 적극적으로 연계
- ⓘ 사례 지역이 편중되거나 특정 가치가 편파적으로 다루어지지 않도록 유의
- ⓘ 특정 문화나 지역, 지구촌 문제 등에 대해 왜곡, 편견, 선입견, 차별적인 모습을 갖지 않도록 유의
- ⓘ 디지털 지도, 영상 매체, 도서, 여행 블로그 같은 인터넷 자료, 사진, 통계 자료 및 여행가 경험을 적극 활용
- ⓘ 여행을 통해 지구 곳곳의 다양한 삶을 접함으로써 개인과 공동체의 행복과 삶의 의미를 성찰

💬 **MEMO**

도덕과 교과과정

도덕과

1

생활과 윤리

핵심키워드

☐ 윤리적 쟁점 ☐ 사회정의 ☐ 존엄사 ☐ 낙태죄 ☐ 미투 운동 ☐ 저출산 ☐ 양성평등 ☐ 역차별
☐ 종교적 분쟁 ☐ 대외원조 ☐ 사회적 우대조치 ☐ 정의로운 형벌 ☐ 다문화사회 ☐ 비정규직 ☐ 핵실험

영역 ## 생명과 윤리

성취기준

[12생윤02-01] 삶과 죽음에 대한 다양한 윤리적 문제를 인식하고, 이에 대한 여러 윤리적 입장을 비교·분석하여,
인공임신중절·자살·안락사·뇌사의 문제를 자신이 채택한 윤리적 관점으로 설명할 수 있다.

▶ 삶과 죽음, 생명, 성과 관련된 윤리 문제에 대해 다양한 윤리 이론을 적용하여 자신의 관점을 정립하고,
관련 윤리 문제를 비판적으로 성찰하여 올바른 윤리관을 형성하도록 한다.

[12생윤02-02] 생명의 존엄성에 대한 여러 윤리적 관점을 비교·분석하고, 생명복제, 유전자 치료, 동물의 권리문제
를 윤리적 관점에서 설명하며 자신의 관점을 윤리 이론을 통해 정당화할 수 있다.

[12생윤02-03] 사랑과 성의 의미를 양성평등의 관점에서 분석하고, 성과 관련된 문제를 여러 윤리 이론을 통해 설
명할 수 있으며 가족 윤리의 관점에서 오늘날의 가족 해체 현상을 탐구하고 이에 대한 극복 방안을
제시할 수 있다.

탐구주제

1.생활과 윤리 ─ 생명과 윤리

---

① '안락사'란 회복의 가망이 없는 중환자의 고통을 덜어주기 위해 인위적으로 생명을 단축시켜 사망케 하는 의료행위이
고, 존엄사는 임종 단계에 있는 환자가 생명을 연장하는 연명치료를 중단하고 자연적 죽음을 받아들이는 것이다. '안
락사와 존엄사'에 관한 기사 내용을 수집하여 이에 대한 윤리적 쟁점을 이해하고, 모둠별로 토론해 보자.

관련학과
법학과, 심리학과, 상담심리학과, 사회학과

2 법무부 자문기구인 '양성평등정책위원회'가 '낙태죄'를 폐지하라고 권고하자 여성 단체는 환영하였고, 2019년 4월 11일 헌법재판소는 '낙태죄' 처벌 근거인 현행 형법 조항에 대해 '헌법불합치' 결정을 내렸다. 낙태죄 폐지에 대한 자신의 의견과 낙태죄 폐지 이후 남은 사회적 과제에 대해 발표해 보자.

관련학과

법학과, 사회학과

---

3 '미투'는 SNS에 '나도 피해자(me too)'라며 자신이 겪은 성범죄를 폭로하고 그 심각성을 알리는 운동이다. 미국 할리우드 유명 영화제작자 하비 웨인스타인이 30년간 성추행을 일삼았다는 사실이 파문을 일으키며 촉발됐다. 우리나라 미투 운동의 사례를 조사하고, 성 인지 감수성을 높이고 건전한 양성평등의식을 기르기 위한 방안을 토의해 보자.

관련학과

법학과, 심리학과, 상담심리학과, 사회학과

---

4 17살인 제누 301이 가족을 만들기 위해 부모 면접인 페인트(parent's interview)를 해나가는 과정을 보여주는 이야기 「페인트」를 읽고, 국가가 아이를 대신 키워주는 제도가 생긴다면 저출산 문제를 해결할 수 있을지, 그리고 좋은 부모란 어떤 부모인지 토론해 보자. *(이희영(2019), 페인트, 창비)*

관련학과

사회학과

영역

사회와 윤리

성취기준

[12생윤03-02] 공정한 분배를 이룰 수 있는 방안으로서 우대 정책과 이에 따른 역차별 문제를 분배 정의 이론을 통해 비판 또는 정당화할 수 있으며, 사형 제도를 교정적 정의의 관점에서 비판 또는 정당화할 수 있다.

탐구주제

1.생활과 윤리 — 사회와 윤리

1 1996년 한 백인 학생이 미시간 법학 전문 대학원에 지원하였으나 합격하지 못하였다. 그녀는 입학시험 점수와 대학 학부 평점이 우수하였는데도 합격하지 못하였지만, 그녀보다 낮은 시험 성적과 대학 학부 평점을 받은 소수 집단 출신의 지원자는 합격하였다. 이러한 결과가 불평등하다고 느낀 그녀는 미시간 법학 전문 대학원을 상대로 소송을 제기하였다. 이처럼 적극적 우대 조치로 인한 역차별 사례를 찾아 제시하고, 사회적 우대 조치의 필요성과 문제점, 대안에 대해 토론해 보자.

관련학과

법학과, 사회학과, 사회복지학과

탐구주제

② 벡카리아는 「범죄와 형벌」이라는 책을 통해서 억측과 종교적 편견으로 자행되던 당시 사회의 야만적 형벌 제도를 비판하면서 형벌의 한계와 정당성에 대한 체계적 이론을 제시하였다. 범죄자에 대한 형벌은 어디까지가 정의로운 형벌로 존중받을 수 있을지 자신의 의견을 발표해 보자. *(한인섭(2010), 체사레 벡카리아의 범죄와 형벌, 박영사)*

관련학과

법학과, 사회학과

영역 # 문화와 윤리

성취기준

[12생윤05-03] 문화의 다양성을 존중해야 하는 이유를 다문화 이론의 관점에서 설명하고, 오늘날 종교 갈등을 극복하기 위한 방안을 제시할 수 있다.

▶ 이 성취기준의 취지는 첫째, 학생들로 하여금 다문화사회의 특징을 이해하고, 성숙한 시민의식을 바탕으로 한 관용의 태도를 지니며 바람직한 문화적 정체성을 형성하게 하는 것이다. 둘째, 다양성을 인정하는 측면에서 종교를 이해하되 종교로 인한 인간의 존엄성 훼손 및 차별적 태도의 위험성을 이해하여 종교 간 갈등을 극복하는 데 기여하는 태도를 형성하게 하는 것이다.

탐구주제

① '카슈미르'는 영국의 식민 통치가 끝나면서 인도와 파키스탄 간의 정치적 알력과 종교적 갈등으로 분쟁이 발생한 지역이다. 이외에 세계 종교 갈등 지역 사례를 선정하여 다양한 윤리적 관점에서 각 종교에 대한 입장을 기술하고 이를 다른 관점에서 또 다시 평가해보는 '입장 바꾸기' 활동을 해 보자.

관련학과

법학과, 심리학과, 사회학과, 국제관계학과, 문화인류학과, 지리학과

② 한국은 밥을 주식으로 하는 문화권이다. 하지만 빵을 먹는 문화권에서 시집 온 외국인 여성들은 빵은 건강에 해롭다며 밥을 권하는 한국문화에 힘들었다고 한다. 우리 주변에서 볼 수 있는 한국인 중심 문화를 생각해 보고, 다문화사회에서 공존과 통합을 이루기 위해 필요한 것은 무엇인지 생각해 보자.

관련학과

심리학과, 사회학과, 문화인류학과

평화와 공존의 윤리

성취기준

[12생윤06-01] 사회에서 일어나는 다양한 갈등의 양상을 제시하고, 사회 통합을 위한 구체적인 방안을 제안할 수 있으며 바람직한 소통 행위를 담론윤리의 관점에서 설명하고 일상생활에서 실천할 수 있다.

[12생윤06-02] 통일 문제를 둘러싼 다양한 쟁점들을 이해하고, 각각의 쟁점에 대한 자신의 관점을 설명할 수 있으며 남북한의 화해를 위한 개인적·국가적 노력을 구체적으로 제시할 수 있다.

> ▶ 이 성취기준의 취지는 첫째, 학생들이 민족의 분단과 갈등으로 인한 윤리적 문제들을 평화, 인권, 자유 등 보편적 가치 차원에서 이해함으로써 민족 통일의 필요성을 인식하고, 통일을 둘러싼 쟁점들에 대한 자신의 관점을 형성할 수 있도록 하는 것이다. 둘째, 남북한 화해와 평화를 위한 국가적, 개인적 노력에 대해 탐구하고 성찰해 봄으로써 통일 시대를 준비하는 미래의 주체로서의 능력을 함양할 수 있도록 하는 것이다.

[12생윤06-03] 국제사회의 여러 분쟁들과 국가 간 빈부격차 문제를 윤리적 관점에서 비판적 설명을 할 수 있으며 국제사회에 대한 책임과 기여 문제를 윤리적 관점에서 정당화하고 실천 방안을 제시할 수 있다.

탐구주제

1.생활과 윤리 ─ 평화와 공존의 윤리

(1) 정부는 지난 3년 동안 공공부문에서 지속적인 업무에 종사하는 비정규직 노동자를 정규직으로 전환했다. 하지만 공공부문 비정규직의 정규직 전환에 대한 청소년들의 찬반 논쟁이 치열하다. 비정규직의 정규직 전환이 사회에 미치는 긍정적인 면과 부정적인 면을 조사하여 발표해 보자.

관련학과
법학과, 사회학과

(2) 북한은 그동안 핵실험에 성공했다고 주장하며 핵 보유국으로서의 지위를 국제적으로 인정받기 위해 끊임없이 노력해오고 있다. 그러나 국제사회는 북한을 '사실상 핵무기 보유국'으로 인정하지 않고, 북한이 핵실험을 할 때마다 유엔을 통해 제재를 가하고 있다. 북한이 핵실험을 포기하지 않은 상태에서 북한에 대한 인도적 지원은 필요한지 자신의 의견을 발표해 보자.

관련학과
정치외교학과, 국제관계학과, 군사학과

(3) 세계화 시대 지구 공동체는 다른 나라의 빈곤과 환경의 문제를 전 지구적 차원의 문제로 인식하기 시작하였고, 문제 해결을 위하여 여러 방면에서 여러 주체가 노력을 기울이고 있다. 세계 빈곤 국가의 원조에 대한 싱어, 롤스, 노직의 입장을 비평하고, 우리나라의 빈곤 계층이 아닌 다른 나라의 빈곤한 사람들을 도와주어야 하는 이유는 무엇인지 설명해 보자. 그리고 대외원조가 빈곤을 줄일 수 있는지 토론해 보자.

관련학과
정치외교학과, 국제관계학과

활용 자료의 유의점

- ⓘ 자신의 진로 및 희망 직업의 진정한 의미와 사회적 가치, 윤리적 자세 등을 탐구하고 성찰
- ⓘ 자신의 삶에서 활용하고 있는 과학기술의 의미와 그것의 장단점 및 선용 방법을 스스로 탐구
- ⓘ 다문화에 대한 자신의 관점을 성찰해 보고, 여러 윤리적 관점에서 자신의 관점을 평가
- ⓘ 과학기술윤리, 정보윤리, 환경윤리와 관련된 윤리적 문제와 쟁점을 이해하고, 이를 해결할 수 있는 윤리적 실천 방안 탐구

💬 **MEMO**

도덕과

2

윤리와 사상

핵심키워드

☐ 인간의 특성　☐ 행복　☐ 도덕적 판단　☐ 공동체와 공공선
☐ 자유주의　☐ 공화주의　☐ 공유지의 비극　☐ 해외원조　☐ 공공재　☐ 국제주의　☐ 세계시민주의

영역 **서양윤리사상**

성취기준

[12윤사03-03] 　행복에 이를 수 있는 방법으로서 쾌락의 추구와 금욕의 삶을 강조하는 윤리적 입장을 비교하여 각각의 특징과 한계를 토론할 수 있다.

> ▶ 이 성취기준의 취지는 먼저 행복한 삶을 쾌락과 금욕의 관점에서 조망하고, 학생들이 양자의 관점을 서로 비교·분석하여 각 입장의 특징과 한계, 공통점과 차이점 등을 이해하도록 하는 데 있다. 또한 학생이 그 어느 때보다 물질적 풍요를 누리고 있는 우리의 삶을 금욕주의와 쾌락주의 관점에서 숙고하고, 행복한 삶의 의미를 깊이 성찰하도록 하는 데 있다.

[12윤사03-05] 　도덕적 판단과 행동에 관한 이성과 감정의 역할을 규명하고, 도덕적인 삶을 위한 양자 사이의 바람직한 관계에 대해 토론할 수 있다.

탐구주제

2.윤리와 사상 — 서양윤리사상

① 행복은 삶에서 기쁨과 만족감을 느끼는 상태이다. 에피쿠로스학파와 스토아학파의 행복에 대한 관점을 비교하고, 내가 생각하는 행복의 의미와 이러한 행복을 추구하기 위해 어떤 노력을 해야 하는지 발표해 보자.

관련학과
심리학과, 상담심리학과

---

② 도덕적 행위는 타율에 의한 것이 아니라, 도덕 법칙에 대한 '존경'에서 나온 자율적인 것이다. 피서지 계곡에서 물에 빠져 허우적거리는 어린이를 보고 한 청년이 위험을 무릅쓰고 물에 들어가 어린이를 구하였다. 이러한 도덕적 행동을 하게 한 근거는 무엇이며, 최근 내가 한 도덕적 행동을 발표해 보자.

관련학과
심리학과, 상담심리학과

사회사상

성취기준

[12윤사04-03]	개인과 공동체의 관계, 개인의 권리와 의무, 자유의 의미와 정치 참여에 대한 자유주의와 공화주의의 입장을 비교하여, 개인선과 공동선의 조화를 위한 대안을 모색할 수 있다.
[12윤사04-06]	동·서양의 평화 사상들을 탐구하여 세계시민주의와 세계시민윤리의 원칙 및 지향을 이해하고, 이를 통해 세계시민이 가져야 할 태도에 대해 성찰할 수 있다.

탐구주제

2.윤리와 사상 — 사회사상

(1) EBS 클립뱅크, '비참한 영웅들 칼레의 시민'을 감상해 보자. 칼레의 시민은 14세기에 영국과 프랑스가 싸운 백년 전쟁 당시 프랑스 칼레시를 구한 영웅적 시민 6명을 가리킨다. 공동체와 공공선에 대한 자유주의와 공화주의 입장을 비교하고, 각 입장에 대한 자신의 의견을 말해 보자.

관련학과
심리학과, 상담심리학과, 사회학과

(2) 하딘의 '공유지의 비극'이란 남을 희생시켜서라도 자기의 이익과 권리를 극대화하려고 할 경우, 결과적으로 자신을 포함한 공동체 전부가 피해를 보게 되는 현상을 말한다. '공유지의 비극'이 주는 교훈을 통해, 공공재가 지니는 특성과 문제점을 구체적 사례를 통해 설명해 보자.

관련학과
법학과, 사회학과

(3) 아무리 부자 나라여도 가난한 사람이 있고 도움이 필요한 사람도 많다. 그들에게 지원이 필요하다는 것을 생각하면 일부 사람들이 해외원조를 비판하는 것도 무리는 아니다. 반면, 국익보다는 국제사회의 일원으로 마땅히 해야 할 의무를 다해야 한다고 주장하는 사람들도 있다. 해외원조에 대한 국제주의와 세계시민주의 입장을 비교하고, 내가 바람직하다고 생각하는 입장은 무엇인지 발표해 보자.

관련학과
정치외교학과, 국제관계학과

활용 자료의 유의점

- (!) 사상의 핵심 정신과 개념들을 탐구하고 그 현대적 의의를 성찰
- (!) 서양의 다양한 윤리사상에 대해 특정 주제를 중심으로 비교·대조하고 탐구
- (!) 전통 윤리사상과 현대사상 및 세계 보편윤리와 지역 특수윤리를 균형 있게 이해하는 관점 필요
- (!) 동·서양의 다양한 이상사회론을 조사·탐구하고, 바람직한 이념적 시각은 어떠한 것인지 성찰
- (!) 윤리사상 학습 시 너무 상세한 설명의 동영상보다는 사상적인 흐름을 간략하게 볼 수 있는 5분 내외의 동영상 활용

고전과 윤리

핵심키워드

☐ 무주상보시로서의 자비 ☐ 목민심서 ☐ 청렴 ☐ 입시 특혜 ☐ 동물해방 ☐ 인간 우월주의
☐ 편견 ☐ 고정관념 ☐ 통찰 ☐ 공리주의 ☐ 정의론

영역 ## 타인과의 관계

성취기준

[고윤02-03] 관계적 존재로서 인간의 존재를 탐구하고 삶 속에서 서로 베풂의 관계를 형성하기 위한 자세를 제시할 수 있다.

> ▶ 관계 속에서 존재하는 인간의 존재를 탐구하여 나의 생각, 말, 행동이 타인을 비롯한 이 세상의 모든 존재들에게 영향을 미치게 됨을 깨닫게 하고 좋은 영향을 줄 수 있는 바람직한 삶의 자세를 갖출 수 있도록 한다.

탐구주제

3.고전과 윤리 — 타인과의 관계

① 봉사활동은 어려운 이웃을 단순히 '돕는 것'이 아니라 '받는 것'으로서, 다른 사람의 인격을 존중하면서 자발적으로 도움을 주어야 한다는 것을 의미한다. 지금까지 자신이 한 봉사활동을 돌아보고, '무주상보시로서의 자비'를 일주일 동안 실천하고 일기를 쓰면서 일상생활 속에서 자비를 실천한 사례를 발표해 보자.

관련학과
심리학과, 상담심리학과, 사회학과, 사회복지학과

---

② 무주상보시는 집착 없이 베푸는 보시를 의미한다. '관계 속에서 존재하는 나'와 '무주상보시(無主相布施)로서의 자비'에 대하여 「금강경」을 강독하고, 이를 바탕으로 모든 존재하는 것들은 상호 작용을 통해 연결된 그물망임을 깨달을 수 있는 '통찰 마인드 맵' 활동을 해 보자. *(우룡(2005), 금강경, 효림)*

관련학과
심리학과, 상담심리학과

사회·공동체와의 관계

성취기준

[고윤03-02] 공직자의 자세로서 청렴의 필요성을 탐구하고, 현대 사회에서 올바른 공직자의 '국민을 사랑하는 마음', 즉 애민의 구체적인 실천 방법을 제시할 수 있다.

[고윤03-03] 결과적 정의와 절차적 정의에 대해 비판적으로 탐구하고, 롤즈가 주장한 정의의 원칙에 대하여 논리적 근거와 함께 자신의 견해를 제시할 수 있다.

> ▶ 이 성취기준의 취지는 학생들이 사회 정의(justice)의 문제에 관심을 갖는 것뿐만 아니라 정의로운 사회의 기준과 근거에 대하여 탐구하고 고전적 공리주의를 비롯한 결과로서의 공정함과 과정의 공정함에 대하여 비판적으로 탐구하는 것을 목표로 한다.

탐구주제

3.고전과 윤리 — 사회·공동체와의 관계

① 「목민심서」는 1818년 정약용이 쓴 지방관을 비롯한 관리의 올바른 마음가짐 및 몸가짐에 대해 기록한 행정지침서이다. 이 책에서 정약용은 목민관으로 부르는 지방 수령이 지켜야 할 지침(指針)을 밝히면서 관리들의 폭정을 비판하였다. 오늘날 공직자들이 가장 우선적으로 가져야 할 지침은 무엇이며, 왜 그렇게 생각하는지 발표해 보자.

(정약용(2019), 정선 목민심서, 창비)

관련학과
사회학과, 행정학과, 경찰행정학과, 보건행정학과, 소방행정학과

② 정의로운 사회는 결과와 과정이 모두 공정한 정의에 대한 원칙이 수립될 때 가능하다. 최근 고위 공직자 자녀들의 입시 특혜 문제로 공정성 시비가 사회적 이슈가 되고 있다. 롤즈의 정의론에 대한 나의 의견과, 정의로운 사회가 되기 위해 필요한 것은 무엇인지 발표해 보자.

관련학과
법학과, 사회학과

자연·초월과의 관계

성취기준

[고윤04-01] 최대 다수의 최대 행복(쾌락)을 도덕의 기준으로 삼는 공리주의를 칸트의 견해와 비교하여 그것의 장점과 단점을 비판적으로 논의하고, 도덕적 고려의 대상을 인간뿐만 아니라 동물까지 확대해야 하는 이유를 제시할 수 있다.

[고윤04-02]	현대 사회에서 무위자연(無爲自然)의 도(道)의 필요성을 탐구하고, 편견과 선입견에서 벗어나 사회 문제 해결을 위한 자세와 방법을 제시할 수 있다.
[고윤04-03]	종교적 신념이나 교리에 내재된 윤리적 의미를 탐구하고, 다양한 종교들이 지향하는 가치에 대한 비판적 논의와 소통의 과정을 통하여 관용의 필요성을 설명할 수 있다.

탐구주제

① 오늘날 동물 학대에 관한 뉴스나 신문 기사를 종종 볼 수 있다. 공리주의를 바탕으로 동물의 해방을 주장하는 피터 싱어의 저서 「동물 해방」은 윤리적인 대우를 인간 외의 여타의 다른 생물체에게도 동등하게 적용하길 주장해왔던 싱어 교수의 사상이 잘 반영되어 있다. 이 책을 읽고 인간 우월주의, 종 차별주의를 주제로 모둠별 독서 토론을 진행해 보자.

(피터 싱어(2012), 동물 해방, 연암서가)

관련학과

심리학과, 상담심리학과, 사회학과, 문화인류학과

---

② '자연의 이치에서 배우는 삶의 지혜, 편견과 선입견에서 벗어난 진정한 자유'에 대하여 「노자」, 「장자」의 핵심 내용을 이해하고, 이를 바탕으로 고전의 내용을 간단한 글과 문장을 활용하여 스토리텔링 활동을 해 보자.

(차경남(2018), 노자와 장자, 글라이더)

관련학과

심리학과, 상담심리학과, 사회학과

---

③ '편견'이란 한 집단에 대해 정당화될 수 없는 부정적 태도로 모든 집단에게 일어날 수 있다. 반면, 고정관념은 한 집단에 대해 일반화된 신념으로, 그 내용이 부정적일 수도 있고 긍정적일 수도 있다. 평소 자신이 가졌던 편견과 고정관념을 성찰하고 '자신도 모르게 고정관념이나 편견으로 타인에게 상처를 준 적은 없는가?'라는 주제로 성찰 에세이 쓰기 활동을 해 보자.

관련학과

심리학과, 상담심리학과, 사회학과

활용 자료의 유의점

- ⚠ 개념을 암기하는 방식보다는 고전에 제시된 개념과 원문의 내용을 매개로 사유
- ⚠ 한 권의 책을 읽더라도 사고와 태도에 변화를 가져올 수 있도록 깊이 있는 강독 실천
- ⚠ 고전의 핵심 내용을 제시할 수 있는 풍부한 자료와 다양한 매체를 활용
- ⚠ 좋은 구절은 여러 번 정독하여 표시해 두거나 감동과 깨달음을 주는 글들을 정리해두는 독서법 활용

💬 **MEMO**

Ⅰ. 국어과

Ⅱ. 사회과

도덕과

Ⅳ. 수학과

Ⅴ. 과학과

Ⅵ. 영어과

💬 **MEMO**

💬 **MEMO**

수학과 교과과정

핵심키워드

☐ 다항식 ☐ 방정식과 부등식 ☐ 도형의 방정식 ☐ 집합과 명제 ☐ 함수와 그래프 ☐ 경우의 수
☐ 바코드 속의 비밀 ☐ 게슈탈트 이론 ☐ 유클리드 기하학 ☐ 귀류법 ☐ 퍼지이론 ☐ 포인트 적립
☐ 투표율 ☐ 보험료율 ☐ 순열과 조합

영역 | # 문자와 식

성취기준

[10수학01-12]	간단한 삼차방정식과 사차방정식을 풀 수 있다.
[10수학01-15]	절댓값을 포함한 일차부등식을 풀 수 있다.

탐구주제

1. 수학 — 문자와 식

① 물건의 유통 과정과 계산 과정에서 편리하게 쓰이는 바코드 속의 비밀을 탐구한다. 특히 바코드 마지막 숫자는 앞의 숫자들이 맞는지 검증하는 '체크 숫자'인데 홀수 번째 자리에 있는 수들을 더하고 짝수 번째 있는 수들은 세배해서 더한 총합이 10의 배수가 되도록 한 숫자이다. 이를 1차 방정식으로 표현하여 쉽게 구할 수 있는 방법을 소개해 보자.

관련학과
경영학과, 경제학과, 세무학과, 소비자학과

---

② 기원전 3200년 전 이집트 세소스토레스 왕이 대홍수로 인해 토지가 유실된 경우 그 땅만큼의 세금을 덜게 하기 위해 이차방정식을 활용하였다. 계산을 통해서 공평하게 땅을 나누어주기도 하고 세금을 걷고 덜어주기도 하는 등 이차방 정식은 생활과 매우 밀접한 관계를 가지고 있다. 방정식과 부등식을 이용하여 해결할 수 있는 실생활 사례를 탐구하 여 발표해 보자.

관련학과
전 사회계열

성취기준

[10수학02-08]	평행이동의 의미를 이해한다.
[10수학02-09]	원점, x축, y축, 직선 y = x에 대한 대칭이동의 의미를 이해한다.

탐구주제

(1) '게슈탈트 이론'은 우리의 뇌는 구성요소를 개별적으로 보기 전에 윤곽, 패턴, 형태적 차이를 먼저 파악하려 한다는 것으로 인지이론에 해당한다. 유사성, 근접성, 연속성의 원리 등이 게슈탈트 이론에 기반하여 디자인에 사용되고 있다. 도형의 이동이나 대칭이동을 이용하여 게슈탈트 이론이 적용된 사례를 조사하고 나만의 편집 디자인이나 제품 디자인을 만들어보자.

관련학과

광고홍보학과, 문화콘텐츠학과, 심리학과

(2) 사영 기하학과 컴퓨터 그래픽을 통해 2차원 이미지를 3차원 입체로 바꾸어 3D 영화 등에 이용되고 있다. 여러 가지 배경으로 다각도에서 촬영하고 '유클리드 기하학'을 이용해 배경 조각들을 변환 시켜 하나의 장면으로 합쳐지기도 한다. 영화처럼 산업에서 기하학이 이용되는 사례를 조사해 보자.

관련학과

광고홍보학과, 문화콘텐츠학과, 경영학과, 경제학과, 소비자학과

성취기준

[10수학03-01]	집합의 개념을 이해하고, 집합을 표현할 수 있다.
[10수학03-07]	대우를 이용한 증명법과 귀류법을 이해한다.

① '귀류법'이란 결론을 부정하면 모순이 나오는 것을 보여주어 원래 명제가 참임을 증명하는 방법으로 '간접적 증명'이라고도 부른다. 공직적격성테스트(PSAT), 법학적성시험(LEET) 문제 중 귀류법을 이용하여 해결할 수 있는 문제를 찾아 발표해 보자.

관련학과

법학과, 행정학과, 사회학과

② '퍼지이론'의 '퍼지(Fuzzy)'는 '애매하다'는 뜻으로 '오늘 비가 올 확률이 60% 이상이다'처럼 애매하고 불분명한 상황에서 문제를 판단하고 결정하는 과정을 수학적으로 접근하려는 이론을 말한다. 퍼지이론에서는 퍼지 집합으로 어떤 원소가 그 집합에 속하는지를 나타낸다. 인공지능은 인간이 생각하는 것처럼 다양한 결정을 할 수 있도록 컴퓨터 시스템을 마련해야 하는데 이때 필요한 것이 퍼지이론이다. 퍼지이론이 담긴 일상생활 속 탐구 주제를 찾아 발표해 보자.

관련학과

광고홍보학과, 문화콘텐츠학과, 심리학과

영역 함수

성취기준

[10수학04-01]   함수의 개념을 이해하고, 그 그래프를 이해한다.

탐구주제

1.수학 — 함수

① 마트나 상점에서 회원 등록을 하면 물건을 살 때마다 포인트를 적립해 준다. 구매한 물건과 포인트의 관계도 일차함수이다. 이를 식으로 나타내 보자. y를 포인트의 액수, x를 물건의 가격으로 놓는다. 포인트는 구매하는 물건의 가격의 1%만큼 붙으므로, 포인트와 물건의 가격의 관계를 일차함수로 나타내면 y = (1/100)*x 이다. 택배비 측정, 과자 가격 측정 등을 함수로 나타내어 발표해 보자.

관련학과

경영학과, 경제학과, 세무학과, 광고홍보학과

② 우리나라는 대통령과 국회의원을 선거로 정하고 지방자치단체장, 지방 의회 의원, 교육감을 선거로 선출한다. 국민의 삶은 선거의 어떤 기준과 조건으로 선출함에 따라 달라질 수 있으므로 선거는 중요한 민주주의 절차이다. 최근 몇 년간 국회의원 선거에서의 연령대별 투표율을 조사하여 표를 나타내 보고, 이 자료를 바탕으로 연령대를 x좌표, 투표율을 y좌표로 하는 점을 찍고 이웃한 두 점을 연결하는 일차함수의 그래프를 그린다. 이러한 연령대별 투표 변화 그래프를 다양한 각도에서 해석해 보자.

관련학과

법학과, 정치외교학과, 행정학과, 사회복지학과, 광고홍보학과, 문화콘텐츠학과

성취기준

[10수학05-02~05-03] 순열과 조합의 의미를 이해하고, 순열과 조합의 수를 구할 수 있다.

탐구주제

① 기준 보험 가입금액에 대한 보험료의 비율을 '보험료율'이라고 하며 이것은 보험 종류, 성별 및 연령별로 다르다. 보험 료율은 기준보험금에 대한 계약자의 비용 부담을 표시하며, 실제의 보험료는 보험료 표에 의하여 계약보험 금액, 보 험종류, 성별, 연령별로 산출한다. 보험료율을 산출하는 과정에서 경우의 수가 어떻게 사용되는지 조사해 보자.

관련학과

경제학과, 소비자학과, 금융학과, 부동산학과, 사회복지학과

② 수학으로서의 순열·조합을 처음으로 발견한 것은 12세기의 인도의 수학자 A.바스카라라고 한다. 이론적으로 연구되 기 시작한 것은 17세기에 들어와서인데 B.파스칼, G.W.라이프니츠, J.베르누이 등에 의하여 이루어졌으며 18세기가 되어서야 비로소 그 체계가 수립되었다. 실생활 사례 중 합리적인 의사결정을 하기 위해서 순열과 조합의 과정이 필 요한 것을 조사하여 발표해 보자.

관련학과

전 사회계열

활용 자료의 유의점

ⓘ 개념을 구체적인 예를 통해 이해하는 것이 중요

ⓘ 실생활 문제에 개념을 적용하여 해결하는 것이 중요

ⓘ 다양한 상황에 적용하여 수학의 필요성과 유용성을 인식하는 것이 필요

ⓘ 여러 수학적 지식, 기능, 경험을 연결하거나 수학과 타 교과나 실생활의 지식, 기능, 경험을 연결·융합하여 새로운 지식, 기 능, 경험을 생성하고 문제를 해결하는 자세 필요

ⓘ 수학 용어, 기호, 표, 그래프 등 수학적 표현을 이해하고, 정확하게 사용하는 것이 필요

💬 MEMO

핵심키워드

- ☐ 지수함수와 로그함수 ☐ 삼각함수 ☐ 수열 ☐ 네이피어 ☐ 복리 이자 ☐ 지진 ☐ 주기함수
- ☐ 관광 산업 활성화 ☐ 히파르코스 ☐ 개기일식 ☐ 황금비율 ☐ 도미노 현상 ☐ 난쟁이 행렬

영역 # 지수함수와 로그함수

성취기준

[12수학Ⅰ01-08] 지수함수와 로그함수를 활용하여 문제를 해결할 수 있다.

탐구주제

2.수학Ⅰ — 지수함수와 로그함수

① 지수는 고대 그리스 수학자들이 표기법을 고안하였고, 로그는 17세기 '네이피어'가 큰 수를 쉽게 계산하고자 고안하였다. 인구 증가 현상은 지수함수로, 자극에 따른 인간이 느끼는 정도는 로그함수로 나타낼 수 있다. 지수함수와 로그함수로 표현할 수 있는 사회 현상 사례를 조사해 보자.

관련학과
전 사회계열

② 지수함수는 거듭제곱의 지수를 변수로 하고 정의역이 실수 전체인 초월함수이며, 로그함수의 역함수이다. 은행 예금 중 복리 상품의 복리 이자를 계산할 때 지수함수가 사용된다. 이처럼 일상생활에서 지수함수가 사용되는 예를 조사해 보자.

관련학과
전 사회계열

③ 우리나라에서도 지진이 계속 발생하고 있고 여러 가지 피해가 발생하고 있다. 지진의 규모 M과 지진에 의해 발생하는 지진의 강도 E사이에 $\log E = 11.4 + 1.5M$ 인 관계가 성립한다. 지진의 규모와 강도 차이가 무엇이며, 규모에 따라 발생할 수 있는 사회·경제적 피해를 조사해 보자.

관련학과
전 사회계열

[12수학Ⅰ02-03] 사인법칙과 코사인법칙을 이해하고, 이를 활용할 수 있다.

탐구주제

2.수학Ⅰ — 삼각함수

① 삼각함수는 자연과 사회 현상 중 주기적을 나타나는 현상을 수학적으로 표현하여 설명하고 분석할 수 있는 주기함수이다. 악기 조율, 다리 건설, 바닷물 높이 예측, 바이오리듬은 삼각함수를 활용하는 대표 사례이다. 사회 현상 중 사인법칙과 코사인법칙을 활용하는 사례를 조사해 보자.

관련학과
전 사회계열

② 각의 크기를 삼각비로 나타내는 함수를 삼각함수라 부른다. 특정 지역의 밀물과 썰물의 시간, 밤낮의 길이, 파도의 높이 등을 예측할 때 삼각함수가 이용되고 있다. 특정 지역에서 관광 산업 활성화를 위해 이처럼 수학 기반의 데이터를 활용할 수 있는 방법을 제안해 보자.

관련학과
관광홍보학과, 지리학과, 관광학과

③ 삼각함수의 아버지라 불리는 '히파르코스'는 개기일식 때 두 지점과 달의 한 지점을 잇는 선 사이의 각도로 달과 지구 사이의 거리를 계산했다. 최초의 삼각 함수표로 불리는 '현표'를 만들고, 일식을 예측하기도 했다. 삼각함수의 발달 역사를 알아보고, 삼각함수가 실생활 활용에 활용되는 사례를 조사하여 발표해 보자.

관련학과
전 사회계열

영역 **수열**

[12수학Ⅰ03-08] 수학적 귀납법을 이용하여 명제를 증명할 수 있다.

탐구주제

(1) '레오나르도 피보나치'로 n번째 달에 토끼 수를 구하는 과정이 피보나치 수열 연구의 시작이었다. 두 숫자 합이 다음 합의 수치가 되는 수열로 그 비율이 1:1.618이다. 이 비율은 시각적으로 안정감이 있어 황금비율이라 한다. 솔방울과 앵무조개의 껍데기 구조와 고전파의 소나타 형식, 레오나르도 다빈치의 작품 등이 그 예이다. 이처럼 피보나치 수열이 적용된 자연 및 사회 현상 사례를 발표해 보자.

관련학과
광고홍보학과, 사회학과, 문화인류학과, 지리학과, 관광학과

(2) '수학적 귀납법'은 모든 자연수가 어떤 주어진 성질을 만족시킨다는 명제를 증명하는 방법이다. 미국이 베트남 전쟁에 참여한 이유는 소련 주변국들이 영향을 받아 공산화되는 '도미노 현상'을 우려했기 때문이었고, 도미노 현상은 수학적 귀납법으로 증명할 수 있다. 이렇듯 수학적 귀납법으로 설명할 수 있는 현상이나 실생활 예시를 조사해 보자.

관련학과
전 사회계열

(3) 네덜란드 경제학자 'Jan Pen'은 「소득분배」에서 '난쟁이 행렬'로 현실 세계 소득 불평등을 묘사하였다. 소득을 사람의 키에 비례한다고 가정하고 나열했을 때 평균 신장을 가진 사람이 늦게 나타난다는 것이다. '난쟁이 행렬'의 수학적 의미와 소득 불평등에 관한 내용을 탐구해 보자. *(이정우(1999), 소득분배론, 비봉출판사)*

관련학과
경제학과, 소비자학과, 광고홍보학과, 금융학과, 사회복지학과, 문화인류학과, 심리학과

활용 자료의 유의점

- (!) 개념을 구체적인 예를 통해 이해하는 것이 중요
- (!) 실생활 문제에 개념을 적용하여 해결하는 것이 중요
- (!) 다양한 상황에 적용하여 수학의 필요성과 유용성을 인식하는 것이 필요
- (!) 여러 수학적 지식, 기능, 경험을 연결하거나 수학과 타 교과나 실생활의 지식, 기능, 경험을 연결·융합하여 새로운 지식, 기능, 경험을 생성하고 문제를 해결하는 자세 필요
- (!) 수학 용어, 기호, 표, 그래프 등 수학적 표현을 이해하고, 정확하게 사용하는 것이 필요

(...) MEMO

수학Ⅱ

핵심키워드

☐ 함수의 극한과 연속   ☐ 미분   ☐ 적분   ☐ 데카르트의 사상   ☐ 햄 샌드위치 정리   ☐ 초평면
☐ 수학자들의 전쟁   ☐ 케플러   ☐ 포도주 통   ☐ 아르키메데스   ☐ 구분구적법

<table>
<tr><td>영역</td><td></td></tr>
</table>

함수의 극한과 연속

성취기준

[12수학Ⅱ01-02] 함수의 극한에 대한 성질을 이해하고, 함수의 극한값을 구할 수 있다.

[12수학Ⅱ01-04] 연속함수의 성질을 이해하고, 이를 활용할 수 있다.

탐구주제

3.수학Ⅱ — 함수의 극한과 연속

(1) 함수의 극한은 독립 변수가 일정한 값에 한없이 가까워질 때 함수의 값이 한없이 가까워지는 값이다. 극한에서 자주 사용하는 것이 영(0)과 무한(∞)이다. 이런 영(0)과 무한(∞)을 데카르트는 하느님의 존재를 설명하기 위해 자신의 철학 한가운데 위치시켰다. 수학과 철학을 연결하여 설명하려고 한 데카르트의 사상과 시대적 상황을 조사해 보자.

관련학과

경제학과, 문화인류학과, 사회학과, 문헌정보학과

---

(2) '햄 샌드위치 정리'는 n차원의 부피가 있는 닫히고 제한된 집합이 n개 있으면, 각각의 부피가 정확히 이등분이 되게 하는 초평면이 항상 존재한다는 정리이다. 영국의 수학자 스톤과 미국의 통계학자 터키가 증명을 했다. '햄 샌드위치 정리'가 어떻게 나오게 되었는지 알아보고, 실생활에 적용하는 예를 제시해 보자.

관련학과

전 사회계열

영역 미분

성취기준

[12수학Ⅱ02-01~02-02] 미분계수의 뜻을 알고, 그 값을 구할 수 있으며, 미분계수의 기하적 의미를 이해한다.

탐구주제

① 미적분학 발명의 우선권을 두고 아이작 뉴턴과 고트프리트 빌헬름 라이프니츠가 벌인 세기의 논쟁에 관한 「수학자들의 전쟁」을 읽고 자신의 생각을 정리하여 발표해 보자. *(이광연(2012), 수학자들의 전쟁, 프로네시스(웅진))*

관련학과
경제학과, 문화인류학과, 사회학과, 문헌정보학과

② 미분은 매끄럽게 이어진 그래프 위의 한 점에서의 접선이라 할 수 있다. 미분은 함수의 순간적인 변화를 설명하는 도구로서 경제학, 사회학 등 다양한 분야에서 활용되고 있다. 미분계수와 도함수가 경제와 사회 현상을 어떻게 해석하고 설명하는지 예를 찾아 조사해 보자.

관련학과
전 사회계열

영역 적분

성취기준

[12수학Ⅱ03-05~03-06] 곡선으로 둘러싸인 도형의 넓이를 구할 수 있으며, 속도와 거리에 대한 문제를 해결할 수 있다.

탐구주제

① 천문학자인 케플러는 중간이 불룩한 포도주 통의 구조 때문에 포도주의 양과 통의 높이가 정확히 비례하지 않는 문제를 해결하기 위해 입체도형을 무수한 단면으로 나누어 모두 더하는 방법으로 해결하였다. 이처럼 적분이 실생활에 사용된 사례를 조사해 보자.

관련학과
전 사회계열

탐구주제

② '유레카!'를 외친 아르키메데스의 원리와 지레의 원리로 유명한 아르키메데스는 원의 넓이를 구하는 방법을 제안했다. 원을 다각형으로 쪼갠 후 다각형을 삼각형으로 쪼개서 삼각형 넓이의 합으로 구하는 방법이다. 정적분의 시초라 불리는 '구분구적법'은 이탈리아 수학자 '카발리에리'가 고안했다. 적분의 발전 과정과 사회와 경제에 미친 영향을 발표해 보자.

관련학과
전 사회계열

활용 자료의 유의점

- ① 미분법, 적분법을 단순히 적용하기보다 의미를 이해하는 것이 중요
- ① 실생활 문제에 개념을 적용하여 해결하는 것이 중요
- ① 다양한 상황에 적용하여 수학의 필요성과 유용성을 인식하는 것이 필요
- ① 여러 수학적 지식, 기능, 경험을 연결하거나 수학과 타 교과나 실생활의 지식, 기능, 경험을 연결·융합하여 새로운 지식, 기능, 경험을 생성하고 문제를 해결하는 자세 필요
- ① 수학 용어, 기호, 표, 그래프 등 수학적 표현을 이해하고, 정확하게 사용하는 것이 필요

💬 MEMO

수학과

4

미적분

핵심키워드

☐ 수열의 극한　☐ 미분법　☐ 적분법　☐ 경제 방정식　☐ 윤리 방정식
☐ 백과전서　☐ 토기 복원　☐ 물가상승률

영역 # 수열의 극한

성취기준

[12미적01-06]　등비급수를 활용하여 여러 가지 문제를 해결할 수 있다.

탐구주제

4.미적분 — 수열의 극한

① 「수학의 몽상」에서의 이야기 중 멀리 떨어져 살던 아들을 찾아갔다. 이튿날 헤어질 때 주인공은 월세를 내려고 찾아두었던 20만원을 몰래 어머니 지갑에 넣고 어머니는 아들의 책 사이에 20만원과 편지를 넣어두었다. '경제 방정식'은 0원이지만 '윤리 방정식'으로는 주인공과 어머니 각각 40만원의 이득이 있었기에 합계 80만원의 순이익이 발생했다는 것이다. '경제 방정식'과 '윤리 방정식'의 또 다른 사례를 들어 발표해 보자.

(이진경(2012), 수학의 몽상, 휴머니스트)

관련학과
경제학과, 문화인류학과, 사회학과, 심리학과

---

② 극한(limit)은 일정한 법칙에 따라 변수가 어떤 정해진 값에 한없이 가까워질 때의 값이다. 극한은 미분과 연속 정의에 필요하다. 오래전부터 극한 개념을 사용했지만 용어는 프랑스 철학자이자 수학자인 달랑베르와 디드로의 '백과전서'에서 처음 등장하였다. 극한이 실생활에서 사용되는 사례를 조사해 보자.

관련학과
전 사회계열

미분법

성취기준

[12미적02-12~02-14] 함수의 그래프의 개형을 그릴 수 있으며, 방정식과 부등식에 대한 문제와 속도와 가속도에 대한 문제를 해결할 수 있다.

탐구주제

4.미적분 — 미분법

① 경기나 물가의 변동, 기업의 생산성과 증감, 인구수 변화, 금융상품의 손익 관찰 및 매매 전략 수립 등에 미분법이 사용된다. 이러한 예처럼 자신의 관심이나 진로 희망 분야에서 미분법이 어떻게 적용되고 있는지 조사하여 발표해 보자.

관련학과
경제학과, 금융학과, 사회복지학과, 세무학과, 소비자학과, 회계학과

② 경제학에서 쓰이는 한계비용, 한계이익, 심리학에서 사용되는 성취 증진율, 사회학의 유언비어의 확산율 등은 미분과 연관성이 높다. 이처럼 자신의 진로와 관심사에 맞는 분야에서 미분과 연관성이 높은 용어에 대해 조사하고 발표해 보자.

관련학과
전 사회계열

적분법

성취기준

[12미적03-05~03-07] 곡선으로 둘러싸인 도형의 넓이와 입체도형의 부피를 구할 수 있으며, 속도와 거리에 대한 문제를 해결할 수 있다.

탐구주제

4.미적분 — 적분법

① 박물관에 있는 토기를 복원할 때 작은 조각을 맞춰나가면 매끈한 곡선 토기가 되는 과정도 적분이라 생각할 수 있고, 거꾸로 토기를 깨뜨리는 과정은 미분이라 할 수 있다. 실생활 예시 중 적분법으로 해결할 수 있는 주제를 탐구해 보자.

관련학과
전 사회계열

② 다양한 재화와 서비스의 평균 가격수준을 물가라 하고, 기준연도의 물가를 100으로 놓고 지수로 나타낸 것이 물가지수이다. 물가상승률은 물가지수의 변화율을 의미한다. '물가상승률은 마이너스이나 물가는 오른다'의 정확한 의미를 수학적으로 해석하여 발표해 보자. 또한 물가에 영향을 미치는 요인을 분석하여 보고서를 작성해 보자.

관련학과

경제학과, 금융학과, 보험학과, 사회복지학과, 세무학과, 소비자학과, 회계학과

활용 자료의 유의점

(!) 다양한 활용을 통해 수학의 유용성과 가치를 인식하는 것이 중요

(!) 여러 수학적 지식, 기능, 경험을 연결하거나 수학과 타 교과나 실생활의 지식, 기능, 경험을 연결·융합하여 새로운 지식, 기능, 경험을 생성하고 문제를 해결하는 자세 필요

(!) 수학 용어, 기호, 표, 그래프 등 수학적 표현을 이해하고, 정확하게 사용하는 것이 필요

💬 **MEMO**

수학과

5

확률과 통계

핵심키워드

☐ 통계학 ☐ 정치 ☐ 보험 ☐ 카르다노 ☐ 경우의 수 ☐ 암호체계 ☐ 확률 ☐ 의사결정 ☐ 보험 요율 ☐ 여론 조사 ☐ 경제지표 ☐ 품질평가 지표 ☐ 정보화 사회 ☐ 모평균 ☐ 평균의 종말

영역 | 경우의 수

성취기준

[12확통01-03] 이항정리를 이해하고, 이를 이용하여 문제를 해결할 수 있다.

탐구주제

5.확률과 통계 — 경우의 수

(1) 17세기 독일에서 국세학, 영국에서는 정치 산술 형태로 정치적 필요에 의한 정보 수집을 목표로 통계학이 발달하였다. 그 시대의 통계학자들은 페스트와 전쟁에서의 인구와 성별의 비율을 연구하기도 하였다. 무역상들이 배를 타고 떠나기 전 보험을 드는 등 18세기에 보험이 발달하기 시작하였다. 통계학과 관련된 정치와 보험의 발달 역사를 탐구해 보자.

관련학과

경제학과, 금융학과, 보험학과, 사회복지학과, 소비자학과, 정치외교학과

(2) 카르다노의 「기회의 게임에 관하여」에는 이항정리와 '큰 수의 법칙'이 수록되어 있다. 카르다노는 게임 승률을 구하기 위해 경우의 수를 이용하였다. 현재 경우의 수는 인터넷 보안 암호 체계의 구현과 같이 실용적인 문제 해결에 사용되고 있다. 사건이 일어날 수 있는 모든 경우를 분류하고 조직하는 경우의 수가 역사적으로 어디에 이용되고 발전해 왔으며, 현재 사회에서 어떻게 이용되고 있는지 조사해 보자.

관련학과

전 사회계열

확률

성취기준

[12확통02-07]   확률의 곱셈 정리를 이해하고, 이를 활용할 수 있다.

탐구주제

5.확률과 통계 — 확률

① 확률은 사건이 일어날 가능성을 수치화한 것으로 의사 결정을 할 때 중요하게 작용한다. 확률은 도박의 역사와 함께 시작했다고 볼 수 있으며 로마 시대에 '주사위 게임에서 승리하는 법'에 관한 논문이 쓰여지기도 하였다. 확률론은 르네상스 시대부터 본격적으로 대두되어 발전하였다. 이러한 확률의 발달 역사와 이용 사례를 탐구해 보자.

관련학과
전 사회계열

② 보험 요율을 산정할 때 확률을 기반으로 한다. 자동차 보험의 경우 사고가 날 우려가 높은 사람일수록, 사고자에게 보험료를 할증하고 사고를 내지 않는 기간이 길어질수록 보험료가 할인된다. 에어컨 제조사에서 올해 여름 날씨가 덥지 않으면 20만원을 돌려준다는 파격적인 이벤트를 마케팅에 활용하기도 한다. 이렇듯 실생활에서 확률이 사용되는 예시를 조사하여 발표해 보자.

관련학과
경제학과, 금융학과, 보험학과, 사회복지학과, 소비자학과, 광고홍보학과, 문화콘텐츠학과, 심리학과

영역 **통계**

성취기준

[12확통03-05~03-07]   모집단과 표본의 뜻을 알고 표본추출의 원리, 표본평균과 모평균의 관계를 이해하고, 모평균을 추정하고, 그 결과를 해석할 수 있다.

탐구주제

5.확률과 통계 — 통계

① 여론 조사에서 지지율 p를 추정해 발표할 때 "95% 신뢰수준에서 최대허용 표본오차는 몇 %이다"라고 발표한다. 표본오차는 표본조사의 정확성을 나타내는 척도이며, 표본오차의 크기는 표본의 크기를 n이라고 할 때, n의 제곱근에 역비례한다. 여론 조사 등 정치 활동 관련 통계 자료를 해석해 보자.

관련학과
문화콘텐츠학과, 정치외교학과, 광고홍보학과

탐구주제

(2) 경제지표는 경제 관련 통계이며, 경제 현상의 변화와 예측에 쓰인다. 생활 주변에서 찾을 수 있는 경제지표(물가지수, 주가지수, 취업률, 실업률 등)에 사용되는 통계 자료에 대하여 조건과 상황을 단순화하여 탐구 주제를 선정하고 발표해 보자.

관련학과

전 사회계열

---

(3) 국가통계의 활용도가 높아질수록 통계에 대한 객관적인 품질평가 필요성도 커지게 된다. 과거 품질평가 지표로 사용되는 방법은 무엇인지 문제점을 알아보고, 현재 개선된 품질평가 지표는 어떤 방법을 사용하고 있는지 조사해 보자.

관련학과

경영학과, 경제학과, 금융학과, 사회학과, 행정학과, 소비자학과, 광고홍보학과

---

(4) 통계는 불확실한 현상에 대해 주어진 자료를 바탕으로 추론하여 결론을 내는 도구로서 현대 정보화 사회를 이해하고 대처하는 데 중요한 역할을 하고 있다. 흥미나 진로와 관련된 통계 자료에서 모평균의 추정을 통해 미래를 예측하고 합리적으로 의사 결정을 내리는 예를 탐구해 보자.

관련학과

전 사회계열

---

(5) 학교를 지배하는 평균주의의 함정에서 벗어나 아이들 각자를 창조적 인재로 키울 수 있도록, 혁신적인 교육법과 평가법을 제안한 토드 로즈의 「평균의 종말」을 읽고 자신의 생각을 발표해 보자. *(토드 로즈(2018). 평균의 종말, 21세기북스)*

관련학과

문화인류학과, 사회학과, 사회복지학과, 심리학과, 아동학과

활용 자료의 유의점

(!) 실제적인 사례와 생활 주변의 다양한 소재를 탐구 주제로 선택

(!) 자료를 수집하고 정리하여 결과를 분석하는 활동을 통해 통계 관련 실생활 문제를 해결하는 사례 탐구 필요

(!) 여러 수학적 지식, 기능, 경험을 연결하거나 수학과 타 교과나 실생활의 지식, 기능, 경험을 연결·융합하여 새로운 지식, 기능, 경험을 생성하고 문제를 해결하는 자세 필요

(!) 수학 용어, 기호, 표, 그래프 등 수학적 표현을 이해하고, 정확하게 사용하는 것이 필요

💬 **MEMO**

수학과

6

기하

핵심키워드

☐ 이차곡선　☐ 평면벡터　☐ 공간도형과 공간좌표　☐ 펄스전파　☐ 로란(LORAN) 항법 시스템
☐ 벡터 기반 지도　☐ 애플 지도　☐ 입체 교차로　☐ 평면 교차로　☐ 몽즈　☐ GPS

영역 **이차곡선**

성취기준

[12기하01-04]　이차곡선과 직선의 위치 관계를 이해하고, 접선의 방정식을 구할 수 있다.

탐구주제

6.기하 ― 이차곡선

① 쌍곡선은 두 정점에 이르는 거리의 차가 일정한 점들의 집합을 말한다. 펄스전파를 이용하여 선박이나 항공기 위치를
알아내는 '로란(LORAN) 항법 시스템'은 쌍곡선 원리가 적용되는데 현재는 사용되지 않고 있다. 그 이유를 탐구하여
발표해 보자.

관련학과
물류학과, 무역학과, 지리학과, 항공관광학과, 항공서비스학과

② 쌍곡선, 타원, 포물선은 원뿔을 잘랐을 때의 단면에서 나타나는 곡선이라 '원뿔곡선'이라고 하며, 식으로 표현했을
때 이차식이기 때문에 '이차곡선'이라 한다. 안테나는 포물선으로 되어 있는데 전파를 모으기 위해서이고 자동차의
'Head Light'는 안테나와 반대로 포물선을 이용해 빛이 넓게 퍼지도록 한다. 맥도날드의 로고는 포물선을 이용한 디
자인의 예이다. 쌍곡선, 타원, 포물선과 같은 이차곡선이 자신의 진로분야에서 활용되는 실생활 사례를 조사해 보자.

관련학과
전 사회계열

[12기하02-01~02-02]   벡터의 뜻을 알고, 벡터의 덧셈, 뺄셈, 실수배를 할 수 있다.

탐구주제

① 애플 지도는 벡터 기반 방식으로 만들어져 픽셀로 만들어진 지도와 달리 빠르고, 확대나 축소해도 이미지가 깨끗하다. 이러한 애플 지도를 내비게이션으로 사용하면 방위에 따라 아이콘과 지도가 바로 움직이고, 데이터 사용량이 적다는 장점이 있다. 하지만 속도 제한, 단속 구간, 교통체증 등을 알려주지 않는다는 한계점이 있다. 내비게이션과 같이 애플 지도를 이용한 제품이나 사업 아이디어를 고안하고 발표해 보자.

관련학과
물류학과, 무역학과, 경영학과, 경제학과, 지리학과, 소비자학과, 항공관광학과, 항공서비스학과

② 벡터 기반 방식으로 제작된 애플 지도를 이용하여 우리나라 주변 국가들의 어선이나 무역선들의 이동 및 분포를 월별로 분석하여 탐구해 보면 월별 무역 흐름에 대한 파악을 통해 경제 정책이나 무역업에 참고할 수 있는 자료가 만들어진다. 이처럼 애플 지도를 이용하여 탐구할 수 있는 주제를 찾아 탐구해 보자.

관련학과
전 사회계열

[12기하03-01]   직선과 직선, 직선과 평면, 평면과 평면의 위치 관계에 대한 간단한 증명을 할 수 있다.

탐구주제

① 평면 교차로는 교통을 효율적이고 안전하게 처리하는 데 한계가 있어 입체 교차로를 만들어 많은 자동차가 원활하게 움직일 수 있게 한다. 이러한 입체 교차로가 평면 교차로보다 경제적으로 효용성이 높아지기 위해서 어떠한 조건이 필요할지 토의해 보자.

관련학과
경영학과, 경제학과, 지리학과, 소비자학과, 행정학과, 부동산학과

탐구주제

② '몽즈'는 적의 포격을 피할 수 있는 건축 문제를 해결하기 위해 공간도형을 평면 위에 표현하는 방법을 연구하였다. 이러한 '화법기하학' 덕분에 현재 비행기나 선박의 위치를 알려주는 GPS가 개발되었다. GPS가 어떻게 개발되었는지 그 역사를 알아보자. 자동차 내비게이션, 미아 위치 확인 등 다양한 분야에 활용되고 있는데 GPS를 이용하는 새로운 제품이나 사업 아이디어를 고안해 보자.

관련학과
전 사회계열

활용 자료의 유의점

- ⚠ 실생활에 활용된 사례를 제시하고, 다양한 상황에 적용하여 문제를 해결하는 자세 필요
- ⚠ 우리 주변의 자연이나 건축물, 예술작품 등에 나타난 공간도형의 성질을 이해하고, 수학의 심미적 가치 인식 필요
- ⚠ 여러 수학적 지식, 기능, 경험을 연결하거나 수학과 타 교과나 실생활의 지식, 기능, 경험을 연결·융합하여 새로운 지식, 기능, 경험을 생성하고 문제를 해결하는 자세 필요
- ⚠ 수학 용어, 기호, 표, 그래프 등 수학적 표현을 이해하고, 정확하게 사용하는 것이 필요

💬 **MEMO**

핵심키워드

☐ 규칙 ☐ 합리적 소비 ☐ 의사 결정 ☐ 불쾌지수 ☐ 행복지수 ☐ 마라케시 보드게임 ☐ 공간
☐ 메멘토 모리 ☐ 죽음 ☐ 자료 ☐ 통계적 원리 ☐ 대기환경정보서비스 ☐ 미세먼지

영역 | # 규칙

성취기준

[12실수01-01~01-02]　다양한 현상에서 규칙을 찾고, 이를 식으로 나타낼 수 있으며, 실생활에서 활용되는 수식의 의미를 이해한다.

탐구주제

7.실용 수학 — 규칙

① 최소 비용으로 최대 효과를 얻는 것이 합리적 선택이라 할 수 있다. 할인을 받지 않는 라지 피자 1판이냐 할인을 받은 미디엄 피자 2판이냐를 결정하는 등 합리적 의사결정을 하기 위해서 적용 가능한 식과 규칙을 학습하고 실생활 활용 예시를 탐구해 보자.

관련학과
전 사회계열

② '불쾌지수'는 열과 습도의 영향을 결합하는 지수를 말한다. 불쾌지수가 산업 또는 작업 능률에 미치는 영향을 탐구하고 불쾌지수를 감소시켜 사람들의 작업 능률 및 행복지수를 향상하는 방법을 고안하여 발표해 보자.

관련학과
경영학과, 경제학과, 소비자학과, 사회복지학과, 심리학과, 사회학과, 문화인류학과

③ '마라케시' 북아프리카 모로코에 위치하고 세계 문화유산에 등재된 아름다운 도시이다. 기하학적 문양의 모스크와 융단이 특산물인데 '마라케시 보드게임'은 양탄자 시장을 재현한 것으로 학습자가 상인이 되어 자신의 양탄자를 많이 진열하고 팔아야 하는 경제 수학 게임이다. 게임의 규칙을 알아보고, 승리하기 위한 전략을 세운 후 수행하여 효과가 있는지 분석해 보자.

관련학과
무역학과, 물류학과, 경제학과, 소비자학과, 심리학과, 국제관계학과

공간

성취기준

[12실수02-05]   평면도형과 입체도형을 이용하여 산출물을 만들 수 있다.

탐구주제

7.실용 수학 — 공간

① 공간에 대한 이해는 직업과 관련된 업무를 원활히 수행하고 최적의 의사 결정을 하는 데 도움을 주기 때문에 여러 나라의 국회의사당이나 혁신 기업의 회의 공간을 분석하여 최적의 의사 결정에 필요한 공간 배치에 대하여 탐구해 보자.

관련학과
경영학과, 소비자학과, 정치외교학과, 지리학과, 심리학과, 국제관계학과, 부동산학과

② '메멘토 모리(Memento mori)'는 '자신의 죽음을 기억하라' 또는 '너는 반드시 죽는다는 것을 기억하라'를 뜻하는 라틴어 낱말이다. 옛날 로마에서는 원정에서 승리를 거두고 개선하는 장군이 시가행진을 할 때 노예를 시켜 행렬 뒤에서 큰소리로 외치게 하였는데 그것은 겸손한 자세를 가지라는 의미의 행동이었다. 로베르트 라치라니의 '해골'과 한스 홀바인의 '대사들' 등 작품 속에서 주고자 하는 메시지가 무엇이었는지 조사하여 발표해 보자.

관련학과
심리학과, 사회학과, 사회복지학과, 문화인류학과

③ 똑같은 쇼핑웹 사이트에서 하나는 '죽음 축제 배너', 다른 하나는 '체리 따기 축제 배너'를 광고로 사용했을 때, '죽음 축제 배너'를 본 사람들이 고가 사치품에 훨씬 높은 금액을 측정하였다는 연구 결과가 있다. 이상적 죽음에 관한 포스터를 부착한 공간을 지난 후 평소보다 기부금이 4배 이상 증가했다는 연구 결과도 있다. 이와 같이 '죽음'이 공간에 사용되었을 때 사회와 소비 심리에 어떠한 영향을 줄 수 있는지 탐구하여 발표해 보자.

관련학과
심리학과, 사회학과, 경영학과, 경제학과, 소비자학과, 문화인류학과

자료

성취기준

[12실수03-03~03-04]   다양한 자료를 분석하여 결과를 해석할 수 있으며, 목적에 맞게 자료를 수집, 정리, 분석, 해석하여 산출물을 만들 수 있다.

탐구주제

① 생산관리, 금융, 마케팅 등 산업 분야뿐만이 아니라 정책 제안을 위해서 자료 분석의 효용성과 가치는 점차 확대되고 있다. 자료를 분석할 때 대푯값, 분산과 표준편차, 상관관계 등을 이용하고, 자료를 이용하여 산출물을 만드는 과정에서 통계적 원리가 활용되는 탐구 주제를 선정하여 발표해 보자.

관련학과
전 사회계열

② 자료를 수집, 정리, 해석하는 통계는 현대 정보화 사회의 불확실성을 이해하는 중요한 도구이다. 정치, 경제, 교육 등 관심 있는 분야의 통계 자료를 수집, 정리한 후 올바르게 해석하고 활용된 예를 찾아 학습하고 스스로 분석해 보자.

관련학과
전 사회계열

③ '경기도 대기환경정보서비스(http://air.gg.go.kr/)'에서 1주일 동안 우리 동네 미세먼지 농도나 경기도 전체의 미세먼지 농도 자료 분석 등을 주제로 하여 관측자료를 수집한다. 평균, 중앙값, 최빈값 중에서 해당 자료의 대푯값으로 적절한 것은 무엇이며 그 근거가 무엇인지 발표해 보자. 이 자료를 근거로 우리 동네 또는 해당 지역 미세먼지 감소 대책이나 정책을 제안해 보자.

관련학과
행정학과, 사회복지학과, 정치외교학과, 경제학과, 지리학과, 국제관계학과, 법학과

활용 자료의 유의점

! 산출물을 만들 때 지나치게 복잡한 것은 지양하고 수학적 원리를 활용

! 여러 수학적 지식, 기능, 경험을 연결하거나 수학과 타 교과나 실생활의 지식, 기능, 경험을 연결·융합하여 새로운 지식, 기능, 경험을 생성하고 문제를 해결하는 자세 필요

! 수학 용어, 기호, 표, 그래프 등 수학적 표현을 이해하고, 정확하게 사용하는 것이 중요

💬 **MEMO**

수학과
8

경제 수학

핵심키워드

☐ 경제지표 ☐ 환율 변동 ☐ 가격 차별 ☐ 세금 ☐ 금리 ☐ 연금 ☐ 고령화 사회
☐ 콥-더글라스 생산 함수 ☐ 수요·공급곡선 ☐ 균형 가격 ☐ 소비자 이론 ☐ 한계생산성이론 ☐ 탄력성

영역 수와 생활경제

성취기준

[12경수01-01~01-02]	통계 자료를 활용하여 실업률, 물가지수 등과 같은 경제지표의 의미를 이해하고, 경제지표의 증감을 퍼센트와 퍼센트포인트로 설명할 수 있다.
[12경수01-03~01-04]	환율의 뜻을 알고, 환거래로부터 비례식을 활용하여 환율을 계산할 수 있으며, 환율의 변동에 따른 손익을 계산할 수 있다.
[12경수01-05]	세금의 종류에 따라 세금을 계산할 수 있다.

탐구주제

8.경제 수학 — 수와 생활경제

(1) 경제지표는 경제 현상을 분석하고 경제 현상 변화와 예측에 사용되는 지표이다. 생활 주변에서 찾을 수 있는 경제지표를 학습하고, 물가지수, 주가지수, 취업률, 실업률 등과 같이 대중매체를 통해 흔히 접할 수 있는 자료에 대하여 조건과 상황을 단순화하여 탐구 주제를 선정하여 발표해 보자.

관련학과
전 사회계열

(2) 최근 코로나19 확산에 의해 환율이 급등하였다. 환율 급등의 이유로는 한국은행의 금리 인하 가능성, 유로화 약세, 수출 감소 등이 있다. 이러한 국제적 재난 상황이 통화 가치와 환율의 변동에 어떤 영향을 미쳤는지 조사하여 설명해보자.

관련학과
전 사회계열

탐구주제

③ 한국의 가전제품이나 자동차가 우리나라보다 미국에서 더 싼 가격에 판매된다. 통계 자료에 의하면 미국에서 S사의 스마트폰은 약 26%, 국산 자동차는 20~30% 저렴하게 판매되고 있다고 한다. 이러한 가격 차별이 발생하는 이유를 알아보고, 국가별로 가치가 다른 이유를 경제지표와 환율로 설명해 보자.

관련학과

경영학과, 경제학과, 금융학과, 무역학과, 물류학과, 국제관계학과, 정치외교학과

④ 세금은 국가나 지방자치단체가 재정 조달을 목적으로 법률에 규정된 과세 조건을 충족하는 자에게 부과하는 것을 의미한다. 동일한 세율을 적용하는 세금인 부가가치세와 소득이나 수익에 따라 차별화된 세율을 적용하는 누진세의 사례를 조사하고 복지 국가로 자리 잡기 위한 세금제도의 방향성에 대하여 정책 제안서를 작성해 보자.

관련학과

사회학과, 경영학과, 경제학과, 세무학과, 행정학과, 부동산학과, 사회복지학과

영역 # 수열과 금융

성취기준

[12경수02-01~02-03] 단리와 복리, 연속복리를 이용하여 이자와 원리합계를 구할 수 있으며, 이자율과 할인율의 뜻을 알고, 미래에 받을 금액의 현재 가치를 계산할 수 있다.

[12경수02-07] 연금의 현재가치를 계산할 수 있다.

탐구주제

① 단리와 복리, 연속복리를 동일한 상황에서 적용할 때 이자와 원리합계가 어떻게 달라지는지 설명해 보자. 직업 카드를 뽑아 정한 후 평균 소득에 기반하여 일정 기간 후 이루어질 결혼, 내 집 마련 등을 위해 합리적인 저축은 무엇인지 설계해 보자.

관련학과

경제학과, 금융학과, 회계학과, 사회복지학과

② 금융권은 21대 국회에서 '혁신금융'과 '포용금융'으로 대표되는 정부·여당의 금융 정책 추진이 가속화 될 것으로 예상했다. 대통령 공약에서도 현재 연 24.0%인 최고금리를 연 20.0%로 낮추겠다고 약속했다. 최고금리를 내리려면 대부업법과 이자제한법을 바꿔야 한다. 20대 국회에서 관련 법안이 발의됐으나 처리되진 않았다. 법정 최고 금리 24%와 20%로 대출을 받았을 때 가계에 부담이 얼마나 줄어드는지 수열을 이용하여 보여주고, 사채 등 고금리 사용의 위험성에 대하여 발표해 보자.

관련학과

사회학과, 경제학과, 금융학과, 세무학과, 행정학과, 부동산학과, 사회복지학과, 소비자학과

3 미래의 각 시점마다 받게 되는 동일한 금액의 현재가치가 등비수열로 표현되고 이들의 총합인 연금의 현재가치가 등비급수의 합으로 계산될 수 있음을 학습하고, 같은 금액이라도 지급하는 시점에 따라 가치가 어떻게 달라지는지 설명해 보자.

관련학과

사회학과, 경제학과, 세무학과, 금융학과, 행정학과, 부동산학과, 사회복지학과

4 연금은 소득이 없는 노후 생활을 위해 경제활동 기간 동안 소득의 일부를 적립하는 제도이다. 100세 시대와 고령화 사회를 대비하여 노후 준비를 위한 연금의 종류를 학습하고, 개인의 직업과 소득에 따라 합리적인 연금을 설계해 보거나 국가에서 준비해야 할 연금 정책에 대하여 제안서를 작성해 보자.

관련학과

사회학과, 경제학과, 세무학과, 금융학과, 행정학과, 부동산학과, 사회복지학과

영역 함수와 경제

성취기준

[12경수03-01~03-02, 03-07]	생산, 비용과 같은 경제 현상을 함수로 나타낼 수 있으며, 함수와 그래프를 통하여 수요곡선과 공급곡선의 의미를 이해한다. 부등식의 영역의 의미를 이해하고, 이를 활용하여 경제 관련 함수의 최대, 최소 문제를 해결할 수 있다.
[12경수03-03, 03-06]	효용의 의미를 이해하고, 함수와 그래프를 통하여 효용을 나타낼 수 있으며 효용함수를 이용한 의사 결정 문제를 해결할 수 있다.
[12경수03-05]	세금과 소득의 변화가 균형 가격에 미치는 영향을 분석할 수 있다.

탐구주제

8.경제 수학 — 함수와 경제

1 '콥-더글라스 생산 함수(Cobb-Douglas production function)'는 한계생산력과 임금 사이의 관계를 규명하기 위한 동차함수이다. 콥-더글라스 생산 함수처럼 생산, 비용과 같은 경제 현상을 함수로 나타내는 예를 조사해 보자.

관련학과

경제학과, 금융학과, 행정학과, 소비자학과

탐구주제

② 이라크와 미국 간의 갈등이 커지면 국제원유 가격이 급등하고, 코로나19로 마스크와 방역 물품의 가격이 갑자기 오르기도 하였다. 함수와 그래프를 통하여 수요곡선과 공급곡선의 의미를 이해하고, 앞에 제시한 사례와 같이 실생활에서 함수와 그래프가 활용되는 사례를 조사하여 발표해 보자.

관련학과

경제학과, 금융학과, 정치외교학과, 회계학과, 행정학과, 소비자학과, 심리학과, 국제관계학과

③ 시장에서 거래되는 상품은 모두 가격이 정해져 있다. 가격을 정할 때 수요량과 공급량이 중요한 역할을 한다. 수요곡선과 공급곡선이 일치하는 곳에서 결정된 가격을 균형 가격이라 하는데 세금과 소득의 변화에 따른 균형 가격의 변화에 관한 보고서를 작성해 보자.

관련학과

경제학과, 금융학과, 세무학과, 회계학과, 소비자학과

④ '소비자 이론'은 주어진 소득으로 만족을 극대화하고자 하는 소비자의 선택에 대한 분석을 다루고, 개인의 선택으로 인해 나타나는 경제 현상을 분석한다. '효용함수'는 소비자가 상품을 소비해 얻는 만족감의 크기를 수학적으로 나타낸 것이다. 효용함수를 그래프로 옮긴 것을 '무차별 곡선'이라 한다. 가격이나 소득의 변화가 수요에 어떠한 영향을 미치는 예를 찾아 탐구한 후 발표해 보자.

관련학과

경제학과, 금융학과, 세무학과, 회계학과, 소비자학과

영역
미분과 경제

성취기준

[12경수04-03~04-04]　한계생산량의 의미를 이해하고, 미분을 이용하여 최적생산량을 구할 수 있으며, 탄력성의 의미를 이해한다.

탐구주제

① '한계생산성이론(Theory of Marginal Productivity)'은 '생산요소(노동, 자본, 토지)'의 생산성이 가치 원천이라고 주장하는 부르조아 경제개념으로 19세기 전반에 출현하여 미국 경제학자 클라크(J.B Clark; 19세기 후반)에 의해 정교화되었다. 한계생산량과 같은 경제 개념이 노동과 임금에 어떠한 영향을 미쳤는지 조사해 보자.

관련학과

경제학과, 금융학과, 행정학과, 소비자학과, 사회학과, 사회복지학과

탐구주제

② '탄력성'이란 가격이 변할 때 수요량이 변하는 정도를 수치로 측정한 것이다. 가격 변화에 비해 수요량 변화가 크면 탄력적이라고 하고, 가격 변화에 비해 수요량 변화가 크지 않으면 비탄력적이라고 한다. 수요와 공급의 가격 탄력성 크기를 결정하는 요인에 대하여 조사하여 발표해 보자.

관련학과
경영학과, 경제학과, 금융학과, 세무학과, 회계학과, 소비자학과

활용 자료의 유의점

- ⚠ 대중매체를 통해 흔히 접할 수 있는 자료에 대하여 조건과 상황을 단순화하여 적용하는 것이 필요
- ⚠ 여러 가지 금융, 경제 문제에 적용할 수 있는 탐구 주제 선택
- ⚠ 여러 수학적 지식, 기능, 경험을 연결하거나 수학과 외 타교과 또는 실생활의 지식, 기능, 경험을 연결·융합하여 새로운 지식, 기능, 경험을 생성하고 문제 해결하는 자세 필요
- ⚠ 수학 용어, 기호, 표, 그래프 등 수학적 표현을 이해하고, 정확하게 사용하는 것이 중요

💬 **MEMO**

수학과

9

기본 수학

핵심키워드

☐ 투표 ☐ 부동산 ☐ 중위 소득 ☐ 다리 ☐ 재무 회계 ☐ 방사성 탄소 연대 측정법 ☐ 집합
☐ 함수 ☐ 베버-페히너의 법칙 ☐ 보로노이 다이어그램 ☐ 칠교놀이

영역 **경우의 수**

성취기준

[12기수01-02~01-03] 순열과 조합의 의미를 이해하고, 순열과 조합의 수를 구할 수 있다.

탐구주제

9.기본 수학 — 경우의 수

① 우리나라에서는 국회의 헌법개정안 표결방법으로 기명 투표를 채택하고 그 외에 대통령 등 대표를 선출하는 선거인 경우 투표인의 자유로운 선거권 행사와 공정성을 위해 무기명 투표 방법을 채택하고 있다. 이러한 무기명 투표는 중복 조합을 이용한다. 유권자 100명이 3명의 후보자에게 무기명 투표할 때 가능한 투표 결과가 몇 가지인지 계산해 보자. 그리고 기명 투표 방식과 무기명 투표 방식의 장단점을 비교하여 발표해 보자.

관련학과

정치외교학과, 법학과, 사회학과, 행정학과, 광고홍보학과

② 최근 생애 첫 부동산 구입 시기와 가격에 대한 통계 자료를 조사하여 부동산 구입 구매 경향과 첫 구매 평균 연령을 분석해 보자. 해당 연도의 '중위 소득(총가구를 소득순으로 나열하여 차례를 정할 때 가운데를 차지하는 가구의 소득)'도 함께 조사하여 부동산 구입 평균 금액과 중위 소득을 비교해 보고, 차이가 발생하는 이유에 대하여 탐구해 보자.

관련학과

경제학과, 금융학과, 행정학과, 사회복지학과, 부동산학과

문자와 식

성취기준

[12기수02-06~02-07]　이차함수의 뜻을 알고, 이차함수 그래프의 성질을 이해하며, 최댓값과 최솟값을 구할 수 있다.

탐구주제

9.기본 수학 — 문자와 식

1 포물선은 대표적인 이차함수로 '평면상의 어떤 직선과의 거리와 정점으로부터의 거리가 서로 같은 점들의 집합'이다. 포물선은 아름답고 안정감이 있어서 다리 건설에 많이 이용되고 있다. 우리나라 지역이나 각 나라에서 포물선 모양의 다리를 관광 자원으로 이용하고 있는 사례를 제시해 보자.

관련학과

지리학과, 항공관광학과, 항공서비스학과, 경제학과

2 '재무 회계'는 기업의 재무 상태, 경영 실적 정도 등을 파악하여 이해 관계자에게 재무 정보를 제공을 목적으로 수행되는 것이다. 간단한 수익과 손해, 원가 계산 등이 기록된 재무제표 사례를 보고, 부등식과 함수를 활용하여 문제를 해결해 보자.

관련학과

경영학과, 경제학과, 세무학과, 소비자학과, 회계학과

영역

집합과 함수

성취기준

[12기수03-01, 03-04]　집합의 개념을 이해하고, 집합을 표현할 수 있으며, 함수의 개념을 이해하고, 그 그래프를 이해한다.

탐구주제

9.기본 수학 — 집합과 함수

1 '방사성 탄소 연대 측정법'은 방사성 동위원소인 질량수 14인 탄소의 조성비를 측정하여 연대를 예측하는 방법이다. 고고학 유물의 연대를 추정하는데 사용되는 탄소 연대 측정법이 이용되는데 그 과학적 원리를 사례를 들어 발표해 보자.

관련학과

사회학과, 문화인류학과, 지리학과, 문화인류학과

탐구주제

② 두 집합 사이의 관계를 설명하는 것이 함수이다. 경제, 사회 등 실생활 속에서 찾을 수 있는 데이터를 그래프로 그리고 그 그래프를 통해 현재를 파악하고, 미래를 예측하기 위해 함수가 필요하다. 자신의 흥미와 진로와 관련된 함수 활용 예를 조사해 보자.

관련학과

전 사회계열

③ '베버-페히너의 법칙'이란 감각기에서 자극의 변화를 느끼기 위해서는 처음 자극에 대해 일정 비율 이상으로 자극을 받아 야 한다는 이론이다. 군인들이 힘들게 훈련하는 것과 집권자들에게 불리한 사건이 터지면 더 큰 사건으로 무감각하게 만 드는 정치 상황에서 이용되기도 한다. 심리학, 정치 등 다양한 분야에 이용되는 베버-페히너의 법칙 적용 사례를 발표해 보자.

관련학과

소비자학과, 광고홍보학과, 사회학과, 정치외교학과, 국제관계학과, 심리학과, 군사학과

영역 도형의 방정식

성취기준

[12기수04-01, 04-06] 피타고라스 정리를 활용하여 두 점 사이의 거리를 구할 수 있으며, 평행이동의 의미를 이 해하고, 평행이동한 도형을 좌표평면에 나타낼 수 있다.

탐구주제

① 보로노이 다이어그램은 처음에 주어진 좌표들을 '생성점'이라고 할 때, 분할된 다각형 내부의 임의의 점과 그 다각형 이 포함하고 있는 생성점 사이의 거리가 해당 다각형 외부의 생성점과의 거리보다 가까워야 한다는 조건을 만족해야 한다. 동사무소, 경찰서, 소방서와 같은 공공기관의 관할구역을 정할 때 지역 주민들의 편의성을 위해서 가능한 한 가 깝게 위치해야 할 때 이용되고 있다. 우리 지역의 공공기관의 위치를 생성점으로 표시하여 보로노이 다이어그램을 그 려보자. 우리 지역의 안전과 주민들의 편의성을 높이기 위해 관할구역을 나누어 보고, 행정 정책을 제안해 보자.

관련학과

행정학과, 사회복지학과, 부동산학과

② '칠교놀이'는 7가지 칠교판의 조각으로 여러 가지 모양을 만드는 놀이로 중국에서 처음 시작되어 '탱그램'으로 세계에 퍼졌다. 우리나라에서도 주로 양반가에서 성행하였는데 지혜를 닦으며 지능을 개발하고 창의력을 키우며 놀이를 한 껏 즐기며 배울 수 있었다. 칠교놀이의 수학적 원리와 역사를 조사하여 발표해 보자.

관련학과

문화인류학과, 문화콘텐츠학과

! 스스로 개념과 원리를 발견할 수 있고, 진로 연계가 되는 탐구 주제 선택

! 각 자료, 인터넷 등의 컴퓨터 활용 매체와 교구, 계산기, 소프트웨어 등의 도구를 활용

! 생활 주변, 사회 및 자연 현상 등에서 파악된 문제를 해결하면서 수학적 개념, 원리, 법칙을 탐구

! 다양한 수학적 지식, 경험, 기능을 연결하거나 타 교과나 실생활의 지식, 기능, 경험을 수학과 연결하고 융합하여 새로운 지식, 경험, 기능을 생성하고 문제를 해결하는 것이 필요

💬 MEMO

수학과
10
인공지능 수학

핵심키워드

☐ 다트머스 회의   ☐ 빅데이터   ☐ 알파고   ☐ 아마존   ☐ 난민   ☐ 딥러닝   ☐ 지니 계수
☐ 물가지수   ☐ 노동의 공급곡선   ☐ 출구 조사   ☐ 연봉격차   ☐ 통계조사   ☐ 유튜버

영역 ## 인공지능 속의 수학

성취기준

[12인수01-01~01-02]   인공지능의 발전에 기여한 역사적 사례에서 수학이 어떻게 활용되었는지를 이해하고, 인공지능에 수학이 활용되는 다양한 예를 찾아 설명할 수 있다.

탐구주제

① 1956년 '다트머스 회의'에서 '인공지능' 용어가 처음 사용되었다. 다트머스대학의 '존 매커시'는 '인공지능 하계연구 프로젝트'를 진행하면서 인공지능 연구의 초석을 다졌다. 이렇듯 인공지능 연구의 역사적 발전 과정에서 사회와 경제에 미친 영향을 조사해 보자.

관련학과
전 사회계열

---

② 행렬은 괄호 안에 문자 또는 수를 열과 행에 맞게 나열한 것이다. 인공지능 연구를 위한 언어로 사용되며, 빅데이터를 손쉽게 다루기 위한 도구로 행렬이 사용된다. 이처럼 인공지능에 수학이 활용되는 사례를 발표해 보자. 이러한 인공지능 사례가 미친 사회 경제적 효과를 조사해 보자.

관련학과
전 사회계열

---

(3) 2016년 구글이 개발한 '알파고'가 이세돌 9단과의 바둑 대결에서 5판 4승으로 승리하고, '알파고 마스터'는 중국 커제 9단과 전승을 거둔 이후 인공지능에 대한 관심과 인공지능의 사회 경제적 영향이 커졌다. '아마존'은 구매 패턴을 파악하여 책을 추천하는 인공지능을 시스템을 도입하였다. 이렇듯 인공지능이 사회, 경제에 활용되는 사례를 조사하여 발표해 보자.

관련학과

전 사회계열

영역

자료의 표현

성취기준

[12인수02-01~02-02]	수와 수학 기호를 이용하여 실생활의 텍스트 자료를 목적에 알맞게 표현하고, 수와 수학 기호로 표현된 텍스트 자료를 처리하는 수학 원리를 이해하고, 자료를 시각화할 수 있다.
[12인수02-03~02-04]	수와 수학 기호를 이용하여 실생활의 이미지 자료를 목적에 알맞게 표현하고, 수와 수학 기호로 표현된 이미지 자료를 처리하는 수학 원리를 이해한다.

탐구주제

10.인공지능 수학 — 자료의 표현

(1) 우리나라는 1992년 UN 회원국으로서 난민의 지위에 관한 협약과 의정서에 가입했다. 1994년부터 난민 신청을 받기 시작하여 2001년 최초로 우리나라에서 난민이 인정되었다. 난민에게 주어지는 권리에 대하여 알아보고, 우리나라 최근 몇 년간 난민 현황에 대한 자료를 표, 그림, 그래프 등으로 시각화하고 이를 해석해 보자. 또한 난민의 권리를 보장해야 하는 이유를 발표해 보자.

관련학과

법학과, 행정학과, 사회복지학과, 문화인류학과

---

(2) '딥러닝'은 음성을 인식, 이미지나 패턴 확인, 다음 상황 예측 등 인간이 하는 작업을 수행하도록 컴퓨터를 교육하는 '기계 학습(머신 러닝)'이다. '딥러닝'은 현재 자동화와 형식 추론 기술의 기틀을 다지게 되었고 '의사결정 지원 시스템'과 '스마트 검색 시스템'을 갖추고 있다. 텍스트 자료를 수학적으로 간단하고 시각화 할 수 있는 활동 사례를 통해 연습해 보자. '의사결정 지원 시스템'과 '스마트 검색 시스템' 등 인공지능이 사용된 실생활 사례를 조사해 보자.

관련학과

전 사회계열

분류와 예측

[12인수03-01~03-02]	인공지능을 이용하여 텍스트와 이미지를 판별하고 분류하는 수학적 방법을 이해한다.
[12인수03-03~03-04]	자료를 분석하여 사건이 일어날 확률을 구하고 예측에 이용하며, 자료의 경향성을 추세선으로 나타내고, 예측에 이용할 수 있다.

탐구주제

10.인공지능 수학 — 분류와 예측

① '지니 계수'는 경제적 불평등을 계수화한 것이다. 오늘날 가장 널리 사용되는, 불평등의 정도를 나타내는 통계학적 지수로, 이탈리아의 통계학자인 코라도 지니가 1912년 발표한 논문 'Variabilità e mutabilità'에 처음 소개되었다. 우리나라 정권별 정책에 따른 지니 계수를 예측해 보고, 경제적 불평등을 줄이기 위한 정책을 제안해 보자.

관련학과
경제학과, 소비자학과, 정치외교학과, 국제관계학과, 사회복지학과, 심리학과

② 물가지수는 물가의 변동을 지수로 한 것을 의미한다. 가격 정보만을 기초로 하여 계산하는 것이 아니라, 상품·서비스의 양과 가격을 기초로 계산한다. 코로나19로 인해 국가별 또는 상품별 물가지수를 분석해 보자. 포스트 코로나 시대의 물가지수를 예측하여 보고, 안정적인 상품 생산과 서비스를 유지하기 위한 정책을 제안해 보자.

관련학과
경영학과, 경제학과, 소비자학과, 정치외교학과, 물류학과, 무역학과, 국제관계학과, 사회복지학과

③ 각 임금수준에 대응하여 단위 기간 동안 공급하는 노동량을 표시하는 곡선을 '노동의 공급곡선'이라 한다. 노동공급량을 결정할 때 노동의 한계비효용과 소득의 한계효용을 비교한다. 개인의 노동공급곡선은 어느 지점에서 굴절하는 경우가 있는데 이러한 경향을 나타내는 이유를 예측해 보자.

관련학과
경영학과, 경제학과, 소비자학과, 심리학과

④ 통계 조사에서 대상 전체를 조사하는 것은 시간이나 비용의 제약 때문에 현실적으로 어려운 경우가 많아 대상자 일부를 조사하여 전체의 특성을 예측한다. 그 예로 선거 결과를 예측하기 위해 실시하는 출구 조사가 있다. 우리나라의 출구 조사 방식을 조사해 보고, 개선 방안을 제안해 보자.

관련학과
법학과, 정치외교학과, 소비자학과, 행정학과, 광고홍보학과

[12인수04-01~04-03] 주어진 자료로부터 분류와 예측을 할 때, 오차를 표현할 수 있는 함수를 구성하는 원리와 방법을 이해하고, 함수의 최댓값 또는 최솟값을 찾아 최적화된 의사결정 방법을 이해할 수 있다. 또한 합리적 의사결정과 관련된 인공지능 수학 탐구 주제를 선정하여 탐구를 수행하고 발표할 수 있다.

탐구주제

10.인공지능 수학 ― 최적화

① 노동의 공급곡선, 탄력성, 노동공급곡선의 점탄력성에 대한 수학적, 경제적 의미를 알아보자. 2019년 30대 대기업 CEO 연봉 평균은 29억 7천 700만원으로 일반 직업 평균 급여액의 약 30배로 조사되었다. 이러한 '연봉격차는 정당한가?'란 주제로 토론해 보자.

관련학과
경영학과, 경제학과, 소비자학과, 사회복지학과, 금융학과, 정치외교학과, 행정학과, 심리학과, 문화인류학과

② 통계 조사에서 모집단 전체를 조사하는 것을 '전수조사', 모집단에서 일부분을 뽑아 조사하는 것을 '표본조사'라 한다. 표본을 추출하는 방법에는 여러 가지가 있는데 각 대상이 같은 확률로 추출하는 방법을 '임의추출'이라 한다. 전수조사는 비용과 시간 소요가 많이되기 때문에 표본조사가 주로 진행된다. 이러한 과정으로 진행된 통계자료를 살펴보면 유효 표본수, 응답률, 오차 범위가 제시되어 있다. 오차를 표현할 수 있는 함수인 '손실함수'에 대하여 알아보고, 통계자료의 의미가 무엇인지 탐구해 보자.

관련학과
법학과, 정치외교학과, 소비자학과, 행정학과

③ 2019년 6세 유튜버의 가족회사가 95억짜리 빌딩을 매입했다는 기사가 보도되고 초등학생 장래 희망 조사에서 유튜버가 1위를 차지하여 유튜버의 수입에 대한 관심이 높아졌다. 노동연구원의 '미래의 직업 프리랜서' 보고서에서 주업 크리에이터 응답자의 '월소득 중앙값'은 150만원이다. 이 보고서에서 '월평균 소득' 대신 '월소득 중앙값'을 사용한 이유를 생각해 보자. 이러한 자료를 근거로 유튜버를 꿈꾸고 있는 사람들에게 합리적인 의사결정을 위한 조언을 작성해 보자.

관련학과
경제학과, 금융학과, 문화인류학과, 사회복지학과, 부동산학과, 문화인류학과, 심리학과

활용 자료의 유의점

⚠ 스스로 개념, 법칙, 원리를 발견하고 구성하며 자료와 정보로부터 지식을 도출하고 타당성을 확인하는 과정 필요

⚠ 새롭고 의미 있는 아이디어를 다양하게 산출할 수 있는 탐구 주제 선택

⚠ 생활 주변, 사회 및 자연 현상 등에서 파악된 문제를 해결하면서 수학적 개념, 원리, 법칙을 탐구

⚠ 문제를 여러 가지 방법으로 해결해 보고, 비교하여 더 효율적인 방법을 제안하거나 정교화하는 과정에 대한 경험 필요

⚠ 다양한 수학적 지식, 경험, 기능을 연결하거나 타 교과나 실생활의 지식, 기능, 경험을 수학과 연결하고 융합하여 새로운 지식, 경험, 기능을 생성하고 문제 해결하는 것이 필요

⚠ 수학 용어, 기호, 표, 그래프 등 수학적 표현을 이해하고, 아이디어나 수학 학습 과정에서 수학적 표현을 정확하게 사용 또는 변환하는 것이 중요

수학과 11

수학과제 탐구

☐ 빅데이터　☐ 개인 정보 보호법　☐ 난민　☐ 선거
☐ 보로노이 다이어그램　☐ 경사로 각도　☐ 가계동향조사　☐ 지니 계수
☐ 소비자 물가 지수　☐ 섀플리 가치　☐ 가상화폐　☐ 한류　☐ 수학 콘텐츠

영역　## 과제 탐구 실행 및 평가

성취기준

[12수과02-01~02-05]　수학과 관련된 여러 가지 현상에서 탐구 주제를 선정 및 탐구 문제를 구체화하고, 선행 연구를 검토하고 적절한 탐구 방법을 찾아 탐구 계획을 수립, 탐구 수행, 탐구 결과를 정리하여 산출물을 만들고 발표할 수 있으며, 탐구 과정과 결과를 반성 및 평가할 수 있다.

탐구주제

법학과

❶ '빅데이터 규제 완화'와 '개인 정보 보호법'의 상관관계 분석 및 개선 방안
❷ 우리나라 난민 현황 자료 분석에 따른 난민법 개선 방안

정치외교학과

❶ 청소년의 정치 참여 현황 자료 분석을 통한 정치 참여 방법 모색
❷ 대통령 선거에 이용된 수학 사례 분석을 통한 우리나라 선거 방식 개선 방안

행정학과

❶ 우리 지역 '보로노이 다이어그램'을 이용한 공공 기관(소방서, 경찰서, 복지 시설 등) 위치 탐색을 바탕으로 새로운 공공 기관 위치 제안
❷ 우리나라 선거 출구 조사 방식 분석 및 개선 방안

탐구주제

사회복지학과

❶ 우리 지역 건축물 경사로의 각도 조사를 통한 휠체어 및 유모차 이용자 편의성 분석 및 '삼각비'를 이용한 개선안 제안

❷ '가계동향조사' 자료를 기반으로 우리나라 소득 불평등 조사 및 개선 방안

사회학과

❶ 우리나라 각 정권별 '지니 계수' 분석을 통한 경제적 불평등 탐구 및 개선 방안

❷ 사회적 현상(결혼, 출산, 임금, 성폭력, 인권 등)에 관한 통계 자료 분석을 통한 문제점 분석 및 개선 방안

경영학과

❶ '빅데이터' 기반으로 소비 분석을 통한 효과적인 마케팅 방안

❷ 첨단 알고리즘과 데이터 분석이 경영에 미치는 영향 분석

경제학과

❶ '소비자 물가 지수' 동향에 따른 경제 정책 분석

❷ '섀플리 가치'가 경제에 미친 영향

금융학과

❶ '가상화폐'에 관한 통계 자료 분석을 통한 문제점 및 개선 방안

❷ 세계 최초 수학 기반 화폐(비트코인)가 경제에 미친 영향 분석

문화콘텐츠학과

❶ '한류 콘텐츠'의 종류와 규모 변화에 대한 통계 자료 분석을 통한 발전 방안 탐구

❷ '수학 콘텐츠' 개발 성공 사례 분석 및 발전 방안 탐구

활용 자료의 유의점

- ⚠ 다양한 탐구 유형과 사례를 통해 수학과제 탐구의 의미, 방법, 절차 등을 이해하는 것이 필요
- ⚠ 올바른 연구 윤리의 중요성을 인지하고 탐구 과정에서 연구 윤리를 준수하는 것이 중요
- ⚠ 탐구 주제와 관련된 선행 연구를 찾고 정리하는 것이 필요
- ⚠ 탐구 주제와 자신의 흥미와 관심에 따라 문헌조사, 사례 조사, 자료 수집 등 적절한 탐구 방법 선택
- ⚠ 탐구가 진행되는 과정을 공유하고 중간 점검을 실시하여 보완하고 수정 필요
- ⚠ 탐구 산출물은 수학 소논문, STEAM형 산출물, 포스터, 보고서, 수학 잡지, 수학 동화(만화), 수학 신문 등 다양한 탐구 유형에서 자신의 흥미와 관심, 학교의 실정에 맞게 선택하는 것이 필요
- ⚠ 인터넷 자료나 참고 문헌 등을 인용할 경우에는 정확한 출처를 표시하는 것이 중요
- ⚠ 결과 발표 후 탐구 과정 및 산출물에 대하여 반성하고 자기 평가 및 동료 평가 실시

과학과 교과과정

통합과학

핵심키워드

- [ ] 생명의 역사　[ ] 제설제　[ ] 에코스트원　[ ] 초전도체　[ ] 그래핀　[ ] 신소재　[ ] 드론　[ ] 안전사고　[ ] 날씨보험
- [ ] 화산활동　[ ] 판의 경계　[ ] 효소　[ ] 이산화 탄소 저감 정책　[ ] 철의 제련　[ ] 인공 광합성
- [ ] 생물 다양성 협약　[ ] 지구온난화　[ ] 탈원전 정책　[ ] 적정기술　[ ] 신재생 에너지

영역 **물질의 규칙성과 결합**

성취기준

[10통과01-04] 지구와 생명체를 구성하는 주요 원소들이 결합을 형성하는 이유와, 원소들의 성질에 따라 형성되는 결합의 종류를 추론할 수 있다.

▶ 주요 원소들이 화학 결합을 형성하는 이유를 안정성을 지닌 원소의 예로 설명한다.

탐구주제

1.통합과학 — 물질의 규칙성과 결합

① 「지구와 생명의 역사는 처음이지?」을 읽고 지구의 탄생과 생명의 탄생 과정에 대하여 이해하고, 인간의 기원은 어디에서 비롯되었는지 탐색해 보자. 과학의 발달과 인간의 역사 발달 과정을 연대기적으로 나열하여 발표해 보자.

(곽영진(2020), 지구와 생명의 역사는 처음이지?, 북멘토)

관련학과
문화인류학과, 지리학과, 문화콘텐츠학과

---

② 염화물계 제설제의 단점을 보완한 제설제인 '비염화물계' 제설제에 대한 관심이 높아지고 있다. 친환경 제설제는 염소 성분의 함량을 줄이거나 다른 화학 성분으로 대체한 것을 의미하는데 기존 제설제의 문제점을 제시하고, 친환경 제설제의 경제적인 부분과 친환경적인 부분에서 어떤 차이가 있는지 비교하여 설명해 보자.

관련학과
경영학과, 경제학과, 사회학과, 행정학과, 소비자학과

탐구주제

3 청년들의 창업 프로젝트로 고안된 친환경 제설제 '에코스트원'은 어민들의 골칫거리였던 불가사리를 재료로 하여 가격이 저렴하고 효과가 뛰어나다. 이러한 친환경 제설제의 탄생이 경제와 환경에 미치는 영향을 조사해 보자. 또는 친환경 제품에 관한 창업 아이디어를 제안해 보자.

관련학과

경영학과, 경제학과, 사회학과, 행정학과, 소비자학과

영역 | 자연의 구성 물질

성취기준

[10통과02-03] 물질의 다양한 물리적 성질을 변화시켜 신소재를 개발한 사례를 찾아 그 장단점을 평가할 수 있다.

▶ 자연의 구성 물질들이 가진 물리적 성질 중 전기적 성질 또는 자기적 성질을 활용하여 새로운 소재를 개발한 사례만 다룬다.

탐구주제

1 자기부상열차는 초전도체의 마이너스 효과를 이용해 레일에서 낮은 높이로 떠서 바퀴를 사용하지 않고 달리는 열차를 말한다. '도시형 자기부상열차 실용화 사업 타당성 조사(건설교통부 한국건설교통기술평가원)'와 같은 보고서를 읽고 초전도체와 같은 신소재의 사용을 경제적 측면에서 분석해 보자.

관련학과

경영학과, 경제학과, 금융학과, 부동산학과, 지리학과

---

2 꿈의 신소재로 불리는 '그래핀'은 디스플레이 등 다양한 분야에 사용되고 있다. 그런데 시중에 유통된 그래핀 중 상당수가 그래핀 형태가 뭉쳐 있는 흑연이라는 연구 결과가 '어드밴스트 머티리얼스'에서 발표되었다. 이러한 가짜 그래핀이 유통되지 못하도록 규제 방안과 기준 마련이 시급한 실정이다. '신소재 식품 개발 및 안전관리를 위한 글로벌 법제'와 같은 신소재 관련 법을 조사하고 그 필요성에 대하여 토의해 보자.

관련학과

무역학과, 행정학과, 법학과, 물류학과, 국제관계학과

---

3 홍합이 바위에 부착할 때 쓰이는 단백질에 빛을 쪼여 유연성과 접착력을 강화시킨 수술용 실이 개발되었다. 이 실은 인체에 염증 반응을 일으키지 않으며 흉터를 빠르게 아물게 하여 인체 안전성과 효용성이 높다. 이렇듯 인류가 자연의 소재를 변화시켜 만든 신소재가 산업 및 경제 분야에 활용하는 사례를 찾아 보고서를 작성해 보자.

관련학과

경영학과, 경제학과, 무역학과, 행정학과, 소비자학과, 문화콘텐츠학과, 광고홍보학과

역학적 시스템

성취기준

[10통과03-02] 일상생활에서 충돌과 관련된 안전사고를 탐색하고 안전장치의 효과성을 충격량과 운동량을 이용하여 평가할 수 있다.

▶ 일상생활의 역학 시스템에서 물체의 관성 및 충돌에 의한 안전사고 예방을 위한 대비책 및 장치를 고안하는 데 관성 법칙과 충격량을 활용하게 한다.

탐구주제

1.통합과학 — 역학적 시스템

① 2015년 두오모 성당 광장 앞에서 드론을 날리다가 드론이 성당 첨탑 주변 케이블에 충돌하는 사고가 발생하면서 드론 사용 규제에 대한 필요성이 대두되었다. '세계의 민간 무인항공기시스템(UAS) 관련 규제'와 같이 드론과 같은 무인항공기가 안전하게 사용될 수 있도록 시행되는 규제 및 법을 조사하고 그 필요성에 대해 토의해 보자.

관련학과
무역학과, 행정학과, 법학과, 항공관광학과, 국제관계학과

② 최근 5년간(2015~2019년) '어린이 승용 스포츠 제품별 안전사고 현황'에서 킥보드 안전사고가 5년 사이 4.6배 늘었다. 어린이 생활 안전 실태조사에 따르면 킥보드는 두 번째로 초등학생들이 많이 타지만 안전장비 착용률은 제일 낮았다. 킥보드 관련 사고 원인은 무엇이며 안전사고를 위한 행정안전부의 지침 등을 조사해 보자. 그리고 킥보드 안전사고를 줄이기 위한 홍보물을 제작하여 전시해 보자.

관련학과
행정학과, 소비자학과, 사회복지학과, 문화인류학과, 광고홍보학과, 아동복지학과

지구 시스템

성취기준

[10통과04-02] 다양한 자연 현상이 지구 시스템 내부의 물질의 순환과 에너지의 흐름의 결과임을 기권과 수권의 상호 작용을 사례로 논증할 수 있다.

▶ 지구 시스템에서는 각 권이 상호 작용하는 동안 에너지의 흐름과 물질의 순환으로 인해 지표의 변화, 날씨의 변화 등과 같은 여러 가지 지구과학적 현상이 일어남을 다룬다.

| [10통과04-03] | 지권의 변화를 판구조론적 관점에서 해석하고, 에너지 흐름의 결과로 발생하는 지권의 변화가 지구 시스템에 미치는 영향을 추론할 수 있다. |

▶ 판의 경계에서 나타나는 지진과 화산이 지구의 내부 에너지와 물질이 방출되는 과정임을 지구 시스템 상호 작용의 관점에서 다룬다.

탐구주제

(1) 예상치 못한 기상 변화로 인한 경제적 피해를 보상해 주는 금융상품을 날씨보험이라 한다. 날씨보험에는 특정기간 비나 눈으로 인해 피해를 보상해주는 '이벤트성'과 중장기적인 기간 동안 날씨로 인한 손해율을 따지는 '지수형'이 있다. '기상정보를 이용한 날씨보험 현황 및 발전전략(박기준 외)'과 같은 보고서를 읽고 날씨와 경제, 기상과 보험을 주제로 하여 탐구하여 발표해 보자.

관련학과

경영학과, 경제학과, 금융학과, 무역학과, 행정학과, 사회학과, 보험학과, 관광학과, 지리학과

---

(2) 2020년 1월 필리핀 수도 마닐라 근처 탈 화산이 폭발하면서 용암과 화산재에 의해 섬에 있는 동식물이 모두 폐사했다고 한다. '화산재 양에 따른 피해와 사회·경제적 영향 분석(강주화 외)'과 같은 보고서를 읽고 화산 활동의 사회적, 경제적 영향에 대하여 조사해 보자.

관련학과

전 사회계열

---

(3) 화산 활동으로 해일, 지진, 산불, 산사태 등의 피해가 발생한다. 화산 활동으로 인한 피해를 줄이는 방법에는 화산 분출을 감지하고 예측할 수 있는 과학기술의 발달과 더불어 대피 요령에 대한 사전 교육과 훈련과 최대한 빨리 사람들에게 소식을 전할 수 있는 통보 체계가 필요하다. 화산 활동 피해를 줄이기 위한 행정 및 사회적 방법에 대하여 제안해 보자.

관련학과

전 사회계열

---

(4) 판의 경계에는 화산 활동으로 인해 화산재가 덮여 토양이 비옥하므로 농작물이 잘 자란다는 특징이 있다. 이러한 자연환경으로 인해 판의 경계에 위치한 나라들은 그렇지 않은 나라와 다른 생활 환경을 가지고 있다. 판의 경계에 위치한 나라를 지도에서 확인하고, 생활 환경과 그에 따른 생활 모습을 탐구해 보자.

관련학과

사회학과, 지리학과, 문화인류학과, 경제학과, 관광학과

💬 **MEMO**

생명 시스템

성취기준

[10통과05-02] 생명 시스템 유지에 필요한 화학 반응에서 생체 촉매의 역할을 이해하고, 일상생활에서 생체 촉매를 이용하는 사례를 조사하여 발표할 수 있다.

▶ 효소가 다양한 생명 활동에 필요한 반응들을 가능하게 해준다는 수준에서 다루고, 효소의 상세 구조나 결합 방식은 언급하지 않는다.

탐구주제

1.통합과학 — 생명 시스템

① 효소는 상온, 대기압에서 작용하기 때문에 위험성이 적고 경제적이며, 반응 과정 중 중간 산물이 만들어지지 않아 친환경적이다. 효소는 바이오 에너지, 화학 제품, 생명 공학과 관련 산업 분야 등에서 다양하게 이용되고 있다. 산업에서 효소가 이용되는 사례를 제시해 보자.

관련학과
경영학과, 경제학과, 무역학과, 소비자학과

② '효소식품'은 효소단백질 자체 또는 효소단백질이 들어가 있는 식품을 말하는데 우리나라는 대표적으로 김치, 된장, 각종 젓갈류 등이 있다. 과일이나 야채, 동물성 식품의 근육 등에 들어있는 자연적으로 들어 있는 효소를 이용한다. 효소의 특성이나 종류를 알아보고, 다른 나라의 효소식품의 사례를 조사하여 발표해 보자.

관련학과
식품자원경제학과, 지리학과, 문화인류학과, 무역학과, 소비자학과, 관광학과

화학 변화

성취기준

[10통과06-01] 지구와 생명의 역사에 큰 변화를 가져온 광합성, 화석 연료 사용, 철기 시대를 가져온 철의 제련 등의 공통점을 찾을 수 있다.

▶ 지구와 생명의 역사에 큰 영향을 미친 연소, 철광석의 제련, 호흡, 광합성 등이 산화·환원 반응의 사례임을 다룬다.

탐구주제

(1) 석탄 등 화석 연료 사용으로 산업 혁명이 시작되었고, 석유의 사용으로 비행기, 자동차 등 교통 발달로 전 세계 무역과 경제가 발달하였다. 그러나 이산화 탄소 발생으로 인한 기후 변화와 같은 환경 문제로 인해 각 나라에서 이산화 탄소 저감 정책을 펼치고 있다. 이산화 탄소 저감 정책에 대하여 알아보고, 정책 시행 후 자동차 산업 등에 미칠 사회 경제적 영향을 토의해 보자.

관련학과
전 사회계열

(2) 인류는 철의 제련 기술 발달로 철기 시대가 시작되었고, 건축 분야와 교통 발달에 큰 영향을 미치고 있다. 동서양과 우리나라 등에서 철과 더불어 발전한 역사에 대하여 알아보고, 사회와 경제 분야에 미친 영향을 조사해 보자.

관련학과
전 사회계열

(3) 이탈리아의 화학자 자코모 치아미치안(Giacomo Ciamician)은 사이언스(Science)에 '미래의 광화학(The Photo-chemistry of the Future)'을 기고했다. '인공 광합성'이 실현된 미래 사회 전망에 대하여 알아보고, 발표해 보자.

관련학과
전 사회계열

영역 | ## 생물 다양성과 유지

성취기준

[10통과07-03] 생물 다양성을 유전적 다양성, 종 다양성, 생태계 다양성으로 이해하고, 생물 다양성 보전 방안을 토의할 수 있다.

▶ 생물 다양성을 이루는 세 가지 요소를 설명하고, 생물 다양성이 생태계 평형 유지에 기여하는 사례를 다룬다. 생물 다양성의 이해를 돕기 위해 진화적 관점을 도입하여 설명하되 생물의 분류 개념은 다루지 않는다.

탐구주제

(1) 1850년 아일랜드에서 발생한 감자잎 마름병으로 인해 대기근으로 큰 고통을 받았다. '미셸'이란 바나나는 '푸사리옴'이란 곰팡이로 점차 사라지고, 지금은 '카벤디시'라는 품종이 차지하고 있으나 이 종 역시 멸종 위기에 처해 있다. 이렇듯 생물 다양성을 보진해야 하는 이유를 사회적, 환경적, 경제석인 관점에서 서술해 보자.

관련학과
전 사회계열

② '생물 다양성 협약(Convention on Biological Diversity, CBD)'은 생물 다양성을 생태계, 종, 유전자 세 가지 수준에서 파악하고, 생물 다양성의 보전, 생물 다양성 구성 요소의 지속 가능한 이용, 유전자원의 이용으로부터 발생하는 이익의 공정하고 공평한 배분을 목적으로 하는 국제 조약이다. 이러한 생물 다양성 보전을 위한 국제적 협약이나 국제기구를 조사해 보자.

관련학과

문화인류학과, 사회학과, 경제학과, 무역학과, 행정학과, 정치외교학과, 법학과, 국제관계학과

③ 우리는 음식물, 의약품, 산업에 필요한 재료를 생물 다양성의 구성 요소로부터 얻어왔다. 국제자연보존연맹(IUCN)에 의하면 열대우림의 면적은 지구 표면적의 7%에 해당하나 지구 생물종의 50%정도가 서식하고 있다고 한다. 그러나 경제개발에 의하여 매년 0.6%의 열대우림 면적이 감소하고 있다. 이러한 추세로 열대우림 손실로 인한 생물다양성 파괴가 지속된다면 사회와 경제에 미칠 영향을 조사하고, 생태계와 생물 다양성을 보존해야 하는 이유와 가치를 토론해 보자.

관련학과

전 사회계열

영역 ## 생태계와 환경

성취기준

[10통과08-02]	먹이 관계와 생태 피라미드를 중심으로 생태계 평형이 유지되는 과정을 이해하고, 환경 변화가 생태계에 영향을 미치는 다양한 사례를 조사하고 토의할 수 있다.
[10통과08-03]	엘니뇨, 사막화 등과 같은 현상이 지구 환경과 인간 생활에 미치는 영향을 분석하고, 이와 관련된 문제를 해결하기 위한 다양한 노력을 찾아 토론할 수 있다.

▶ 엘니뇨, 사막화 등은 대기 대순환과 해류의 분포와 관련지어 설명한다. 대기 대순환은 3개의 순환 세포가 생긴다는 수준에서만 다룬다.

탐구주제

1.통합과학 — 생태계와 환경

① '지구온난화 6도씨의 악몽'과 같은 다큐멘터리 등을 참고하여 기후 변화로 인해 지구의 미래가 어떻게 변화할지 예상하여 시나리오를 작성함으로써 위험성에 대하여 인식하고, 예측 가능한 지구 환경 변화의 극복 방안을 제시해 보자.

관련학과

전 사회계열

탐구주제

② 미국과 유럽은 코로나19로 인해 경제적으로 어려운 상황에서 자동차 이산화 탄소 배출 규제 완화 움직임이 있다. 이산화 탄소 저감 정책과 경제 부흥 정책 사이에서 어떠한 것이 우선되어야 하는지 자신의 생각을 과학적이고 논리적인 근거를 가지고 이야기해 보자.

관련학과
사회학과, 경제학과, 무역학과, 행정학과, 정치외교학과, 법학과, 경영학과

③ KIPA 공공리더십 세미나에서 고문현 교수는 '기후 변화와 환경의 미래'란 주제로 발표하면서 기후 변화에 따른 문제는 인류 문명의 지속성 여부가 걸린 인류 공동의 문제이며, 국제사회의 경제 발전이 걸린 문제라고 하였다. 엘니뇨, 지구온난화 등 기후 변화가 지구 환경과 인간 생활에 미치는 영향을 알아보고, 해결하기 위한 정책, 규제, 국제법 등을 조사해 보자.

관련학과
사회학과, 경제학과, 행정학과, 정치외교학과, 법학과, 사회복지학과, 문화인류학과

영역 **발전과 신재생 에너지**

성취기준

[10통과09-04] 핵발전, 태양광 발전, 풍력 발전의 장단점과 개선방안을 기후 변화로 인한 지구 환경 문제 해결의 관점에서 평가할 수 있다.

▶ 핵발전, 태양광 발전, 풍력 발전의 기초 원리만 다루고, 환경 문제와 관련지어 각각의 장단점을 이야기한다. 태양 전지는 태양빛을 받으면 전류가 형성된다는 수준에서 다룬다.

[10통과09-05] 인류 문명의 지속 가능한 발전을 위한 신재생 에너지 기술 개발의 필요성과 파력 발전, 조력 발전, 연료 전지 등을 정성적으로 이해하고, 에너지 문제를 해결하기 위한 현대 과학의 노력과 산물을 예상할 수 있다.

▶ 연료 전지는 화학 에너지를 전기 에너지로 전환하는 장치임을 알고 이로 인해 에너지 효율이 높음을 이해하게 한다. 화석 연료를 대체할 수 있는 미래 에너지로 파력, 조력 등과 같은 신재생 에너지 개발 현황을 파악하게 한다.

탐구주제

① 1997년 이후로 태양광과 태양열 발전은 석유와 천연가스 고갈 문제, 지구온난화 문제, 다른 에너지 기술에 비해 경제적 지위 개선 등의 이유로 가속화되고 있다. 태양광과 태양열 발전의 장단점과 앞으로의 경제적 전망을 조사해 보자.

관련학과
사회학과, 경제학과, 무역학과, 행정학과, 지리학과

2 1973년과 1978년 석유 파동으로 인해 화석 연료에 의존적인 에너지 정책에서 벗어나기 위해 원자력 에너지를 확대하였다. 이후 지속적인 기술 발전을 통해 원자력 발전은 주력 전원으로 성장하였고 원전 기술을 수출하는 나라가 되었다. 그러나 2017년부터 '탈원전 정책'을 펴고 있다. 우리나라 원자력 에너지 정책의 변화를 조사하고, 사회 경제적으로 바람직한 원자력 에너지 정책 방향에 대한 의견을 제시해 보자.

관련학과

전 사회계열

3 '적정기술(Appropriate technology)'은 사회 공동체의 필요와 문화·환경적 조건을 고려해 만들어진 기술이다. '기술이 아닌 인간의 진보에 가치를 두는 과학기술'이라는 철학을 갖추었다는 점에서 '착한 기술', '인간의 얼굴을 한 기술', '따뜻한 기술' 등의 이름으로 불린다. 이러한 적정기술이 적용된 사례를 조사하고, 적정기술이 사회적, 환경적, 경제적으로 미치는 영향을 토론해 보자.

관련학과

전 사회계열

4 에너지경제연구원에서는 '재생 에너지 확대의 국민경제 파급효과 분석', '에너지 총조사 가정 부문 자료를 활용한 신재생 에너지 설비 설치 요인과 에너지 소비 특성 분석', '국제 신재생 에너지 정책 변화 및 시장분석' 등 신재생 에너지 관련 연구 보고서를 탑재하고 있다. 자신의 흥미와 진로 분야에 따라 신재생 에너지 관련 연구 보고서를 분석하여 발표해 보자.

관련학과

전 사회계열

활용 자료의 유의점

- ⓘ 주제 탐색하기 위해 탐구실험 학습, 발표·토론 학습, 조사 학습, 프로젝트 학습 등을 활용
- ⓘ 과학기술이 인간의 삶에 기여하고 있음을 인식하는 것이 중요
- ⓘ 과제 연구나 프로젝트 학습을 통해 창의적 산출물을 고안하여 과학적 문제 해결력 발휘
- ⓘ 국제적 협약이나 관련 국제기구의 자료를 조사하여 이를 근거로 토의 필요
- ⓘ 우리 주변에서 흔히 접할 수 있는 소재를 사용
- ⓘ 기초 탐구 과정(관찰, 분류, 측정 등)과 통합 탐구 과정(문제 인식, 자료 해석, 결론 도출 등)을 기반으로 탐구 필요
- ⓘ 과학 교과 내용과 관련된 기술, 공학, 예술, 수학 등 다른 교과와 통합과 연계 필요

💬 **MEMO**

과학탐구실험

☐ 과학 혁명　☐ 기후 변화　☐ 지식재산권　☐ 전통놀이　☐ 연구윤리
☐ 자원의 순환　☐ 친환경 에너지　☐ 친환경 도시

영역 **역사 속의 과학 탐구**

성취기준

[10과탐01-01] 과학사에서 패러다임의 전환을 가져온 결정적 실험을 따라해 보고, 과학의 발전 과정에 대해 설명할 수 있다.

▶ 과학사에서 패러다임의 전환을 가져온 대표적 사례는 과학 혁명 시기에 과학자들이 수행했던 탐구 활동들이다. 특히 갈릴레이와 뉴턴이 수행했던 다양한 중력 관련 사고실험 및 수학적 검증을 활용하여 '통합과학'에서 다룬 탐구 활동 및 주제와 관련지어 실험을 진행할 수 있다. 이 밖에 과학사적으로 중요한 실험을 추가로 진행할 수 있다.

탐구주제

2.과학탐구실험 — 역사 속의 과학 탐구

① 프톨레마이오스의 지구 중심의 천체관이 코페르니쿠스-케플러의 태양 중심의 천체관으로 바뀌는 과정은 교회와 아리스토텔레스를 극복하는 과학 혁명이었다. 스콜라 학풍은 갈릴레오-데카르트-뉴턴의 수학적 사유로 바뀌었다. 과학 혁명의 사례들과 사회와 경제에 미친 영향에 대하여 조사해 보자.

관련학과

전 사회계열

생활 속의 과학 탐구

성취기준

[10과탐02-05] 탐구 활동 과정에서 지켜야 할 생명 존중, 연구 진실성, 지식 재산권 존중 등과 같은 연구 윤리와 함께 안전 사항을 준수할 수 있다.

> ▶ 생명 존중, 연구 진실성, 지식 재산권 존중 등과 같은 연구 윤리 준수 및 안전 사항 준수를 포괄적으로 경험할 수 있는 실험 활동을 진행할 수 있다. 특히 '천연 항생 물질 찾기' 탐구 활동을 통해 관련된 연구 윤리와 안전 사항을 파악할 수 있다.

[10과탐02-06] 과학 관련 현상 및 사회적 이슈에서 과학 탐구 문제를 발견할 수 있다.

탐구주제

2.과학탐구실험 — 생활 속의 과학 탐구

① 기후 변화에 따라 국제 곡물 수급 구조가 불안해지고 곡물 가격이 상승하고 있다. 한반도 기후 변화 작물의 재배지가 북상하고 있으나, 이에 따른 재배기술의 개발은 미흡한 실정이다. 관측 자료를 바탕으로 한반도의 기후 변화 경향성을 조사하고, 기후 친화형 농축산업 육성을 위한 방안을 토론해 보자.

관련학과
사회학과, 경제학과, 무역학과, 행정학과, 정치외교학과, 법학과, 지리학과

② '지식재산권'이란 법령 또는 조약 등에 따라 인정되거나 보호되는 지식재산에 관한 권리이며, 산업재산권, 저작권, 신지식재산권을 포괄하는 무형적 권리를 뜻한다. 과학기술 분야뿐만 아니라 최근 '방탄소년단(BTS)'과 '펭수' 등 유명 캐릭터의 지식재산권을 침해하는 사례가 늘면서 변호사 업계에서 '지식재산권 침해 단속' 분야가 새로운 블루오션으로 부상하고 있다. 진로 분야 부분에서 지식재산권 침해 사례와 관련 법률이나 규제를 알아보자.

관련학과
사회학과, 경제학과, 무역학과, 행정학과, 정치외교학과, 법학과, 광고홍보학과

③ 우리나라 민속 문화의 뿌리이자 선조들의 지혜와 과학이 담겨있는 것이 전통놀이다. 한 해의 시작을 알리고 농사가 잘 되길 기원하기 위한 윷점의 풍속이 담겨 있는 놀이가 윷놀이고,. 연을 날릴 때 지구가 당기는 중력, 줄이 잡아당기는 힘에 대한 장력과 항력, 바람에 의한 양력이 작용한다. 우리나라 전통놀이 중 하나를 선택하여 과학 원리와 역사와 문화적 의미를 조사해 보자.

관련학과
사회학과, 문화인류학과, 문헌정보학과

④ '연구윤리'는 연구자가 정직하고 성실하게 책임 있는 연구를 수행하기 위해 지켜야 할 원칙 또는 행동 양식을 말한다. 연구윤리를 위반한 대표적인 사례인 '가습기 살균제 사건' 관련 영상이나 기사를 보고, 연구윤리 위반 관점에서 무엇이 문제였는지 탐구해 보자. 과학탐구실험에서 우리가 실험 시 실천할 수 있는 원칙(정직성, 조심성, 상호 존중 등)을 모둠원과 함께 토론해 보자.

관련학과
전 사회계열

첨단 과학 탐구

성취기준

[10과탐03-02] 첨단 과학기술 및 과학 원리가 적용된 과학 탐구 활동의 산출물을 공유하고 확산하기 위해 발표 및 홍보할 수 있다.

▶ '신소재 개발 사례 조사하기'와 '지속 가능한 친환경 에너지 도시 설계하기' 등의 활동을 통해 첨단 과학 기술을 활용하는 과학 탐구를 실행한다.

탐구주제

① 우리가 사용할 수 있는 자원은 제한적이기 때문에 자원의 순환을 효율적으로 실행할 수 있는 방안을 모색해야 한다. 다양한 통계 자료를 바탕으로 화석 연료를 얼마나 사용할 수 있으며 연료 고갈 시 발생하는 문제가 무엇이 있을지 토의해 보자.

관련학과
전 사회계열

② 친환경 에너지 도시로 영국의 베드제드 마을, 탄소제로 스마트시티인 마스다르, 독일 프라이부르크 등이 대표적이다. 이러한 대표적인 친환경 에너지 도시를 선정하여 건축물, 에너지원, 교통자원, 식량자원 등을 조사해 보자. 우리가 '친환경 에너지 도시 설계자'라 가정하고 도시설명서를 작성해 보자.

관련학과
전 사회계열

③ 기존 생태계 보전 및 청정 환경의 '친환경 도시'와 지속 가능한 발전 및 자원 순환을 강조하는 '지속 가능한 도시', 탄소 저감 및 신재생 에너지 사용의 '탄소 저감 도시' 등을 총괄한 '저탄소 녹색 도시' 등이 있다. 독일 뮌헨과 중국 동탄은 최초로 친환경 도시를 개발했다. 이러한 친환경 도시 설계를 위한 각 나라의 정책과 우리나라의 친환경 도시 개발 정책을 조사해 보자.

관련학과
사회학과, 경제학과, 무역학과, 행정학과, 정치외교학과, 법학과, 지리학과, 광고홍보학과, 국제관계학과

활용 자료의 유의점

- ⚠ 기초 탐구 과정(관찰, 분류, 측정 등)과 통합 탐구 과정(문제 인식, 자료 해석, 결론 도출 등)을 기반으로 탐구 필요
- ⚠ 과학 교과 내용과 관련된 기술, 공학, 예술, 수학 등 다른 교과와 통합 및 연계 필요
- ⚠ 과학적인 근거에 기초하여 탐구 결과를 발표, 설득, 수용하는 자세 필요
- ⚠ 과학자 이야기, 과학사, 시사성 있는 과학 내용 등을 활용
- ⚠ 과학 윤리, 과학·기술·사회의 상호 관련성, 관찰과 추리의 차이 등 과학의 본성과 관련 내용을 적절한 소재로 활용
- ⚠ 모형이나 시청각 자료, 컴퓨터나 스마트 기기, 인터넷 등 최신 정보통신기술과 기기 등을 적절히 활용

핵심키워드

☐ 에너지 절약 정책 　☐ 민식이법 　☐ 스쿨존 　☐ 전자기 유도 　☐ 정보통신윤리 　☐ 전자파 인체보호 기준

영역 ## 역학과 에너지

성취기준

[12물리 I 01-05] 　충격량과 운동량의 관계를 이해하고, 일상생활에서 충격을 감소시키는 예를 찾아 설명할 수 있다.

[12물리 I 01-08] 　열이 모두 일로 전환되지 않는다는 것을 사례를 들어 설명할 수 있다.

탐구주제

3. 물리학 I — 역학과 에너지

(1) 정부는 2030년까지 에너지 소비량을 감축한다는 목표를 세우고, '자발적 에너지 효율 목표제', '차량 연비 향상', '에너지 효율 연관산업 육성' 등 에너지 효율을 개선하는 방안을 제시했다. 에너지 효율이 좋은 가전제품을 선정하고 구매가의 일정 비율을 환급해주거나 가정이나 공장 등에 사용되는 형광등을 발광다이오드(LED)로 대체하도록 장려하는 등의 정책을 제시하였다. 국내외 에너지 절약 정책을 조사하여 발표해 보자. 또는 에너지 절약 정책 홍보 포스터 및 UCC를 제작해 보자.

관련학과
사회학과, 경제학과, 행정학과, 사회복지학과, 광고홍보학과, 문화콘텐츠학과

---

(2) 화석연료 고갈 문제와 지구온난화 문제로 신재생 에너지 개발과 더불어 에너지 절약 정책을 실행해 왔다. '동북아 주요국의 에너지절약 정책 연구(에너지경제연구원)' 등 주변국의 에너지 절약 정책에 대한 보고서를 분석해 보고, 우리나라 에너지 절약 정책과 그 실효성을 비교 분석해 보자.

관련학과
사회학과, 경제학과, 무역학과, 행정학과, 정치외교학과, 법학과, 지리학과, 국제관계학과

---

3 '민식이법'은 시속 30km 이상으로 운전하다 어린이를 다치게 한 운전자는 징역 1~15년이나 500~3000만원의 벌금형을 받을 수 있는데 일부 초등학생들은 장난삼아 주행 중인 차에 가까이 접근하는 일명 '민식이법 놀이' 와 같이 법을 악용하는 사례가 발생하고 있다. '민식이법'의 긍정적인 면과 부정적인 면을 비교하고, '민식이법'의 필요성을 토론해 보자.

관련학과

행정학과, 법학과, 보험학과, 사회복지학과, 아동복지학과

4 스쿨존에서 발생한 교통사고로 숨진 고(故)김민식 군의 이름을 딴 '민식이법'은 '도로교통법 개정안'과 '특정범죄 가중처벌 등에 관한 법률 개정안'이 모두 포함되었다. 시속 30Km이하의 속도로 제한된 이유를 운동량과 충격량 개념으로 설명하여 보고, 이러한 법규정의 필요성에 대하여 자신의 생각을 이야기해 보자.

관련학과

행정학과, 법학과, 보험학과, 사회복지학과, 아동복지학과

영역 ## 물질과 전자기장

성취기준

[12물리 I 02-07] 일상생활에서 전자기 유도 현상이 적용되는 다양한 예를 찾아 그 원리를 설명할 수 있다.

탐구주제

1 '전자기 유도'는 자기장과의 상호 작용에 의해 전류가 생겨나는 현상으로 발전기와 현대의 수많은 전자제품을 탄생시킨 과학적 원리이다. 전자기 유도 현상이 어떻게 발견되고 전자기 유도 현상을 이용한 기술 발전 과정이 사회와 경제에 미친 영향을 역사적인 관점에서 조사해 보자.

관련학과

사회학과, 경제학과, 문화인류학과, 경영학과

2 '전자기 유도'는 현대 문명에 큰 기여를 하였다. 교통카드, 스마트폰 무선충전 등 전자기 유도 현상을 적용한 제품이나 시스템이 많다. 사회와 경제에 전자기 유도 현상이 이용되는 사례를 조사해 보고, 미래 사회에 어떻게 사용될지 예측해 보자.

관련학과

전 사회계열

성취기준

[12물리Ⅰ03-03] 다양한 전자기파를 스펙트럼의 종류에 따라 구분하고, 그 사용 예를 찾아 설명할 수 있다.

[12물리Ⅰ03-05] 빛의 이중성을 알고, 영상정보가 기록되는 원리를 설명할 수 있다.

▶ 영상정보 기록장치 예로 전하 결합 소자(CCD)를 이용한다.

탐구주제

3. 물리학Ⅰ — 파동과 정보통신

① '정보통신윤리'는 정보 사회를 살아가는 사회 구성원으로서 갖추어야 할 규범과 행동 양식으로 건전한 정보를 제공하고 올바르게 사용하는 등 정보통신윤리 행동 양식과 기본 덕목 등이 규정되어 있다. 정보통신윤리 행동 양식과 기본 덕목 그리고 정보통신윤리 교육 방법을 조사해 보자.

관련학과

행정학과, 법학과, 보험학과, 사회복지학과, 문화콘텐츠학과, 문화인류학과

② 강한 세기의 전자파는 인체에 유해한 영향을 줄 수 있어 전자파 인체보호 기준이 마련되어 있으며 이를 만족하는 경우에는 안전하다고 볼 수 있다. 일상생활에서 발생하는 전자파는 미약하여 인체에 영향이 없다고 하지만 오랜 시간 동안 노출된다면 인체에 해로울 수 있기 때문에 세계보건기구(WHO)의 산하 기관인 국제암연구소(IARC)에서는 휴대 전화 전자파(RF)의 암 발생 등급을 2B로 분류하고 있다. 전자파가 인체에 미치는 영향과 전자파 인체보호 기준을 조사해 보자.

관련학과

사회학과, 법학과, 경제학과, 경영학과, 행정학과, 사회복지학과, 소비자학과

활용 자료의 유의점

- ⓘ 과학적으로 적절하게 증거에 기반을 두어 설명 필요
- ⓘ 일상생활에서 물리학 개념이 적용되는 다양한 예를 사용
- ⓘ 탐구 문제 설정, 가설 설정, 실험 설계, 증거에 기초한 결론 도출 등과 같은 탐구 기능을 포함
- ⓘ 탐구 결과를 발표할 때에는 논리적인 근거를 바탕으로 하는 것이 중요
- ⓘ 물리학자 이야기, 물리학사, 시사성 있는 물리 내용 등을 활용
- ⓘ 자연 현상과 현대 문명을 이해하는데 중요한 물리 현상을 활용하여 관련 물리적 개념 이해 필요
- ⓘ 컴퓨터를 활용한 실험과 인터넷과 멀티미디어 등을 적절히 활용

과학과

4

물리학Ⅱ

핵심키워드

☐ 시설물 안전관리 ☐ 노후주택 ☐ 도시재생활성화 ☐ 마이크 ☐ LED ☐ 킥보드
☐ 송전탑 ☐ 무선통신 ☐ 스마트폰 ☐ 인터넷 윤리 교육

영역 ## 역학적 상호 작용

성취기준

[12물리Ⅱ01-02] 무게중심에 대한 물체의 평형 조건을 정량적으로 계산하여 간단한 구조물의 안정성을 설명할 수
있다.

▶ 다양한 사례를 통해 알짜힘과 돌림힘의 관계를 정량적으로 파악하여 물체의 평형 조건을 이해하게 한다.

탐구주제

4.물리학Ⅱ — 역학적 상호 작용

① 2018년 용산구 건물 붕괴사고(당시 준공 후 52년)와 강남구 대종빌딩(당시 준공 후 28년) 기둥 균열로 시설물 사용금
지와 입주민 퇴거 조치가 이뤄지며 노후 시설물에 대한 사회 불안감이 커졌다. '재난 및 안전관리 기본법'과 '시설물의
안전관리에 관한 특별법'으로 이원화되어있던 시설물 안전관리가 '시설물의 안전 및 유지관리에 관한 특별법'으로 일
원화되었다. 건물 붕괴사고가 일어나는 원리를 과학적으로 알아보고, 시설물 안전 및 유지를 위한 법과 규제를 조사해
보자.

관련학과
사회학과, 법학과, 경제학과, 경영학과, 행정학과, 사회복지학과, 부동산학과

② 노후주택의 증가 등 주거환경이 악화되는 지역, 총사업체 수의 감소 등 산업의 이탈이 발생하는 지역, 인구가 현저히
감소하는 지역 이 조건 중 2가지 이상이 충족되면 도시재생활성화지역으로 선정될 수 있다. 서울시의 정책인 도시재
생활성화 사업에 대하여 사회, 경제 등 다각적인 측면에서 분석해 보자.

관련학과
전 사회계열

전자기장

[12물리Ⅱ02-08] 상호유도를 이해하고, 활용되는 예를 찾아 설명할 수 있다.

▶ 상호유도가 활용되는 예로 변압기를 다룬다.

탐구주제

4. 물리학Ⅱ — 전자기장

① 마이크는 물리적인 소리에 의한 공기 압력 변화를 전기적 신호로 변환해 주는 장치이다. 마이크는 크게 '다이내믹 마이크'와 '콘덴서 마이크'로 나눌 수 있는데 환경에 따라 바람직한 마이크는 무엇인지 장단점을 조사하여 비교해 보고, 미래의 마이크는 어떤 형태로 바뀔지 예측해 보자.

관련학과

경제학과, 광고홍보학과, 문화콘텐츠학과

② 안전을 위해 LED를 자전거나 킥보드 바퀴에 부착하거나 부착된 상품이 판매되고 있다. LED 불빛이 켜지는 과학적 원리를 알아보자. 2020년 2월 18일부터 전동킥보드의 규격에 대한 안전기준이 강화되어 킥보드의 자전거 도로 진입이 가능해졌다. 이에 킥보드 안전기준 강화의 필요성에 대한 자신의 의견을 제시해 보자.

관련학과

문화인류학과, 법학과, 경제학과, 경찰행정학과, 사회복지학과, 아동복지학과

파동과 물질의 성질

[12물리Ⅱ03-03] 교류 회로에서 전자기파의 발생 및 안테나를 통한 수신 과정을 설명할 수 있다.

▶ 교류 회로에서는 축전기와 코일의 용량 변화에 따라 고유 진동수가 달라짐을 정성적으로 다루고, 전자기파의 수신 과정은 개요도를 통해 전체적인 과정을 이해하게 한다.

탐구주제

① 주민 재산권 침해 및 고압선의 전자파가 인체에 미치는 유해성으로 인해 송전선 건설을 반대하는 입장과, 송전탑의 필요성 및 인체 무해설로 인해 송전탑 건설을 찬성하는 입장 간 대립이 팽팽하다. 대표적으로 밀양 송전탑 사건이 있었고, 최근 강원도 동해안~신가평 kV 직류 장거리 송전망(HVDC) 건설 사업 반대가 있다. 과학적이고 객관적인 자료를 바탕으로 '우리 지역에 송전선이 생긴다면?'이라는 주제에 대해 토론해 보자.

관련학과
경제학과, 문화인류학과, 심리학과, 행정학과, 법학과, 사회복지학과

② 스마트폰을 이용해 문자나 동영상을 수신하고, 먼 거리에 있는 사람과 전화를 하는 등 무선통신의 발달은 인간의 삶의 질을 풍요롭게 해주고 있다. 신기술과 통신사업 발전의 시발점은 전파의 발견이었다. 이러한 무선통신 발달의 역사를 알아보고, 인류 문명에 어떠한 영향을 미쳤는지 알아보자.

관련학과
사회학과, 문화인류학과, 경제학과

③ 전파를 이용한 무선통신의 발달은 인간의 삶을 편리하고 풍요롭게 만들었지만 그 부작용 또한 심각하다. 청소년 인터넷 중독과 사이버 비행 등 여러 가지 부작용이 사회적인 문제로 대두되고 있는데 인터넷 윤리 교육의 필요성을 구체적인 사례를 들어 설명하고, 법규정을 제안해 보자.

관련학과
경제학과, 행정학과, 법학과, 사회복지학과, 심리학과, 문화인류학과

활용 자료의 유의점

- ⚠ 과학적으로 적절하게 증거에 기반을 두어 설명
- ⚠ 일상생활에서 물리학 개념이 적용되는 다양한 예를 사용
- ⚠ 과학 개념의 과학적 발달을 역사적으로 고찰한 내용을 이용
- ⚠ 탐구 문제 설정, 가설 설정, 실험 설계, 증거에 기초한 결론 도출 등과 같은 탐구 기능이 포함
- ⚠ 탐구 결과를 발표할 때에는 논리적인 근거를 바탕으로 하는 것이 중요
- ⚠ 물리학자 이야기, 물리학사, 시사성 있는 물리 내용 등을 활용
- ⚠ 컴퓨터를 활용한 실험, 인터넷과 멀티미디어 등을 적절히 활용

💬 **MEMO**

과학과

5

화학 I

핵심키워드

☐ 디자인 씽킹　☐ 쓰레기섬　☐ 주기율표　☐ 환경오염　☐ 발열용기　☐ 발열식품

영역 **화학의 첫걸음**

성취기준

[12화학 I 01-01] 화학이 식량 문제, 의류 문제, 주거 문제 해결에 기여한 사례를 조사하여 발표할 수 있다.

　▶ 화학이 문제 해결에 기여한 사례를 중심으로 다루며, 화학 반응식을 강조하지 않는다.

[12화학 I 01-02] 탄소 화합물이 일상생활에 유용하게 활용되는 사례를 조사하여 발표할 수 있다.

　▶ 일상생활에서 사용하고 있는 메테인, 에탄올, 아세트산 등과 같은 대표적인 탄소 화합물의 구조와 특징을 다루되, 결합각은 다루지 않는다. 또한 탄소 화합물의 체계적 분류, 유도체의 특성, 관련 반응, 방향족 탄화수소, 단백질, DNA 등은 다루지 않는다.

탐구주제

5.화학 I — 화학의 첫걸음

① '디자인 씽킹'이란 '디자이너의 사고방식'이며, 인간 생활의 문제를 협업을 바탕으로 해결하는 과정이다. 디자인 씽킹 프로세스를 기반으로 하여 화학이 의식주 문제 해결에 기여한 사례를 조사하고 가장 우수한 문제 해결 방법이 가지고 있는 문제점(부정적인 영향)을 발견하여 모둠원과 협업하여 해결하는 아이디어를 제시해 보자.

관련학과

전 사회계열

② 철은 지각에 알루미늄에 이어 2번째로 많이 존재하는 금속이다. 매장량은 많지만 주로 산화된 형태로 존재하여 철광석을 철로 만드는 철의 제련 개발 후에야 비로소 인류는 본격적으로 철을 이용할 수 있었다. 철을 이용하여 농기구와 철제 무기를 생산함으로써 농업 생산량이 증가하고 영토가 확장되었다. 기원전 1100년경 그리스, 기원전 900년경 메소포타미아, 기원전 1200~500년경 중국에서 철기 시대가 도래했다. 이렇듯 화학의 발전이 역사적으로 인류 생활에 미친 사회적, 경제적, 문화적 영향에 대하여 조사하여 발표해 보자.

관련학과
전 사회계열

③ 탄소 화합물 중 플라스틱은 가볍고 강하며 가공성이 좋아 여러 가지 분야에서 유용하게 사용되고 있다. 그러나 북태평양에 한반도의 7배 크기의 거대 쓰레기 섬이 있는데 99%가 플라스틱이다. 이로 인해 해양 생태계의 파괴 등 문제점이 발생했다. 자신의 흥미와 진로 분야에 나타난 '과학의 양면성'을 주제로 토론 후 발표해 보자.

관련학과
경제학과, 문화인류학과, 심리학과, 행정학과, 법학과, 사회복지학과

영역

원자의 세계

성취기준

[12화학Ⅰ02-04] 현재 사용하고 있는 주기율표가 만들어지기까지의 과정을 조사하고 발표할 수 있다.

탐구주제

① 주기율표가 만들어지기까지 되베라이너, 뉴랜즈, 멘델레예프, 모즐리 등 많은 과학자들이 공헌하였다. 현대의 주기율표가 만들어지기까지의 과정에서 만난 여러 과학자들의 연구 과정을 조사하고, 그들의 자세에서 우리가 배울 점은 무엇이며, 왜 그렇게 생각하는지 자신의 생각을 작성해 보자.

관련학과
전 사회계열

② 1869년 드미트리 멘델레예프(1834~1907)는 원소 주기율표에 관한 논문을 발표했다. 당시 발견된 63종의 원소를 일정한 규칙으로 배열하고 그 원리를 밝혔다. '반드시 있어야 할' 원소의 존재까지 예언했고 그 후 그 자리를 채우는 원소들이 발견되었다. 1906년 1표 차이로 아쉽게 노벨상을 놓치고 이듬해에 폐렴으로 삶을 마감했다. 마지막으로 남긴 말은 "의사 선생, 당신에겐 과학이 있고, 내겐 신념이 있으소"였다. 논문 발표 150년이 된 2019년은 유엔이 정한 '멘델레예프 주기율표의 해'로 지정되었다. 비록 노벨상을 수상하지 못했지만 자신의 진로, 흥미 분야와 관련하여 사회와 경제적으로 영향을 미친 과학자를 조사하여 발표해 보자.

관련학과
전 사회계열

역동적인 화학 반응

성취기준

[12화학Ⅰ 04-03] 산·염기 중화 반응을 이해하고, 산·염기 중화 반응에서의 양적 관계를 설명할 수 있다.

[12화학Ⅰ 04-06] 화학 반응에서 열의 출입을 측정하는 실험을 수행할 수 있다.

▶ 화학 반응의 열 출입에서 열화학 반응식, 엔탈피, 반응열을 다루지 않는다.

탐구주제

① 인간은 자연과 공존하면서 지속 가능한 발전을 하기 위해 노력해야 하며, 환경 보호의 중요성을 교육해야 한다. 우리 지역에서 발생하는 환경문제 사례를 조사하고 이를 창의적으로 해결할 방안을 제안해 보자. 또는 환경 보호를 위한 학급 협약서를 만들어 실천해 보자.

관련학과
경제학과, 행정학과, 법학과, 사회복지학과, 문화콘텐츠학과, 광고홍보학과

② 생활 속 중화 반응 물질을 찾아보고, 환경 오염 중 중화 반응으로 예방할 수 있는 사례를 조사해 보자. 인간과 자연이 공존할 수 있는 환경을 위해 화학이 어떻게 발전하여야 하며, 우리는 어떠한 노력을 해야 하는지 BTS의 UN 연설문을 참고하여 '화학과 환경에 대한 연설문'을 작성해 보자.

관련학과
경제학과, 문화인류학과, 심리학과, 행정학과, 법학과, 사회복지학과, 문화콘텐츠학과, 광고홍보학과

③ 발열 용기나 발열 식품은 화재 위험이 없고 간편한 장점이 있어 낚시나 등산, 캠핑 등 야외활동에서 전투식량과 같은 즉석 발열 식품이나 발열 용기의 사용이 증가하고 있다. 발열 식품과 발열 용기의 과학적 원리를 조사하고 사회 경제 적으로 어떻게 이용되면 좋을지 생각해 보자.

관련학과
전 사회계열

활용 자료의 유의점

ⓘ 인터넷 정보 중에서 신뢰할 수 있는 사이트를 선별하고 필요한 정보를 활용하여 표현

ⓘ 화학 이론이 첨단 과학기술이나 일상생활에서 화학 이론 및 개념이 적용되는 다양한 사례를 사용

ⓘ 화학자 이야기, 과학사, 시사성 있는 화학 내용 등을 활용

ⓘ 기초 탐구 과정(관찰, 분류, 측정 등)과 통합 탐구 과정(문제 인식, 자료 해석, 결론 도출 등)을 기반으로 탐구 필요

과학과

6

화학Ⅱ

영역

물질의 세 가지 상태와 용액

성취기준

[12화학Ⅱ01-09] 묽은 용액의 증기압 내림, 끓는점 오름, 어는점 내림을 이해하고, 일상생활의 예를 들 수 있다.

탐구주제

6.화학Ⅱ — 물질의 세 가지 상태와 용액

① 눈이 내렸을 때 염화 칼슘을 뿌리면 어는점이 내려가서 녹게 된다. 이런 원리로 염화 칼슘을 제설제로 사용하고 있는데 가격이 저렴하고 제설 효과가 좋은 장점이 있지만 금속을 부식시키고 지하수를 오염시키는 등의 문제점을 가지고 있다. 현재 사용되는 제설제의 장·단점에 대해 조사하고, '경제적이면서도 친환경적인 제설제 개발의 필요성'을 주제로 토론해 보자.

관련학과
경제학과, 행정학과, 법학과, 사회복지학과

② 외부 압력이 높아지면 용액의 끓는점이 높아지는 원리로 압력밥솥이 개발되었다. 우리나라 전기압력솥의 인기가 높아졌는데 그 원인 중 하나가 좋은 경험의 제공이다. '경험 경제시대'라고 불리고 있듯이 구매당시 상황, 기업이나 상품을 상징하는 것들에 대한 경험, 사람들의 평가, 광고, 인터넷 리뷰 등이 포함된다. '경험 경제시대'가 무엇이며 어떻게 이용되고 있는지 사례를 조사해 보자.

관련학과
사회학과, 경제학과, 행정학과, 사회복지학과, 무역학과, 광고홍보학과, 문화콘텐츠학과

반응 속도와 촉매

[12화학 II 03-08] 촉매가 생명 현상이나 산업 현장에서 중요한 역할을 하는 예를 찾을 수 있다.

탐구주제

6.화학 II — 반응 속도와 촉매

① 촉매(catalyst)는 '매듭 등을 풀다'를 뜻하는 그리스어에서 유래되었다. 화학제품의 90% 이상은 제조 과정에 촉매가 사용되는 등 촉매는 산업에서 중요한 역할을 하고 있다. 산업에서 유용하게 사용되는 사례를 조사해 보자.

관련학과
경영학과, 경제학과, 무역학과

② 에어컨과 냉장고 냉매로 쓰였던 프레온가스는 오존층 파괴물질로 HFC로 대체되었다. 그러나 HFC는 이산화 탄소보다 수백배 이상의 강력한 온실가스 물질이다. 2016년 키갈리 협약에서 한국 등 137개국이 2024년부터 HFC 사용을 규제하기로 하였다. 몬트리올 의정서, 키갈리 협약 등과 같은 환경에 악영향을 미치는 물질에 대한 규제를 조사해 보자. 또는 냉매의 관리에 관한 홍보물을 제작해 보자.

관련학과
사회학과, 경제학과, 행정학과, 사회복지학과, 무역학과, 광고홍보학과, 문화콘텐츠학과, 문화인류학과

전기 화학과 이용

[12화학 II 04-03] 수소연료 전지가 활용되는 예를 조사하여 설명할 수 있다.

탐구주제

6.화학 II — 전기 화학과 이용

① '물의 광분해'는 광합성의 준비과정으로 물이 빛에너지를 받아 수소 이온과 수산화 이온으로 분해되는 과정이며 '힐반응'이라고도 한다. 물의 광분해로 차세대 친환경 에너지원인 수소를 얻을 수 있어 중요하다. 물의 광분해 실험 과정과 수소를 이용한 경제 산업 분야를 조사해 보자.

관련학과
사회학과, 경제학과, 경영학과, 행정학과, 사회복지학과, 무역학과

탐구주제

② 1839년 '윌리엄 그로브'는 물에 전기를 가해 전기분해 실험을 하다가 반대로 수소와 산소를 합치면 전기가 만들어질 것이라는 생각에서 착안하여 최초의 수소연료 전지인 '그로브 전지'를 발명했다. 이렇게 발명된 수소연료 전지는 현재 차세대 에너지원으로 각광 받고 있다. 수소연료 전지의 역사와 경제 산업 분야 이용 사례 및 발전 가능성에 대해 조사해 보자.

관련학과
경제학과, 경영학과, 행정학과, 사회복지학과, 무역학과

활용 자료의 유의점

- ! 인터넷 정보 중에서 신뢰할 수 있는 사이트를 선별하고 필요한 정보를 활용하여 표현
- ! 화학 이론이 첨단 과학기술이나 일상생활에서 화학 이론 및 개념이 적용되는 다양한 사례를 사용
- ! 화학자 이야기, 과학사, 시사성 있는 화학 내용 등을 활용
- ! 기초 탐구 과정(관찰, 분류, 측정 등)과 통합 탐구 과정(문제 인식, 자료 해석, 결론 도출 등)을 기반으로 탐구 필요

(⋯) MEMO

생명과학Ⅰ

핵심키워드

☐ 대사성 질환 ☐ 기억저장 시냅스 ☐ 바이러스 ☐ 백신 ☐ 구제역
☐ 유전자 검사 ☐ 산전 검사 ☐ 선별적 낙태 ☐ 생물 다양성

영역 ## 사람의 물질대사

성취기준

[12생과Ⅰ02-03] 물질대사와 관련 있는 질병을 조사하고, 대사성 질환을 예방하기 위한 올바른 생활 습관에 대해 토의하고 발표할 수 있다.

탐구주제
7.생명과학Ⅰ ― 사람의 물질대사

① '대사질환 치료영역 글로벌 산업현황(한국바이오협회 한국바이오경제연구센터)' 등 최신 정책, 산업, 제도 등의 동향에 관한 연구 보고서를 BioIN에서 찾아볼 수 있다. 진로와 관련된 최근 바이오 관련 연구 동향을 조사해 보자.

관련학과
사회학과, 경제학과, 경영학과, 행정학과, 사회복지학과, 무역학과, 광고홍보학과, 문헌정보학과

② 대사성 질환에는 당뇨병, 저혈당, 고콜레스테롤혈증, 유전분증 등이 있다. 대사성 질환은 호르몬 이상뿐만 아니라 주요 대사 조절에 관여하고 있는 간이나 신장에 질환이 생긴 경우에도 발생할 수 있다. 현재 유발 요인들에 대한 개별적인 치료를 해야 하며, 체중감량과 식습관 및 생활 습관 변화가 가장 중요하다. 청소년과 국민의 대사성 질환 예방을 위한 정책이나 광고홍보물을 제안해 보자.

관련학과
사회학과, 경제학과, 행정학과, 사회복지학과, 광고홍보학과, 문화콘텐츠학과

항상성과 몸의 조절

성취기준

[12생과Ⅰ03-01] 활동 전위에 의한 흥분의 전도와 시냅스를 통한 흥분의 전달을 이해하고, 약물이 시냅스 전달에 영향을 미치는 사례를 조사하여 발표할 수 있다.

> ▶ 자극과 반응 사이에 정보를 전달하는 신경계의 구조와 종류는 중학교 1~3학년군의 '자극과 반응' 단원에서 다루었으므로 흥분의 전도와 전달 과정을 중심으로 다룬다. 사례 조사 시 각성제, 환각제, 진정제 등이 신경계의 기능에 심각한 영향을 미칠 수 있다는 수준에서 다룬다.

[12생과Ⅰ03-07] 백신의 작용 원리를 항원 항체 반응과 관련지어 이해하고, 백신으로 예방하기 힘든 질병을 조사하여 그 이유를 토의할 수 있다.

탐구주제

7.생명과학Ⅰ ― 항상성과 몸의 조절

① 신경과학자들은 기억을 '뉴런 사이의 일정한 연결 패턴이 저장된 것'이라 하였다. 뉴런 사이의 접합 부위인 시냅스 중 학습에 의해 구조적·기능적 변화가 있는 '기억저장 시냅스'를 찾아냈다는 학술지가 발표되었다. 독일 괴팅겐 대학의 게르트 뤼에 심리학과 교수는 자연과학에 관한 책을 읽게 한 뒤 기분이 좋은 그룹이 우울한 그룹보다 높은 학습능력을 보였다는 연구 결과를 발표하기도 하였다. 이 연구에 대해 구체적으로 조사하고 이러한 결과가 사회와 경제에 어떤 영향을 미치는지 조사해 보자.

관련학과
전 사회계열

② 신종 플루, 메르스, 조류 독감, 코로나19 등에 의해 전 세계가 바이러스의 공포와 위협 속에 살고 있다. 철저한 개인위생과 적극적인 백신 및 치료제의 개발로 질병을 극복하자는 주장과 생태계 파괴와 공장식 축산업이 신종 바이러스를 재생산하고 있으므로 이윤만을 추구하는 자본주의적 삶의 방식에 대한 성찰을 요구하는 목소리도 커지고 있다. '백신과 치료제를 통해 새로운 바이러스의 출현과 전파를 막을 수 있는가?'를 주제로 토론해 보자.

관련학과
사회학과, 경제학과, 경영학과, 행정학과, 사회복지학과, 무역학과

③ '구제역'은 소나 돼지처럼 발굽이 2개인 동물에게만 감염되며, 고열과 통증을 수반하고 입과 발굽 주변에 물집이 생기는 바이러스성 전염병이다. 치사율은 5%로 낮지만 전염성이 높고 축산 업계에 이윤을 감소시켜 경제적으로 큰 피해를 주고 있기 때문에 국제수역사무소에서는 A급 전염병으로 지정하고 확산을 막기 위해 감염 동물을 초기에 살처분하는 것을 권장하고 있다. 구제역이 발생하는 이유를 가축 생산 환경에서 찾아보고, 현재 우리나라의 구제역 관련 정책을 조사해 보자. 또는 동물 살처분을 정당화하는 생명 경시 풍조 현상에 대한 의견을 발표해 보자.

관련학과
사회학과, 경제학과, 경영학과, 행정학과, 사회복지학과, 무역학과, 문화인류학과

유전

[12생과 I 04-04] 염색체 이상과 유전자 이상에 의해 일어나는 유전병의 종류와 특징을 알고, 사례를 조사하여 발표할 수 있다.

탐구주제

7.생명과학 I — 유전

① 유전자 검사 비용 감소로 자신과 가족의 유전병 발병을 예측하기 위해 유전자 검사를 받는 사람들이 빠르게 늘어나고 있다. 외국의 경우 유전자 검사를 받았다는 이유로 보험 가입이 거부되거나 유전병 발병 가능성이 높은 경우 직장 내에서 차별 대우를 받는 경우가 발생하고 있다고 한다. 영국과 미국은 법을 제정하여 유전자 정보에 따른 피보험자 차별을 금지하였다. '차별 발생 위험을 예방하기 위해 관련 법이나 정책 제정이 필요한가?'를 주제로 토론해 보자.

관련학과
사회학과, 법학과, 행정학과, 사회복지학과, 보험학과

② 과거 우생주의자는 장애를 지닌 사람들이 세상에 태어나는 것을 막고자 혼인법을 통해 결혼을 제한하고 단종수술을 시행했다. 현대 유전학에서는 '양수검사', '융모막융모생검' 등 유전자 검사인 산전 검사로 유전적 장애 존재 확률을 알려주고, 장애 존재 확률이 높은 경우 선별적 낙태가 허용되어 있다. 산전 검사와 선별적 낙태에 관한 법률을 조사하고, '산전 검사와 선택적 낙태'를 주제로 토론해 보자.

관련학과
사회학과, 법학과, 행정학과, 사회복지학과, 아동가족학과

생태계와 상호 작용

[12생과 I 05-06] 생물 다양성의 의미와 중요성을 이해하고, 생물 다양성 보전 방안을 토의할 수 있다.

▶ 생물 다양성을 유전적 다양성, 종 다양성, 생태계(서식지) 다양성을 포괄하는 개념으로 이해시키되, '통합과학'에서 기본 개념은 다루었으므로, 여기에서는 각 개념을 보다 심화하여 상세히 다루도록 한다. 생태계 평형 유지에 생물 다양성이 어떻게 기여하는지를 사례 중심으로 이해하도록 하며, 생물자원의 가치를 인식할 수 있도록 한다.

탐구주제

(1) 「여우와 토종씨의 행방불명」, 「천사가 사는 갯벌」등 생물 다양성과 관련된 도서를 읽고, 인간과 자연이 공존하려면 어떠한 노력이 필요하며 과학기술이 어떤 방향으로 발전해야 할지 자신의 견해를 작성하여 발표해 보자.
(박경화(2010), 여우와 토종씨의 행방불명, 양철북) (임덕연(2011), 천사가 사는 갯벌, 휴이넘)

관련학과

전 사회계열

활용 자료의 유의점

- (!) 생명과학이 타 학문 분야와 연계된 사례 조사는 인터넷 검색이나 관련 서적 등을 활용
- (!) 기술, 공학, 예술, 수학 등 다른 교과와 통합하고 연계해 주제 선정
- (!) 생명과학자 이야기, 과학사, 생명과학과 관련된 사회적 쟁점을 주제로 활용
- (!) 생명과학의 잠정성, 생명과학적 방법의 다양성, 생명과학 윤리, 과학·기술·사회의 상호 관련성 소재 활용
- (!) 생명과학 이론이 첨단 기술이나 최근의 발명품에 적용된 사례 활용
- (!) 생물을 다룰 때에는 생명을 아끼고 존중하는 태도와 올바른 생명관을 갖는 것이 중요

(💬) MEMO

핵심키워드

☐ X선 회절 사진 ☐ DNA 구조발견 ☐ 항생제 ☐ 바이오 촉매 ☐ 효소식품
☐ 탄소 고정 ☐ 이산화 탄소 불균형 ☐ 아마존 열대우림 ☐ 산림보호 정책
☐ 유전자 조작 ☐ 종 분화 ☐ 유전자변형 생물체(LMO) ☐ GMO ☐ 난자 기증

영역 **생명과학의 역사**

성취기준

[12생과 II 01-02] 생명과학 발달에 기여한 주요 발견들에 사용된 연구 방법들을 조사하여 발표할 수 있다.

탐구주제

(1) 윌킨스는 프랭클린의 사전 허락도 없이 X선 회절사진을 왓슨과 크릭에게 넘겼고, 프랭클린이 찍은 X선 회절 사진에서 결정적 단서를 얻은 왓슨과 크릭은 DNA 이중나선 구조 모형을 만들어 1962년 노벨상을 수상했다. DNA 구조발견에 결정적인 영향을 준 로잘린드 플랭클린에 대하여 알아보고, 과학자들의 윤리 의식의 중요성에 관한 자신의 생각을 글로 작성해 보자.

관련학과
사회학과, 문화인류학과, 사회복지학과, 심리학과

---

(2) 페니실린 등 항생제는 인류 수명 연장이라는 긍정적인 측면이 있으나 항생제 남용으로 인한 부작용 문제가 있다. 특히 동물의 항생제 사용에 대하여 2017년 미국 식품의약국(FDA)에서는 동물용 항생제 규제에 관한 'Guidance for Industry #213'를 발표했다. 기존에 건강한 동물에게도 사용되던 성장촉진용 항생제 사용의 금지를 권고하고, 수의사의 처방에 따라 질병 치료 목적의 항생제만 사용하도록 하고 있다. 이러한 규제가 생긴 원인을 알아보고, 국내외 항생제 규제에 관한 법률을 조사해 보자.

관련학과
사회학과, 법학과, 행정학과, 사회복지학과, 무역학과, 문화인류학과

세포의 특성

성취기준

[12생과II 02-06] 효소의 작용을 활성화 에너지와 기질의 특이성을 중심으로 이해하고, 온도와 pH가 효소 작용에 영향을 미칠 수 있음을 실험을 통해 설명할 수 있다.

▶ 효소의 특성, 효소의 구조와 종류, 효소의 활성에 영향을 미치는 요인 등을 다룸으로써 생물체 내에서 일어나는 여러 가지 화학 반응이 효소에 의해 조절됨을 이해하게 한다.

탐구주제

① '바이오 촉매'란 체내의 화학 반응이 일어날 때 중개역할을 하는 물질이며, 효소가 가장 대표적이다. '바이오 촉매(NTB 한국기술은행)'등 보고서를 읽고 생체 촉매의 정의와 특징에 대해 알아보고, 생체 촉매의 수출입 규모와 산업 활용 분야를 조사해 보자.

관련학과
경영학과, 경제학과, 무역학과, 금융학과, 물류학과

② 소화 작용, 노화 방지, 면역 기능 등 효소의 효능과 기능은 다양하여 효소식품에 대한 인기가 높다. 효소식품을 구매할 경우 효소의 종류와 활성 정도(unit)가 표기되어 있는지 확인해보는 것이 좋다. 효소의 국제단위(unit)의 정의와 수치의 의미를 알아보고, 합리적인 효소식품을 구매하기 위해 우리가 확인해야 할 조건들에 대하여 발표해 보자.

관련학과
사회학과, 소비자학과, 경제학과, 행정학과, 사회복지학과, 무역학과

세포 호흡과 광합성

성취기준

[12생과II 03-02] 세포 호흡 과정과 광합성의 탄소 고정 반응을 단계별로 구분하여 이해하고, 산화적 인산화 과정을 화학 삼투로 설명할 수 있다.

▶ 해당 과정과 TCA 회로, 탄소 고정 반응이 모두 효소에 의해 조절되는 일련의 화학 반응임을 이해하도록 한다. 세포 호흡과 광합성의 탄소 고정 반응 과정에서 유기물의 분자 구조식은 다루지 않는다. 탄소 고정 반응은 명반응과 관련지어 이들 사이의 관계 및 의미의 해석에 초점을 두고, 세포 호흡 과정은 개괄적으로 탄소수의 변화, 반응 중 탈수소 효소가 작용하는 단계나 과정, ATP가 필요한 곳과 생성되는 곳 정도의 수준에서 다룬다.

탐구주제

1 탄소 고정은 이산화 탄소를 유기물로 변환하는 과정인데 햇빛을 이용하여 이산화 탄소를 탄수화물로 변환하는 광합성이 대표적이다. 탄소 고정은 산화·환원 반응이며, 흡열 반응에 해당한다. 광합성은 세포 호흡의 반대 과정이라 볼 수 있는데 이러한 광합성의 과학적 원리를 밝히는 역사가 인류에 미친 영향을 조사해 보자.

관련학과

사회학과, 문화인류학과, 문헌정보학과

---

2 탄소 순환으로 균형을 유지하던 이산화 탄소가 과도한 화석 연료 사용과 산림 파괴 등으로 균형을 잃고 기후 변화를 주도하고 있다. 이러한 이산화 탄소 불균형이 환경, 사회, 경제 분야 등에 미치는 영향을 조사하여 발표해 보자.

관련학과

전 사회계열

---

3 아마존 열대우림은 지구의 열대우림 숲 면적의 절반 이상을 차지한다. 세계 산소 발생량의 20%가 아마존 열대우림에서 생산된다고 한다. 그러한 이유로 아마존에서 최근 발생한 대형 산불은 브라질 국민뿐만 아니라 전 세계적인 관심과 우려를 낳고 있다. 하지만 브라질 경제 위기와 극우파 대통령 취임 이후 불법 벌채, 목장과 탄광 개발을 장려하는 정책으로 2004년부터 2012년까지 시행된 성공적인 산림보호 정책은 사라졌다. 아마존 열대우림의 산림보호 정책과 경제 발전 정책 중 어느 정책에 주안점을 두어야 하는지 브라질 자국민과 세계인 입장에서 의견을 작성해 보자.

관련학과

전 사회계열

영역 유전자의 발현과 조절

성취기준

[12생과 II 04-04] 유전 암호를 이해하고, 유전 암호 표를 사용하여 유전 정보를 해독할 수 있다.

탐구주제

1 2018년 중국 남방과학기술대학교에서 에이즈에 걸리지 않도록 유전자 조작을 한 쌍둥이가 태어났다고 발표했다. 과학자들 사이에서 많은 논란이 일어났는데 2019년 광둥성 정부는 연구 활동을 중단시키고 해당 교수를 해고하는 등의 처벌이 이루어졌다. 생명과학을 통제 규율하는 법 제도는 연구 기술의 도전성, 연구 윤리 사회질서를 고려해서 필요하다. '사람의 유전자 조작을 허용해야 하는가?'를 주제로 토론해 보자.

관련학과

사회학과, 문화인류학과, 경제학과, 행정학과, 사회복지학과, 광고홍보학과

생물의 진화와 다양성

성취기준

[12생과Ⅱ05-06] 지리적 격리에 의한 종 분화 과정을 이해하고, 종 분화의 사례를 조사하고 발표할 수 있다.

▶ 동소적 종 분화는 다루지 않으며, 사례 중심으로 지리적 격리에 의한 종 분화에 대해 이해하도록 한다.

탐구주제
8.생명과학Ⅱ — 생물의 진화와 다양성

① 같은 종이라고 할지라도 격리되어 두 집단이 서로 다른 진화의 경로를 밟게 되면 서로 다른 종으로 분화되는 것을 '종 분화'라고 한다. 하나의 생물 집단이 지리적으로 격리되어 오랜 세월 동안 각기 다른 방향으로 진화하여 종이 분리된 경우는 '이소적 종 분화'라 한다. '이소적 종 분화'의 사례를 조사하고 발표해 보자.

관련학과
사회학과, 문화인류학과, 지리학과

영역

생명공학 기술과 인간생활

성취기준

[12생과Ⅱ06-04] LMO가 인간의 생활과 생태계에 미치는 긍정적인 영향과 부정적인 영향을 조사하고 토론할 수 있다.

[12생과Ⅱ06-05] 생명공학의 발달 과정에서 나타나는 생태학적, 윤리적, 법적, 사회적 문제점을 이해하고, 미래 사회에 미칠 영향을 예측하여 발표할 수 있다.

▶ 우리 생활과 밀접한 사례를 중심으로 하여 학생들의 흥미를 유도하도록 하고, 상세 실험 과정이나 원리를 과도하게 기술하거나 설명하는 것을 지양한다.

탐구주제
8.생명과학Ⅱ — 생명공학 기술과 인간생활

① 유전자변형생물체(LMO)는 현대생명공학기술을 이용하여 새롭게 조합된 유전물질을 포함하고 있는 생물체이다. LMO와 GMO의 차이점을 알아보고, LMO가 인간의 생활과 생태계에 미치는 긍정적인 영향과 부정적인 영향을 근거로 LMO 개발에 관한 자신의 견해를 작성해 보자.

관련학과
사회학과, 문화인류학과, 경제학과, 행정학과, 사회복지학과

(2) 5,000원으로 두부 심부름을 갔다. 두부의 가격은 GMO 수입 콩 1,500원, Non-GMO 수입 콩 2,500원, GMO 국산 콩 3,000원, 국산 유기농 콩 4,000원이다. 심부름 값으로 거스름돈을 받을 수 있다고 가정했을 때 어떤 두부를 선택할 것인지, 근거를 들어 선택한 이유와 함께 설명해 보자.

관련학과

사회학과, 경제학과, 소비자학과, 행정학과, 사회복지학과, 무역학과, 광고홍보학과

(3) '생명윤리 및 안전에 관한 법률'은 인간과 인체 유해물 등에 관한 연구 및 배아나 유전자 등을 취급 시 인간의 존엄 및 가치 침해나 인체의 위해 및 위험을 방지하기 위해 제정되었다. 2008년 개정된 '생명윤리 및 안전에 관한 법률'은 난자를 기증하는 여성에게 실비 보상을 할 수 있도록 허용하고 있다. 이 조항을 통해 얻게 되는 이득과 문제점을 비교하여 설명해 보자.

관련학과

사회학과, 법학과, 경제학과, 행정학과, 사회복지학과, 아동가족학과

활용 자료의 유의점

- ⚠ 생명과학이 타 학문 분야와 연계된 사례 조사는 인터넷 검색이나 관련 서적 등을 활용
- ⚠ 세포의 특성, 유전자 발현 조절 및 발생 등에 관련된 최근 연구 동향과 성과를 활용
- ⚠ 기술, 공학, 예술, 수학 등 다른 교과와 통합하고 연계된 주제 선정
- ⚠ 생명과학자 이야기, 과학사, 생명과학과 관련된 사회적 쟁점을 주제로 활용
- ⚠ 생명과학의 잠정성, 생명과학적 방법의 다양성, 생명과학 윤리, 과학·기술·사회의 상호 관련성 소재 활용
- ⚠ 생명과학 이론이 첨단 기술이나 최근의 발명품에 적용된 사례 활용
- ⚠ 생물을 다룰 때에는 생명을 아끼고 존중하는 태도와 올바른 생명관을 갖는 것이 중요

💬 **MEMO**

지구과학 Ⅰ

핵심키워드

☐ 대륙이동설   ☐ 화석   ☐ 침식작용   ☐ 퇴적지형   ☐ 고기후   ☐ 한반도의 지질학적 역사
☐ 기후 변화   ☐ 대기오염   ☐ 황사   ☐ 미세먼지   ☐ 그레타 툰베리   ☐ 엘니뇨
☐ 외계 생명체 탐사   ☐ 대피라미드   ☐ 빅뱅   ☐ 우주 배경 복사

영역 ## 지권의 변동

성취기준

[12지과 Ⅰ 01-01] 대륙이동설로부터 판구조론까지의 정립 과정을 탐사 기술의 발달과 관련지어 설명할 수 있다.

▶ 대륙 이동에 대한 가설이 판구조론으로 정립되기까지 해저에 대한 음향 측심, 해저 암석에 대한 고지자기 분석과 연령 측정, 해저에서 대륙으로 이어진 변환 단층의 발견, 섭입대 주변 지진의 진원 깊이 분석 등의 탐사 기술의 진보와 밀접하게 관계됨을 이해하도록 한다. 단, 고지자기의 경우 역전 정도만 다룬다.

탐구주제

9.지구과학 Ⅰ — 지권의 변동

① 「베게너의 대륙이동설, 살아 있는 지구를 발견하다」를 읽고 대륙이동설의 과학적 근거를 이해하고, 베게너가 살아 있는 동안 그의 천재성을 인정받지 못했던 시대적 상황을 조사하여 발표해 보자.

(김병노(2016), 베게너의 대륙이동설, 살아 있는 지구를 발견하다, 작은길)

관련학과
사회학과, 경제학과, 문화인류학과, 행정학과, 사회복지학과, 무역학과, 지리학과

---

② 서로 다른 대륙에서 같은 종류의 화석이 발견되는 것은 대륙이동설의 증거가 된다. 고사리 화석이 발견된 곳은 과거에 따뜻하고 습한 육지 환경으로 판단할 수 있다. 지질 시대의 생활 환경과 현재 전혀 다른 환경에서 화석이 발견되는 이유를 알아보자. 지질 시대의 주요 화석으로 과거 지구에 살던 생물의 생활 환경을 추론해 보자.

관련학과
문화인류학과, 사회학과, 지리학과

성취기준

[12지과 I 02-01] 지층에서 나타나는 다양한 퇴적 구조와 퇴적 환경의 관계를 설명할 수 있다.

> ▶ 지층 형성의 과정에서 지층 형성 구조와 더불어 퇴적암이 만들어지는 과정을 설명한다. 퇴적암 내에 기록된 다양한 퇴적 구조로부터 퇴적 작용이 일어난 환경을 살필 수 있도록 하며, 대표적인 퇴적암 지형으로부터 해당 퇴적 환경의 특징을 설명한다.

[12지과 I 02-03] 지층의 선후 관계 해석에 사용되는 다양한 법칙을 통해 지구의 역사를 추론할 수 있다.

> ▶ 지층 형성의 선후 관계를 결정짓는 법칙들(수평퇴적의 법칙, 지층누중의 법칙, 동물군 천이의 법칙, 관입의 법칙, 부정합의 법칙 등)을 이해하고, 시간과 암석에 따라 층의 순서를 결정하고 지구의 역사에 대해 설명한다.

탐구주제

① 퇴적 지형인 채석강과 봉화봉 일대는 파도의 침식작용으로 형성된 해식 절벽과 동굴이 장관을 이루어 변산반도의 대표적인 관광명소이다. 퇴적 구조와 퇴적 환경에 대하여 이해하고, 관광 자원으로 활용 가능한 퇴적 지형을 조사하여 발표해 보자.

관련학과
지리학과, 문화인류학과, 관광학과

② 꽃가루, 해저퇴적물, 산호, 극지방에서 채취된 얼음 코어, 인류의 치아, 나무의 나이테 등으로 고기후를 연구한다. 그 중 화석 유공충으로 고기후를 알아내는 방법의 원리를 이해하여 과학자들이 어떻게 지구의 과거를 복원하는지 조사해 보자.

관련학과
사회학과, 지리학과, 문화인류학과

③ 천연기념물 제413호로 지정된 영월 문곡리 '건열구조 및 스트로마톨라이트'와 경북 영덕 사진리 해안에서 발견된 '23억년 부정합 지층'은 한반도의 지질학적 역사를 규명하는데 중요한 단서를 제공하고 있다. 이러한 지역이 형성된 원리를 알아보고, 관광 자원화와 보존을 위한 행정적인 노력에는 어떤 것이 있는지 조사하여 발표해 보자.

관련학과
문화인류학과, 경제학과, 행정학과, 관광학과, 지리학과

대기와 해양의 변화

성취기준

[12지과 I 03-03] 뇌우, 국지성 호우, 폭설, 황사 등 우리나라의 주요 악기상의 생성 메커니즘을 이해하고, 피해를 최소화할 수 있는 방법에 대해 토의할 수 있다.

▶ 뇌우, 국지성 호우(집중호우), 강풍, 폭설, 우박 등과 같은 우리나라의 주요 악기상을 소개하고 이들의 생성 메커니즘을 간단히 다룬다.

탐구주제

9.지구과학 I — 대기와 해양의 변화

① 기후 변화가 전 세계적으로 진행되고 있고 기후 변화 영향에 따른 재산피해가 증가하고 있다. 행정안전부가 2016년에 발표한 보고서에 의하면 최근 10년간 발생한 자연재해 원인 중 62%가 호우피해라고 한다. 호우피해를 줄이기 위한 방법으로 지역별 특성에 따라 호우피해 등급을 분류하고 그에 따른 적절한 대비 방안을 수립하자는 의견이 있는데 이러한 정책의 필요성에 대하여 과학적 근거를 가지고 토론해 보자.

관련학과
지리학과, 행정학과, 사회복지학과, 경제학과

② 중국 대기오염은 중국인의 건강뿐만 아니라 산업과 경제에 부정적인 영향을 미친다. 또한 우리나라에 미치는 중국발 대기오염의 영향도 심각하다. 황사와 미세먼지에 의한 부정적 영향과 대기오염 저감 정책에 대해 중국과 우리나라를 비교해 보자. 중국발 미세먼지 저감을 위한 정치 외교적인 노력을 제안해 보자.

관련학과
사회복지학과, 국제관계학과, 지리학과, 정치외교학과

대기와 해양의 상호 작용

성취기준

[12지과 I 04-04] 기후 변화의 원인을 자연적 요인과 인위적 요인으로 구분하여 설명하고, 인간 활동에 의한 기후 변화의 환경적, 사회적 및 경제적 영향과 기후 변화 문제를 과학적으로 해결하는 방법에 대해 토의할 수 있다.

▶ 기후 변화의 원인을 인위적 요인과 자연적 요인으로 구분하고 자연적 요인을 지구 외적 요인과 지구 내적 요인으로 구분하여 다룬다. 인간 활동에 의한 기후 변화를 지구온난화를 중심으로 다룬다.

① 인간 활동에 의한 기후 변화의 환경적, 사회적 및 경제적 영향을 조사해 보고, 스웨덴 10대 소녀인 '그레타 툰베리'의 2019 UN 기후행동정상회의에서의 연설 등 그녀의 환경 보호를 위한 활약과 관련된 자료를 찾아 발표해 보자.

관련학과
전 사회계열

② '엘니뇨'는 중동부 태평양 바다 표면 온도가 평상시보다 더워졌을 때 일어나는 거시적 기후 현상이다. 미국대양기후관리청(NOAA)에서 엘니뇨에 의한 바람의 이동현상을 '엘니뇨 난방진동'이라 부른다. 농축산물 및 금융시장에 미치는 엘니뇨의 영향에 대한 보고서를 읽고 발표해 보자.

관련학과
전 사회계열

영역

별과 외계 행성계

성취기준

[12지과 I 05-06] 외계 생명체가 존재할 가능성이 있는 행성의 일반적인 조건을 파악할 수 있으며 탐사의 의의를 토의할 수 있다.

▶ 외계 행성계의 생명체 존재 여부에 대한 판단은 중심별의 온도에 따른 생명 가능 지대(habitable zone)와 관련이 있으며, 항성이 행성을 거느린다는 것이 일반적인 것임을 인식시킨다.

탐구주제

9.지구과학 I ― 별과 외계 행성계

① MIT의 행성학자 새러 시거는 "과거 달 탐사가 과학 발전에 지대한 공헌을 했던 것처럼 외계 생명체 탐사도 과학을 발전시킬 것이며 다음 세대가 과학에 대한 관심을 갖게 하는 계기가 될 것이다"라고 말했다. 외계 생명체 탐사와 지구와 같은 환경의 행성 탐사가 과학, 사회, 경제 발전에 어떠한 영향을 미칠지 조사하여 발표해 보자.

관련학과
전 사회계열

② 1889년에 에펠탑이 건설되기 전까지 이집트 대피라미드는 지구상에서 가장 높은 구조물로 총 중량은 700만 톤에 달하고, 230만 개의 석회석으로 이루어져 있다. 건설 당시는 철기 사용 이전이었고 그 당신 기술 수준으로는 대피라미드를 건설할 수 없다는 판단으로 '외계인설'을 주장하는 사람들도 있다. 이러한 논란이 제기되고 있는 문화재의 사례와 그러한 논란이 일어난 과학적 근거를 조사해 보자.

관련학과
사회학과, 관광학과, 문화인류학과, 지리학과

외부 은하와 우주 팽창

성취기준

[12지과 I 06-02] 우주 배경 복사, 우주 망원경 관측 등 최신 관측 자료를 바탕으로 급팽창 우주와 가속 팽창 우주를 포함하는 빅뱅(대폭발) 우주론을 설명할 수 있다.

▶ 우주론 모형을 역사적 관점에서 서술한다. 대폭발 우주론의 관측적 증거를 가급적 최신 자료를 통해 제시하고, 대폭발 우주론의 모순점을 해결하기 위한 급팽창 우주론의 특징을 간략히 다룬다.

탐구주제

9.지구과학 I — 외부 은하와 우주 팽창

1 기독교 신앙의 천지창조, 프톨레마이오스의 천동설 등 17세기 이전까지의 우주론은 과학이라기보다 철학에 가까웠다. 빅뱅 우주론이 정설로 받아들이기까지 우주론에 관한 변화가 사회, 경제, 문화에 미친 영향을 조사해 보자.

관련학과
전 사회계열

2 우주 배경 복사는 빅뱅의 중요한 증거이다. '아노 펜지어스'와 '로버트 윌슨'은 전파망원경으로 우주에서 오는 전파 신호를 받는 중 잡음을 감지하고, 잡음의 원인을 찾기 위해 망원경을 분해하여 다시 조립해 보고, 망원경 표면에 묻은 비둘기 배설물을 닦는 등의 노력을 하였다. 그들은 우주 배경 복사 발견 공로로 노벨상을 수여하였다. 정상 우주론과 대폭발 우주론이 맞서던 시대 상황에 대하여 알아보고, 우주 배경 복사 발견 이후 대폭발 우주론이 사회와 경제에 미친 영향을 보고서로 작성해 보자.

관련학과
전 사회계열

활용 자료의 유의점

(!) 유체 지구인 대기와 해양에서 발생하는 다양한 현상들이 우리 생활에 미치는 영향을 주제로 탐구

(!) 인간이 초래한 기후 변화가 지구환경에 미친 영향 및 기후 변화의 사회적, 경제적 영향을 조사 탐구

(!) 기후 변화로 초래된 다양한 문제를 해결하기 위한 다양한 과학적 방법 토의

(!) 기술, 공학, 예술, 수학 등 다른 교과와 통합하고, 연계된 주제 선정

(!) 지구와 우주 및 과학과 관련된 사회적 쟁점을 주제로 활용

(!) 과학자 이야기, 지구과학사, 시사성 있는 지구과학 내용 등을 주제 선정

(💬) MEMO

지구과학Ⅱ

핵심키워드

☐ 마애삼존불상 ☐ 고릴라 멸종 ☐ 자원민족주의 ☐ 역사지진자료 ☐ 계기지진자료
☐ 화산 활동 ☐ 지진해일 ☐ 바람 ☐ 갈릴레오 갈릴레이 ☐ 망원경 ☐ 세페이드 변광성
☐ 헨리에타 레빗 ☐ 우주의 거리

영역 ## 지구 구성 물질과 자원

성취기준

[12지과Ⅱ02-04] 광물과 암석이 우리 생활의 여러 분야에 다양하게 이용되는 예를 조사하여 발표할 수 있다.

> ▶ 우리 생활에서 활용되는 암석과 광물의 사례를 조사하여 발표함으로써 지구의 구성 물질이 실생활에 유용하게 쓰일 수 있음을 이해한다.

[12지과Ⅱ02-05] 해양에서 얻을 수 있는 에너지와 물질 자원의 종류와 분포를 알고, 이를 활용하는 사례와 자원 개발의 중요성을 조사하여 발표할 수 있다.

> ▶ 해양에서 얻을 수 있는 에너지의 종류와 그 활용 가능성에 대해 이해하고, 해저 자원의 종류, 분포 및 개발 현황에 대해 설명한다. 세계적인 자원의 추이를 조사하여 발표하며, 해양과 지질 자원의 현황과 개발의 중요성에 대해 이해한다.

탐구주제

10.지구과학Ⅱ — 지구 구성 물질과 자원

① 국보 제84호인 서산 마애삼존불상은 흑운모 화강암으로 되어있는데 암석의 풍화 등의 영향으로 훼손이 심각한 상태이다. 이러한 석조문화재를 대상으로 체계적인 보존 시스템을 마련하기 위해 필요한 조건(보존과학적 연구, 정책, 법규정 등)에 대하여 토의해 보자.

관련학과
전 사회계열

탐구주제

(2) 「고릴라는 핸드폰을 미워해」를 읽고 광물의 이용과 고릴라의 멸종간의 연관성에 관하여 분석하고, 현대인의 소비생활을 반성하며, 환경 보존을 위한 방법을 제시해 보자. *(박경화(2011), 고릴라는 핸드폰을 미워해, 북센스)*

관련학과

전 사회계열

---

(3) '자원민족주의'는 자원에 대한 주권 주장과 그에 대한 민족적인 이익을 확보하려는 정책이다. 이런 국제 정치와 맞물려 우리나라 자원 부족 문제 해결 방안으로 해양 자원에 주목하고 있다. 해양 자원 개발의 현황과 전망을 조사해 보자.

관련학과

경제학과, 행정학과, 무역학과, 지리학과, 관광학과, 정치외교학과, 국제관계학과

영역 ## 한반도의 지질

성취기준

[12지과Ⅱ03-03] 한반도 지질의 구조적인 특징 자료 분석을 통해 한반도 주변의 판구조 환경에 대해 조사하여 발표할 수 있다.

▶ 한반도 주변의 판구조 환경을 이해하고, 현재의 모습으로 한반도가 형성된 과정을 시기별로 알아본다.

탐구주제

(1) 어떤 지역의 지진활동 특성 규명과 지진 발생 가능성 예측을 위해 장기간의 지진기록이 필요하기 때문에 계기지진자료와 역사지진자료가 이용되고 있다, 우리나라의 경우 약 2천년에 걸친 역사지진자료와 1905년 이후 계기지진자료가 있다. 우리나라의 역사지진자료와 계기지진자료 조사를 바탕으로 지역별 지진활동 특성 및 발생 가능성을 토의해 보자.

관련학과

지리학과, 문화인류학과, 문헌정보학과, 행정학과

---

(2) 화산 활동으로 이루어진 특이한 지형과 온천을 관광지로 이용하거나 제주도의 돌하루방이나 각질제거돌과 같은 용암으로 여러 가지 관광 상품을 만드는 등 화산 활동이 주는 이로운 점이 있다. 화산 활동의 이점과 이를 활용한 관광지나 관광 산업에 대하여 발표해 보자.

관련학과

무역학과, 행정학과, 사회학과, 관광학과, 지리학과, 문화인류학과

영역 # 해수의 운동과 순환

성취기준

[12지과Ⅱ04-04] 해일이 발생하는 여러 가지 원인을 이해하고, 피해 사례와 대처 방안을 조사하여 발표할 수 있다.

▶ 해일 발생 당시의 기압, 만조 시기, 해안 및 해저 지형에 따라서도 해일의 피해가 달라질 수 있음을 이해한다.

탐구주제

10.지구과학Ⅱ — 해수의 운동과 순환

① 지진해일은 지진에 의해서 생기는 해일이며 일본어로는 쓰나미로 불린다. 일본과 남아시아 지역의 해일이 발생하는 원인에 대하여 알아보자. 또한 해일로 인한 피해 사례에 따른 경제적 손실과 대처 방안을 조사하여 발표해 보자.

관련학과
사회학과, 지리학과, 경제학과, 금융학과, 사회복지학과, 부동산학과, 법학과

영역 # 대기의 운동과 순환

성취기준

[12지과Ⅱ05-02] 대기의 상태와 안정도의 관계를 이해하고, 안개 및 구름의 발생 원리와 유형을 추론할 수 있다.

탐구주제

10.지구과학Ⅱ — 대기의 운동과 순환

① 단군신화에는 바람을 주관한 풍백(風伯)이 나오고 중부 이남 지방에서는 바람의 여신인 영등할미를 섬기는 풍속이 남아 있을 정도로 바람은 우리 역사에서 의미가 있다. 동해에서 태백산맥을 넘어 영서지방으로 불어오는 고온 건조한 북동풍을 '높새바람'이라 하며 푄의 일종이다. 봄철 높새바람은 고온 현상을 불러오고 산불이 나기 쉽다. 초여름에 부는 바람은 농작물을 말라 죽이기도 해서 영서지방 농민들은 '녹새풍(綠塞風)'이나 '살곡풍(殺穀風)'이라고 불렀다. 우리나라 풍속과 역사에서 바람과 관련된 사례를 조사하여 발표해 보자.

관련학과
사회학과, 지리학과, 문화인류학과

행성의 운동

성취기준

[12지과 II 06-03] 지구중심설과 태양중심설 중 금성의 위상과 크기 변화 관측 사실에 부합하는 태양계 모형을 찾을 수 있다.

▶ 망원경 발명 이후로 관측이 가능해진 금성의 위상 변화가 지구 중심 모형과 태양 중심 모형에서 각각 어떻게 예측되는지를 기술하고, 관측한 사실에 부합하는 모형을 판별한다. 우주관의 변천사를 과학사적 접근을 통해 다루는 것이 바람직하다.

탐구주제

10.지구과학 II — 행성의 운동

(1) 코페르니쿠스(Nicolaus Copernicus, 1473~1543)의 지동설이 등장하기 전까지 사람들은 아리스토텔레스의 지구중심설을 믿고 있었고, 갈릴레오 갈릴레이는 지동설을 과학적인 방법으로 주장했다. 구교도와 신교도가 대립하는 시대적 상황에서 갈릴레오 갈릴레이의 이론은 이단으로 규정되었다. 이러한 시대적 상황과 갈릴레오 갈릴레이의 업적을 알아보고, 사회적으로 어떠한 영향을 미쳤는지 조사해 보자.

관련학과
사회학과, 문화인류학과, 문헌정보학과

(2) 최초로 망원경은 1608년 안경 제작자인 '리퍼세이'가 제작하였다. 리퍼세이는 두 개의 렌즈가 일정 거리에 있을 때 물체가 확대된다는 것을 발견한 렌즈 세공사의 말을 듣고 제작했다고 한다. 갈릴레오 갈릴레이는 망원경 발명 소식을 듣고 직접 망원경을 제작하였다. 그는 은하수, 태양의 흑점, 토성 고리, 목성 위성 등을 망원경으로 관찰하여 지구중심설의 토대를 마련하였다. 망원경의 발달과 우주관의 변화가 사회와 경제에 미친 영향을 조사해 보자.

관련학과
전 사회계열

우리은하와 우주의 구조

성취기준

[12지과 II 07-01] 성단의 색등급도(C-M도)를 이용한 주계열 맞추기 및 세페이드 변광성의 주기-광도 관계를 이용하여 천체의 거리를 구할 수 있다.

▶ 세페이드 변광성의 주기-광도 관계가 나오게 된 역사적 과정을 간략히 도입하여 주기-광도 관계를 설명하고, 주기-광도 관계를 이용하여 별의 거리를 구하는 방법을 다룬다. 성단의 C-M도를 비교하여 성단의 특징과 진화 상태를 설명한다.

탐구주제

(1) 허블은 세페이드 변광성을 통해서 '안드로메다' 까지의 거리를 측정했고 이 은하가 우리은하에 속해 있지 않다는 사실을 밝혀낸다. 우주 팽창의 근거로 사용되는 세페이드 변광성은 하버드대학 천문대에서 '컴퓨터'라고 차별과 놀림을 받았던 여성 과학자 '헨리에타 레빗'이 발견했다. '헨리에타 레빗'의 업적과 시대적 상황을 알아보고, 여성 과학자에 대한 사회적 인식에 대하여 조사하여 발표해 보자.

관련학과

사회학과, 사회복지학과, 법학과, 아동가족학과, 심리학과, 문화인류학과

(2) 1AU 이하의 거리에서는 전파로, 200pc 이하는 연주시차로 측정한다. 200pc과 10000pc 사이에서는 분광 시차법과 주계열 맞추기로, 25Mpc까지는 세페이드 변광성을 통해 측정 가능하다. 거리에 따라 측정하는 방법이 각기 다른데 각 방법의 역사와 과학적 원리를 알아보자. 또한 '더 먼 우주의 거리를 측정하려는 인류의 기술 발전 노력이 과연 필요한가?'를 주제로 토의해 보자.

관련학과

전 사회계열

활용 자료의 유의점

- (!) 유체 지구인 대기와 해양에서 발생하는 다양한 현상들이 우리 생활에 미치는 영향을 주제로 탐구
- (!) 인간이 초래한 기후 변화가 지구환경에 미친 영향 및 기후 변화의 사회적, 경제적 영향을 조사 탐구
- (!) 기후 변화로 초래된 다양한 문제를 해결하기 위한 다양한 과학적 방법 토의
- (!) 기술, 공학, 예술, 수학 등 다른 교과와 통합하고, 연계된 주제 선정
- (!) 지구와 우주 및 과학과 관련된 사회적 쟁점을 주제로 활용
- (!) 과학자 이야기, 지구과학사, 시사성 있는 지구과학 내용 등을 주제 선정

(...) **MEMO**

과학과
11
과학사

핵심키워드

☐ 인식론 ☐ 귀납 추론 ☐ 연역 추론 ☐ 반증주의 ☐ 패러다임 ☐ 과학사 연구 방법 ☐ 메소포타미아와 이집트
☐ 그리스 철학자 ☐ 로마 ☐ 과학의 암흑기 ☐ 천문학 ☐ 뉴턴 ☐ 연소 ☐ 종의 기원 ☐ 신기루
☐ 이슬람 과학 ☐ 거중기 ☐ 배아줄기세포 ☐ 로봇

영역 **과학이란 무엇인가?**

성취기준

[12과사01-01]	과학과 자연의 관계에 대한 다양한 인식론적 주장을 알아보고, 과학이 지향하는 목표와 방향을 이해할 수 있다.
[12과사01-02]	연역 추론과 귀납 추론의 차이점을 이해하고, 베이컨의 귀납주의와 그 한계를 설명할 수 있다.
[12과사01-03]	가설 연역적 방법의 의미를 알고, 포퍼의 반증주의의 내용과 그 한계를 설명할 수 있다.
[12과사01-04]	과학의 역사를 패러다임의 전환으로 보는 쿤의 과학관을 이해하고, 그 한계를 설명할 수 있다.
[12과사01-05]	과학의 역사적 발전을 이해하는 방법으로 내적 접근과 외적 접근의 차이와 이들의 상호 보완성을 설명할 수 있다.
[12과사01-06]	과학을 다른 학문과 비교하여 생각해 보고, 과학의 본성이 무엇인지 설명할 수 있다.

탐구주제

① '인식론(epistemology)'은 그리스어로 지식과 말하기를 뜻하는 단어의 합성어이다. 지식에 대한 제반 상황을 다루는 철학의 한 분야로 자리 잡고 있다. '메이에송'은 인식론을 과학 철학과 같은 의미로 보았다. 인식론적 주장이 사회에 미친 영향을 조사해 보자.

관련학과
전 사회계열

2 영국 경험론 철학의 아버지라 불리는 베이컨은 "아는 것이 힘이다"라고 말하며 과학 지식의 유용성을 강조하였다. 여러 사례의 관찰과 경험을 통해 일반적인 원리를 이끌어내는 것은 '귀납 추론'이고, 확실한 원리로부터 사물의 이치를 논리적 추론을 통해 알아내는 것은 '연역 추론'이다. 귀납 추론과 연역 추론의 사례를 통해 차이를 명확히 이해하고, 베이컨의 귀납주의가 사회와 경제에 미친 영향을 조사하여 발표해 보자.

관련학과
전 사회계열

3 오스트리아 철학자인 '포퍼'는 논리실증주의를 비판하면서 반증주의를 주장했다. 예를 들면 과학 이론은 논리실증주의는 귀납법으로 만들지만 '포퍼'는 가설 연역법으로 생성된다고 하였다. 포퍼는 '반증가능성' 유무에 따라 과학과 비과학을 구분할 수 있다고 하였다. 포퍼가 과학 이론을 형성하는 방법인 '가설 연역적 방법'을 사례를 통해 이해하고, 포퍼의 반증주의가 사회와 경제에 미친 영향을 조사하여 보고서를 작성해 보자.

관련학과
전 사회계열

4 토마스 쿤은 「과학혁명의 구조」에서 패러다임의 전환을 이야기했다. 과학의 발전은 합리적 요인에 의해 점진적으로 일어나는 것이 아니라 사회적, 심리적 요인에 의해 급진적으로 일어난다고 하였다. 토마스 쿤의 패러다임이 사회와 경제에 미친 영향을 조사하여 발표해 보자

관련학과
전 사회계열

5 과학사 연구 방법에 '내적 접근'과 '외적 접근'이 있다. 내적 접근은 주요 과학자들의 지적 태도 변화에 관심을 두며, 외적 접근은 시대 배경이나 과학자를 둘러싼 배경을 통해 과학 혁명을 설명한다. 두 방법의 차이를 사례를 통해 알아보고 하나의 과학사를 연구하기 위해 두 방법의 상호 보완성이 필요한 이유를 설명해 보자.

관련학과
사회학과, 문헌정보학과, 문화인류학과

6 과학은 사회, 정치, 경제, 철학, 종교 등 전 분야와 상호 영향을 받는다. 유전자 조작, 정보통신기술, 원자력 발전, 신소재 등은 사회와 문화 전반에 영향을 미치고 있다. 과학의 본성은 무엇이며, 진로 분야에 영향을 미치는 과학 사례와 그 영향에 관한 보고서를 작성해 보자.

관련학과
전 사회계열

영역 서양 과학사

성취기준

[12과사02-01]   이집트와 메소포타미아를 중심으로 전개되었던 과학의 특징을 알고, 과학의 형성에 영향을 미친 사회, 문화적 요인을 설명할 수 있다.

[12과사02-02]	그리스, 로마를 중심으로 발전한 과학을 통하여 서구의 과학이 어떻게 출발했는지 설명할 수 있다.
[12과사02-03]	로마의 분열과 르네상스가 일어나기까지의 약 1,000년 간의 암흑 시기인 중세에 나타난 서구의 과학을 이해하고, 이를 통하여 근대 과학의 태동을 설명할 수 있다.
[12과사02-05]	코페르니쿠스, 티코 브라헤, 케플러, 뉴턴 등의 연구를 통하여 이루어진 천문학 혁명의 배경과 내용을 설명할 수 있다.
[12과사02-06]	역학 영역에서 갈릴레이, 데카르트, 뉴턴의 연구를 이해하고, 고전 역학 혁명의 배경과 내용을 설명할 수 있다.
[12과사02-07]	라부아지에 연소 이론, 돌턴의 원자설, 멘델레예프의 주기율표 등의 과학사적 의의를 설명할 수 있다.
[12과사02-08]	다윈의 진화론의 배경과 근대 생물학 연구의 과학사적 의의를 설명할 수 있다.
[12과사02-10]	빛과 색에 대한 철학적 탐구에서 전자기학 이론이 형성되기까지의 과정과 과학사적 의의를 설명할 수 있다.
[12과사02-14]	여러 과학 혁명이 끼친 사회적 영향에 대해서 설명할 수 있다.

탐구주제

11. 과학사 — 서양 과학사

1 고대 과학은 메소포타미아와 이집트 문명에서 수학과 천문학의 발전으로 시작되었다. 연주 운동을 통해 달력을 만들어 농업과 세금에 이용하고, 일식과 월식을 정확하게 예측하여 국가 권력을 유지하기 위해 사용하였다. 피라미드와 같은 건축 설계를 위해 기하학 등의 수학이 발달하고, 미이라를 만드는 과정에서 의학이 발달하였다. 메소포타미아와 이집트 문명을 중심으로 과학이 사회와 문화에 미친 영향을 조사해 보자.

관련학과
전 사회계열

2 그리스 철학자 탈레스는 "모든 만물의 근원은 물이다"라고 하였다. 이런 탈레스의 사고는 아낙시메네스의 "만물의 근원은 공기다"라는 주장으로 발전하게 한다. 피타고라스는 수, 크세노파네스는 흙이 물질의 근원이라 하였다. 데모크리토스의 원자론은 초기 유물론을 완성하고, 근세 물리학에도 큰 영향을 주었다. 아르키메데스는 왕관의 순금 여부를 파악하기 위해 밀도 원리를 이용하였다. 그리스 철학자 중 과학과 사회 발달에 영향을 준 사례를 조사하여 발표해 보자.

관련학과
전 사회계열

3 '로마가도'는 2000년이 지나고 그대로 형태를 유지하고 있으며 '포졸리나'는 자체회복능력을 가진 콘크리트이다. 아비뇽 '수도교'는 사용 용도를 몰라 '악마의 다리'라 불리기도 하였으나 '수도교'와 같은 수로 건설을 통해 로마는 북아프리카 사막화를 지연시켰다. 로마 멸망 이후 북아메리카는 급격하게 사막화가 진행되었다고 한다. 로마의 과학기술 사례와 사회, 문화에 미친 영향에 대하여 발표해 보자.

관련학과
전 사회계열

4 중세 시대가 과학의 암흑기라고 불리는 이유는 자연재해로 인한 농작물 생산량 감소, 전염병 유행, 게르만족 등 이민족들의 침입으로 인한 삶의 황폐화, 기독교 중심의 사회 분위기 때문이라 한다. 그러나 이슬람 문화에서 천문학, 대수학이 발달했고, '현자의 돌'을 만들기 위한 연금술사의 활약으로 동전이 제조되는 등 실용적인 목적에 방향성을 둔 과학 발전이 이루어지기도 하였다. 중세 시대의 사회적 환경과 과학 발달을 조사하고, '중세 시대가 과연 과학의 암흑기인가?'란 주제로 토론해 보자.

관련학과

문화인류학과, 심리학과, 사회학과

---

5 코페르니쿠스는 프톨레마이오스의 '지구 중심설'에 대해 문제점을 제기하면서 '태양 중심설'을 주장했다. 티코 브라헤는 초신성을 발견, 혜성 관찰뿐만 아니라 많은 관측 자료를 남겼다. 케플러는 관측 자료를 바탕으로 수학 계산을 통해 타원 궤도의 법칙 등 케플러의 3가지 법칙을 제시하였다. 그 후 뉴턴이 만유인력의 법칙을 제시하면서 천문학 혁명이 완성되었다. 천문학 혁명에 공헌한 과학자들의 삶과 그 시대적 배경을 조사해 보자.

관련학과

문화인류학과, 심리학과, 사회학과

---

6 물체의 운동을 추측하였던 것과 달리 뉴턴은 실험과 관측을 통해 물체 운동에 관한 3가지 법칙을 발표했다. 자연 현상을 수학으로 기술하기 시작하는 시대를 열었으며, 수학과 과학뿐만이 아니라 신학, 천문학 등 다양한 분야에 큰 영향을 미쳤다. 역학 혁명이 자신의 관심 분야에 미친 영향을 조사하여 발표해 보자.

관련학과

전 사회계열

---

7 화학 혁명은 천문학이나 고전 역학보다는 상대적으로 늦은 18세기에 일어났다. 물질의 근원을 원자가 아니라 원소라고 생각한 물질관과 기체를 물질로 인식하지 못하고 플로지스톤 등으로 생각했기 때문이었다. 라부아지에의 실험에 의해 연소 현상에 대한 플로지스톤설이 무너지고, 연소에 대한 새로운 이론이 등장하고 나서야 화학 혁명이 시작되었다. 연소에 관한 철학과 과학의 발전에 관하여 조사한 후 발표해 보자.

관련학과

문화인류학과, 심리학과, 사회학과

---

8 다윈은 「종의 기원」에서 종이 분화되고 자연 선택과정에 따라 진화되었다고 주장했다. 그러나 그 당시 인간 탄생에 관한 신학에서의 사고와 대립되어 다윈의 주장은 받아들이지 않았다. 그리고 19세기 후반에는 '우생학'이 생기면서 식민주의, 민족주의 등 진화론에 대하여 잘못된 인식이 생성되기도 하였다. 다윈의 진화론이 사회와 문화에 끼친 영향을 조사해 보자. '인간의 기원과 생명의 존엄성에 관하여 진화론이 전하고 싶은 이야기는 무엇이었을까?'란 주제로 토의해 보자.

관련학과

문화인류학과, 심리학과, 사회학과, 지리학과

---

9 중국 다롄에서 신기루 현상이 일어나 바다 위에 떠 있는 유령 도시가 나타난 것 같은 착각을 일으킨다. 이러한 신기루 현상은 빛의 굴절에 의한 현상이다. 뉴턴은 빛과 색에 관한 연구로 백색광이 프리즘을 통해 7가지 색으로 분산된다는 것을 처음 알아냈다. 이러한 빛과 색의 역사에 대하여 알아보고, 사회와 경제에 미친 영향에 관한 보고서를 작성해 보자.

관련학과

전 사회계열

동양 및 한국 과학사

[12과사03-01]	중국을 중심으로 동양 전통 과학의 발전 과정을 이해한다. 특히 자연 세계를 이해하려는 노력을 하늘의 운행과 원리에 대한 연구를 중심으로 설명할 수 있다.
[12과사03-02]	중국, 일본, 한국에서 서양의 근대 과학의 수용 과정을 설명할 수 있다.
[12과사03-03]	인도에서 수학과 과학이 발전할 수 있었던 역사적 배경과 그 과정을 설명할 수 있다.
[12과사03-04]	이슬람 세계에서 발전한 과학의 내용을 이해하고, 이슬람 과학이 서구로 유입되는 과정을 설명할 수 있다.
[12과사03-05]	삼국 시대부터 조선 시대에 이르기까지 한국에서의 과학과 기술이 발전하는 과정을 이해하고, 우리 과학의 독창성과 우수성에 대해 설명할 수 있다.
[12과사03-06]	한국 현대 과학의 발전 과정을 이해하고, 최근 세계 과학계에서의 한국 과학이 갖는 위상을 소개할 수 있다.

탐구주제

11.과학사 — 동양 및 한국 과학사

1 동양의 자연관은 세계를 생명체와 같은 유기체로 생각했다. 한나라의 '동중서'에서는 하늘과 인간이 교감한다는 '천인감응론'을 주장하였다. 천제 운행과 홍수, 가뭄, 일식 등을 정치적으로 해석하고, 천문과 역법이 발달하게 되었다. '혼천의', '간의'와 같은 천문 관측 기기를 제작하고, '순우천문도', '3원28수' 등 천문 관측 기록이 남아 있다. 중국의 천문학이 사회, 정치적으로 어떻게 이용되었고 발달해 왔는지 조사해 보자.

관련학과
전 사회계열

2 17~18세기에 이용후생학파 학자들은 중국을 통해 서양 근대 과학을 받아들여 실사구시를 목표로 삼는 실학운동을 시작하였다. 1876년 중국과 일본의 간섭 속에서 개국과 함께 본격적인 서양 근대 과학이 수용되었다. 중국이나 일본과 달리 우리나라는 서양 과학기술 수용 여건이 좋지 않았다. 중국, 일본, 한국에서 서양 근대 수용 과정을 알아보고, 근대 과학기술 발달에 어떠한 차이가 발생하였는지 알아보자. 우리나라 개화기부터 주변국과의 관계와 시대적 상황이 과학 발달에 미친 영향을 발표해 보자.

관련학과
사회학과, 지리학과, 정치외교학과, 경제학과, 무역학과, 문화인류학과, 국제관계학과

3 힌두교에서는 우주를 '브라마신의 알'이라 여겼고, 불교에서는 수미산 주변 대륙 중 하나에 인간이 살고 있었다고 생각했다. 이러한 우주관은 역법과 음력을 사용하는 등 천문학의 발달에 영향을 주었다. 인도의 다양한 종교가 과학과 사회에 미친 영향에 대하여 조사해 보자.

관련학과
사회학과, 지리학과, 정치외교학과, 문화인류학과, 심리학과

(4) 기원전 2600년경부터 고대 인도문명은 발달하였다. 특히 고대 인도 수학은 종교와 언어학적 영향을 받아 양적이고 계산적인 특징을 가지고 있다. 0이 포함된 십진법과 같은 아라비아 수 체계와 사칙연산과 같은 계산법처럼 인도에서 수학이 특히 발달한 이유를 종교, 사회적 환경과 관련지어 설명해 보자.

관련학과

사회학과, 지리학과, 정치외교학과, 문화인류학과, 심리학과, 문헌정보학과

(5) 이슬람제국이 건설되고 그리스 철학과 과학 등 선진 문명을 적극적으로 받아들여 800년에서 1300년까지 이슬람 과학은 세계 최고였다. 이슬람 병원은 의료 시술, 교육, 연구 병행 기관으로 발전하여 의학 교육 제도적 틀을 갖추게 되었다. 일정한 시간에 메카를 향해 예배할 수 있도록 천문학이 연구되어 발달하였다. 휴대용 천문관측기구인 '아스트롤라베'와 시계가 대표적이다. 대수학, 알고리즘은 이슬람에서 만들어진 수학 용어이고, 이슬람의 연금술은 현대 화학의 기초가 되었다. 이러한 과학 발달을 이루어낸 종교, 정치, 지리 등 사회 지리적 환경과의 관계에 대하여 보고서를 작성해 보자.

관련학과

전 사회계열

(6) 조선 정조 때 거중기는 역학적인 원리를 이용하여 무거운 물체를 들어 올리는 데 사용하던 기구로 수원성곽을 쌓는 데 사용되었다. 이와 같은 우리나라 전통 구조물이나 기구 가운데 과학의 원리가 반영된 사례를 조사해 보자.

관련학과

문화인류학과, 사회학과, 지리학과

(7) '네이처 인덱스 2020 한국판 특집호'에서 한국 과학기술을 집중해서 다루고, 2020 블룸버그 혁신지수에서 한국이 2위를 차지하였다. 코로나19 진단키트 개발 및 진단 능력, 보건 시스템 등으로 한층 더 위상이 높아졌다. 한국 현대 과학의 발전 과정을 알아보고, 한국 과학 중 세계적으로 인정받은 사례를 발표해 보자.

관련학과

전 사회계열

영역 과학과 현대 사회

성취기준

[12과사04-02]	최근의 과학기술의 발전에 따른 윤리적인 쟁점 사례를 이용하여 과학자로서 갖추어야 할 연구 윤리, 생명 윤리 등에 대하여 토의할 수 있다.
[12과사04-03]	현대 사회에서 과학과 기술, 사회와의 관련성에 대해서 토의할 수 있다.

탐구주제

(1) 배아줄기세포를 이용한 치료법은 희귀 난치병 환자들에게 꿈의 치료제로 불리우고 있다. 그러나 인간이 될 가능성을 지닌 배아를 이용한다는 점에서 생명의 존엄성을 해친다는 이유로 반대하는 목소리도 크다. '인공 수정 후 폐기될 배아를 연구에 이용하는 것은 윤리적으로 문제가 없는가?'란 주제로 토론해 보자.

관련학과

사회학과, 법학과, 행정학과, 사회복지학과, 심리학과

---

(2) 인공지능(AI) 로봇은 그 유용함과 일자리 위협 등의 부정적인 영향 등 양면성을 가지고 있다. 일부 연구와 '그녀(Her)', '엑스 마키나(Ex Machina)'와 같은 영화에서 로봇과의 사랑을 주제로 다루고 있다. '감정과 공감 능력을 지닌 인간과 같은 로봇이 개발되어야 하는가?'란 주제로 토론해 보자.

관련학과

사회학과, 경제학과, 경영학과, 행정학과, 사회복지학과, 무역학과, 광고홍보학과, 심리학과

---

(3) 「과학이 발전하면 더 행복해질까?」를 읽고 토론 주제를 선정하고, 주제 선정 이유와 나와 가족, 사회에 미치는 영향에 대하여 자신의 생각을 발표해 보자.   *(에티엔 클렝(2006), 과학이 발전하면 더 행복해질까?, 민음인)*

관련학과

전 사회계열

활용 자료의 유의점

- ⓘ 고대에서 현대까지의 과학사, 과학의 변화 과정과 사회 문화적인 요소를 주제로 선정
- ⓘ 과학사의 내용을 통해서 현대 과학의 과제와 21세기 과학의 전망할 수 있는 탐구 주제 선정
- ⓘ 과학자들의 일화 등을 소개하여 과학에 대한 동기와 흥미를 유발하는 소재 사용
- ⓘ 주요한 과학 개념이 형성되는 과정을 과학 철학적 맥락에서 이해하도록 많은 과학사 사례 활용
- ⓘ 과학사, 과학 철학, 과학과 기술, 과학과 사회 등 다양한 주제의 서적 이용
- ⓘ 과학사와 관련된 다큐멘터리, 동영상 등 시청각 자료를 이용
- ⓘ 다른 과학 교과 속에 제시된 과학사 및 과학 연구 사례 탐구

💬 **MEMO**

생활과 과학

핵심키워드

☐ 항생제 ☐ 약물남용 ☐ 살충제 계란 ☐ 방사능 노출 ☐ 원자력 발전소 ☐ 방사선 조사식품 ☐ 중금속 ☐ 파마
☐ 동물실험 반대 ☐ 기후와 의복 ☐ 스마트섬유 ☐ 방탄복 ☐ 방열복 ☐ 전통가옥 구조
☐ 에너지 제로하우스 ☐ 자율주행 ☐ 킥라니 ☐ 표절 ☐ 디지털 복원 ☐ 여행

영역 **건강한 생활**

성취기준

[12생활01-02]	인류 문명사에 있어서 과학이 인류 건강 및 수명 연장에 영향을 준 대표적인 몇몇 사례를 조사하고, 토론할 수 있다.
[12생활01-04]	약물 오남용의 폐해에 대해 경각심을 높이고, 약물의 올바른 이해와 사용을 권장하는 캠페인을 기획하고, 발표할 수 있다.
[12생활01-06]	과학이 인류 식생활에 미친 긍정적 영향과 부정적 영향에 대해 조사하고, 토론할 수 있다.
[12생활01-08]	방사능 물질, 수은, 중금속 등 환경 오염원에 노출된 먹거리에 대한 위험성을 조사하고, 토론할 수 있다.

탐구주제
12.생활과 과학 ― 건강한 생활

① 최근 80년간 세계를 바꾼 사건에 대하여 영국문화원이 전 세계 1만 명에게 설문조사한 결과 '페니실린 대량 생산'이 2위로 선정될 정도로 항생제의 사용은 인류건강과 수명연장에 큰 공헌을 했다. 그러나 항생제 남용과 부작용 문제가 심각한 실정이다. 항생제의 긍정적인 면과 부정적인 면에 대하여 알아보고, 자신의 생각을 발표해 보자.

관련학과
사회학과, 경제학과, 행정학과, 사회복지학과, 무역학과

② 수천 년 전 중국 고대 의학 문헌에 마리화나의 사용에 대한 기록이 있으며, 서양에서도 3,500년 전 아편 사용이 기록되어 있다. 1800년대 약물 사용이 사회적 문제가 되기 시작하였다. 이처럼 약물 남용의 역사와 현황, 법체계 확립 과정을 조사해 보자. 또는 약물 오남용 문제점에 대한 경각심을 높이고, 약물의 올바른 사용을 권장하는 홍보물이나 UCC를 제작해 보자.

관련학과
행정학과, 사회복지학과, 무역학과, 지리학과, 광고홍보학과, 심리학과, 문화인류학과, 문화콘텐츠학과, 문헌정보학과

③ 2017년 살충제 계란 파동이 있었다. 항생제나 살충제 계란 파동이 일어난 원인과 인체에 미치는 영향, 사회와 경제에 미친 영향 등을 조사해 보자. 축산물 안전관리 방안 등의 규제 방안을 조사해 보고, 자신이 생각하는 규제 방안을 제안해 보자.

관련학과
전 사회계열

④ 2011년 지진과 쓰나미로 후쿠시마현 원자력 발전소 사고가 발생하였다. 이 사고로 다량의 방사능 물질이 방출되어 지금까지도 일본산 식품을 꺼리고 있다. 방사능, 방사선, 방사능 물질 등의 개념과 식품의 방사능 기준은 어떻게 만들어졌는지와 'Sv 수치'의 의미를 알아보자. 이러한 방사능 물질에 노출된 식품의 안전성에 관하여 조사한 후 토론해 보자.

관련학과
사회학과, 소비자학과, 경제학과, 행정학과, 사회복지학과, 무역학과

⑤ '방사선 조사식품'이란 발아억제, 살균, 살충, 숙도조정 등의 목적으로 방사선을 조사한 식품이다. 장기보관용 밀봉 포장식품, 환자용 무균식, 실험동물용 무균 사료 등 특수 목적 식품 분야에 사용한다. 이 방법은 계란의 알러지 유발 성분을 줄이고 조리시간을 단축시킬 수 있는 장점이 있으나 소비자들은 방사선 조사식품을 방사능 오염식품으로 오인하여 이용을 꺼리기도 한다. 합리적이고 안전한 식품 소비를 위해 방사선 조사식품의 원리, 사용 분야, 장·단점에 대하여 조사해 보자.

관련학과
사회학과, 소비자학과, 경제학과, 행정학과, 사회복지학과, 무역학과

⑥ '중금속'이란 비중 4.0 이상의 무거운 금속을 의미한다. 철, 아연, 구리와 같이 생리기능 유지에 필요한 것도 있지만 수은, 납, 카드뮴처럼 몸에 해로운 것도 있다. 납은 구토, 두통, 마비 등 중독 증상이 나타날 수 있으며, 통조림 용기에 사용되므로 유통기한과 찌그러진 곳이 있는지 살펴봐야 한다. 이러한 유해 중금속의 종류에 따라 섭취 가능한 식품의 종류와 중독 증상에 대하여 알아보고, 중금속에 안전한 식품 섭취를 위해 우리가 고려할 사항이 무엇인지 조사해 보자.

관련학과
사회학과, 문화인류학과, 소비자학과, 경제학과, 행정학과, 사회복지학과

영역 **아름다운 생활**

성취기준

[12생활02-01]	샴푸와 세안제, 화장품, 염색, 파마 등에 포함된 과학적 원리를 조사하고, 설명할 수 있다.
[12생활02-04]	화장품 개발의 윤리와 동물 보호 등과 관련된 내용을 조사하고, 토론할 수 있다.
[12생활02-05]	의복의 소재, 기능 등에 관련된 과학적 원리 및 개념을 설명할 수 있다.
[12생활02-06]	과학이 의복의 발달에 미친 영향을 조사하고, 발표할 수 있다.
[12생활02-08]	등산복, 운동복, 방화복, 방수복, 방탄복 등 안전과 관련된 의복의 소재 및 기능 등을 조사하고, 비교함으로써 안전 의복들의 장점과 개선점에 대해 토론할 수 있다.

1 고대 이집트 B.C 3000년경부터 최초로 파마는 시작되었다. 나일강 유역의 점토는 알칼리를 띄고 있는데 이를 모발에 바른 후 나무 막대기로 로드를 말고 직사광선으로 건조시켜 만들었다고 한다. 1905년 '찰스 네슬러'가 'Heat wave'를 고안하여 현대의 파마 형태를 갖추게 되었다. 이러한 파마의 역사와 그 속에 숨어있는 과학적 원리를 조사해 보자.

관련학과
사회학과, 문화인류학과, 소비자학과, 경제학과

2 2017년부터 시행된 '화장품법'에 따라 동물실험을 한 원료로 만들거나 동물실험을 실시한 화장품의 수입과 유통 판매를 금지하고 있지만 수출했다가 역수입하는 등 국내 동물실험 제한 대상에서 벗어나는 등의 문제가 발생하고 있다. 최근 반려동물 보유 가정이 증가하고, 동물복지에 가치를 두는 소비자가 늘면서 '윤리 소비'가 화장품 시장에 화두가 되고 있다. 이에 따라 기업들은 동물실험 반대 서명 캠페인 실시와 동물실험을 하지 않는다는 인증마크를 부착하는 등 마케팅 기법을 사용하고 있다. '화장품법'이 제정된 이유에 대하여 알아보고, '윤리 소비'가 화장품 시장에 미친 사회, 경제적 영향에 대하여 발표해 보자.

관련학과
전 사회계열

3 우리나라는 4계절의 변화가 있는 냉·온대 기후이다. 인간은 기후와 외부 환경으로부터 인체와 체온을 보호하려 노력해 왔고, 천 사이에 솜을 넣어 누벼 입는 누비옷은 한반도의 기후적 상황에 맞게 발달된 선조들의 노력의 한 사례이다. 한반도 기후적 요인이 조선 시대 의복의 생성과 발달에 어떤 영향을 미쳤는지 조사해 보자.

관련학과
사회학과, 지리학과, 문화인류학과

4 도체, 반도체, 절연체 기능이 내장된 '스마트섬유'가 개발되고 있다. 이러한 스마트섬유로 양말을 만들어 통신 기능을 활용하여 신체 상태를 점검해주기도 한다. 이렇듯 과학의 발달이 의복과 우리 생활을 어떻게 변화시킬지 예측해 보자. 또는 '스마트섬유'의 경제적 가치를 높이는 방안에 대하여 토의해 보자.

관련학과
사회학과, 소비자학과, 경제학과, 행정학과, 사회복지학과

5 방탄복의 원리는 총알의 운동 에너지를 흡수하여 멈추게 하는 것이다. 섬유의 적층 방식, 압력 정도, 내열성, 소재가 중요하다. 제2차 세계 대전에서 '케블라'라는 합성 섬유가 개발되면서 비약적으로 발달하였고, 우리나라에서 1866년 병인양요 직후 '면제배갑'이란 가벼운 방탄조끼가 만들어졌다. 최근 거미줄 방탄복, 액체 방탄복 등 신소재를 이용한 방탄복이 출시되고 있다. 방탄복의 역사를 알아보고, 기존 방탄복의 단점을 보완한 개발 사례를 조사하여 발표해 보자.

관련학과
사회학과, 소비자학과, 문화인류학과, 경제학과

6 2000년대 초 소방관들이 방수복을 입고 화재진압을 하던 중 목숨을 잃는 사건이 발생한 후 방열복 필요성이 대두되었다. 1935년 '아라미드 섬유'가 개발되면서 방열복의 역사가 시작되고, 우리나라는 광복 이후 방화복이 개발된 후 내열성을 높여 현재 소방관들이 사용하고 있다. 방화복과 방열복의 차이, 발달 역사, 과학적 원리 등을 조사해 보자. 또는 소방관들의 안전을 위해 방화복이 아니라 방열복을 입어야 한다는 의견이 있는데 기존 방화복의 문제점과 개선 방안에 관하여 토의해 보자.

관련학과
경제학과, 사회복지학과, 행정학과, 법학과, 문화인류학과

[12생활03-02]	인간의 외부 환경, 주거의 개념, 건물의 기능, 편안함, 쓰레기, 안전 등 건축물을 설계할 때 고려해야 하는 사항들을 조사하고, 발표할 수 있다.
[12생활03-03]	화재, 지진, 붕괴 등 안전사고에 대한 대처법을 조사하고, 정리할 수 있다.
[12생활03-06]	과학이 교통수단의 발달에 미친 영향을 조사하고, 발표할 수 있다.
[12생활03-07]	건강한 신체 유지, 환경 보존과 에너지 절약을 위한 건강한 걷기 활동을 위해 인포그래픽을 작성하고 토의할 수 있다.
[12생활03-08]	교통사고의 유형 및 비율을 조사하고, 교통사고를 줄일 수 있는 방안 및 전략을 만들어 토론할 수 있다.

탐구주제

12.생활과 과학 — 편리한 생활

① 우리나라는 사계절이 뚜렷한 기후 특성을 가지고 있다. 남부 지방은 일자형 구조, 중부지방은 ㄱ자형 구조, 제주도 지역은 고팡 등 지역에 따라 전통 가옥 구조가 다르다. 가옥이 이렇게 다양한 이유는 위도, 바다 깊이, 태백산맥 등 지형에 따른 기후 차이가 발생하기 때문이다. 전통 가옥의 구조를 기후와 관련지어 소개해 보자.

관련학과
지리학과, 사회학과, 문화인류학과

② 2015년 195개 나라가 '파리 기후 변화협약'을 체결한 후 각국은 2020년 이후 적용될 '신기후체제'를 위해 법과 제도를 정비하고 있다. 건축물 분야에서는 패시브하우스와 액티브하우스를 결합한 에너지 제로하우스가 큰 관심을 받고 있다. 에너지 제로하우스에 관한 법, 제도, 정책을 조사하고, 에너지 제로하우스가 미래형 주거 형태에 주는 시사점을 생각해 보자.

관련학과
전 사회계열

③ 제설제로 쓰이는 염화 칼슘은 식물생장을 방해하고, 자동차의 금속을 쉽게 부식시킨다. 반면, 친환경 제설제 에코트랙션은 눈과 얼음 위에 뿌려주기만 하면 넘어지거나 미끄러지지 않고, 도로를 부식시키지도 않으며, 식물에게도 100% 안전하지만 염화물계에 비해 가격이 비싸다. '비용이 저렴한 염화물계 제설제를 주의해서 소량씩 사용하는 것과 값비싼 친환경 제설제를 쓰는 것 중에서 어느 쪽이 더 효율적인가?'를 주제로 경제적, 사회적 비용을 고려하여 토의해 보자.

관련학과
경제학과, 소비자학과, 금융학과

④ 드론 산업 육성에 관한 특별법인 '드론 활용 촉진 및 기반조성에 관한 법률'이 2019년 4월 국회 본회의를 통과했다. 드론 산업의 특징과 우리나라 및 세계 동향과 드론 산업의 활성화를 위해 법률이 필요한 이유에 대하여 조사하여 발표해 보자.

관련학과
경영학과, 경제학과, 금융학과, 무역학과, 행정학과, 법학과

탐구주제

(5) 자율주행자동차의 상용화 시도가 이어지고 있지만 자율주행 중 사망 사고가 발생하는 등 안전성 문제에 대한 논란이 있다. 자율주행자동차의 사업성과 안전성에 대하여 조사해 보자. 자율주행자동차 시행 및 안전사고 관련 법률과 보험 사례에 대하여 조사해 보자.

관련학과
경영학과, 경제학과, 금융학과, 무역학과, 행정학과, 법학과

(6) 전동킥보드 이용자 중 장소 가리지 않고 위험하게 타다가 결국 사고를 내는 사람들을 고라니에 빗대어 '킥라니'라고 한다. 전동킥보드 사고로 사망 사고까지 났기 때문에 강력한 규제가 필요하다는 목소리가 커지고 있지만 국토교통부는 '개인형 이동수단 이용 활성화에 관한 법률(PM)법' 제정 이전에 별도의 면허 체계를 마련하거나 인증 절차를 강제하지 않겠다는 입장이다. 전동킥보드 사용 규제에 관한 의견을 작성해 보자.

관련학과
경제학과, 사회복지학과, 행정학과, 법학과

영역 문화 생활

성취기준

[12생활04-03]	과학과 관련된 다큐멘터리, 전시회 등 문화생활을 체험하고, 그 안에 포함된 과학 논쟁거리를 찾아 토론할 수 있다.
[12생활04-04]	안전, 음악 또는 미술 작품의 표절, 문화재 보존 및 복원 기술, 보안 유지, 자료·정보 유출 및 도난 방지 등을 위하여 고려해야 할 내용들과 관련된 사례들을 조사하고, 발표할 수 있다.
[12생활04-08]	문화생활이 인간의 정신 건강과 육체 건강에 미치는 영향을 조사 분석하고, 설명할 수 있다.

탐구주제

(1) 2019년 개봉한 '조'는 인간을 사랑하게 된 로봇을 주제로 한 영화이다. 2013년에 제작된 '그녀'에서는 사만다가 목소리만 존재하는 인공지능이기 때문에 만나지 못하는 애틋함이 느껴졌다면, '조'는 사랑하지만 인간과 로봇이라는 존재 차이로 인한 안타까움이 전해지는 영화이다. 두 영화를 감상한 후 인간의 고유한 능력이라 생각했던 '인간성'에 대하여 토의해 보자. 또는 '사람의 모습을 닮은 인공지능 로봇의 개발은 바람직한가?'란 주제로 토론해 보자.

관련학과
경제학과, 광고홍보학과, 사회복지학과, 행정학과, 법학과, 심리학과, 문화인류학과, 문화컨텐츠학과

탐구주제

2 앤디 워홀의 '플라워'는 '카울필드'가 코닥의 컬러 인쇄기 광고를 위해 찍은 사진의 이미지를 빌려왔는데 저작권침해 소송으로 6,000달러의 합의금을 지급해야만 했다. 원작의 이미지를 빌려 형태를 변형하거나 작가의 새로운 메시지가 추가되는 패러디나 오마주가 있지만 작가 의도 없이 형태가 유사한 경우 표절로 간주된다. 이미지 이용이 합법적으로 인정되는 사례와 표절을 막기 위한 규제에 관하여 조사해 보자.

관련학과

경제학과, 광고홍보학과, 사회복지학과, 행정학과, 법학과, 문화인류학과, 문화컨텐츠학과

3 '외교부 해외안전여행' 사이트에서는 1단계(여행유의), 2단계(여행자제), 3단계(철수권고), 4단계(여행금지)를 세계지도에 인식하기 쉽게 표시되어 있다. 안전공지와 해외재난대응 요령에 관한 영상도 탑재되어 있다. 이러한 정보를 이용하여 안전한 해외 여행을 가기 위해 고려할 사항과 안전사고 발생 시 대응 요령을 쉽게 알 수 있는 홍보물을 제작해 보자.

관련학과

경제학과, 광고홍보학과, 사회복지학과, 행정학과, 관광학과, 지리학과, 문화컨텐츠학과

4 미국 버지니아 대학의 로마 복원 프로젝트처럼 고대 문화의 영구보존을 위해 디지털 기술을 활용한 '디지털 복원' 연구가 진행되고 있다. 2020년 문화재청은 국립고궁박물관의 '디지털문화유산 나눔방'을 개관하여 방문자는 3D로 문화유산을 체험할 수 있다. 이러한 디지털 기술과 문화유산 융합 사례를 조사해 보자.

관련학과

경제학과, 광고홍보학과, 사회복지학과, 행정학과, 관광학과, 지리학과, 문화컨텐츠학과

5 베토벤은 비엔나 숲을 산책하면서 영감을 얻었고, 프랑스 시인 '보들레르'는 "이동하는 동안 내 영혼은 행복하다."라고 하는 등 여행의 중요성을 강조했다. 이렇듯 많은 예술가들이 여행을 즐겼다. 여행과 문화생활이 인간에게 미치는 영향을 주제로 탐구해 보자.

관련학과

경제학과, 광고홍보학과, 사회복지학과, 심리학과, 관광학과, 지리학과, 문화컨텐츠학과

6 소비지출의 증감 예상은 지출 항목 유형과 소비자 특성에 따라 다르다. 2018년 '소비자경제심리조사'에서 경제 상황이 안 좋아지면 가장 먼저 지출을 줄이는 부분이 여행, 외식비, 문화생활이었다. 이러한 '소비자심리조사' 등의 통계 자료를 토대로 소비지출 규모 평가와 전망을 분석해 보자. 코로나19의 영향으로 인해 산업 분야별 소비자의 지출 증감을 예상하여 발표해 보자.

관련학과

전 사회계열

활용 자료의 유의점

- (!) 기초 탐구 과정과 통합 탐구 과정을 기반으로 주제 탐구 필요
- (!) 과학 교과 내용과 관련된 기술, 공학, 예술, 수학 등 다른 교과와 통합 및 연계 필요
- (!) 과학자 이야기, 과학사, 시사성 있는 과학 내용, 과학 및 과학 관련 사회적 쟁점을 주제로 활용
- (!) 과학 이론이 첨단 과학기술이나 일상생활에 적용된 사례와 과학 윤리, 과학·기술·사회의 상호 관련성 소재 활용
- (!) 시청각 자료, 소프트웨어, 컴퓨터나 스마트 기기, 인터넷 등 최신 정보통신기술과 기기 등을 적절히 활용
- (!) 학습 내용과 관련된 첨단 과학기술을 다양한 형태의 자료로 제시

13

융합과학

핵심키워드

☐ 탄소 나노튜브(CNT) ☐ 그래핀 ☐ 신소재 개발 ☐ 하버 보슈법 ☐ 하버상수 ☐ 유전자변형농산물
☐ 종자전쟁 ☐ GMO ☐ 유전자조작 ☐ 열대우림 ☐ 지구온난화 ☐ 화석 연료 ☐ 수소 ☐ 수소에너지

영역 ## 정보통신과 신소재

성취기준

[12융과04-07]	고분자 물질의 구조와 이에 따른 특성을 이해하고, 고분자 물질의 특성을 활용한 합성섬유, 합성수지, 나노 물질 등 다양한 첨단 소재를 조사하여 발표할 수 있다.
[12융과04-08]	중요한 광물 자원의 생성 과정과 유형, 분포와 탐사 방법을 설명할 수 있고, 광물 자원이 활용되는 사례를 조사하여 발표할 수 있다.

탐구주제

13.융합과학 ― 정보통신과 신소재

① 1991년 발견된 탄소 나노튜브(CNT)는 얇은 탄소 박막이 둘둘 말린 원통 형태를 띠고 있으며 전기·열전도율이 구리와 다이아몬드와 동일하고, 강도는 철강의 100배에 달해 꿈의 신소재로 불린다. 기존 소재를 뛰어넘는 특성 때문에 배터리와 반도체, 자동차 부품, 항공기 동체 등에 폭넓게 사용되고 있다. 현재 탄소 나노튜브(CNT) 시장과 산업 분야에 대하여 조사해 보자.

관련학과
경영학과, 경제학과, 무역학과

② 신소재 '그래핀'은 전기적 도체가 되기도 하고, 반도체나 철골 구조물이 되기도 한다. 높은 탄성은 스포츠 용품에 활용될 수 있으며, 휘어지는 디스플레이로 쉽게 고장나지 않는 스마트폰, 접을 수 있는 전자 종이를 만들 수 있다. 이러한 신소재 개발은 우리나라 기업의 국제 경쟁력을 강화시켜주고, 국위 선양에도 기여한다. 그래핀 이외에 앞으로 우리나라 경제 성장에 이바지할 신소재에는 무엇이 있는지 조사해 보자.

관련학과
경제학과, 무역학과, 문화컨텐츠학과

인류의 건강과 과학기술

성취기준

[12융과05-01] 질소 고정의 의미와 비료의 생산, 농작물과 가축 개량을 위한 육종과 유전공학 기술, 식품의 안전성과 품질 개선 기술 등 식량 자원의 양과 질의 향상에 적용된 과학적 원리를 설명할 수 있다.

[12융과05-02] 식량 자원의 지속적인 개발 및 확보와 관련하여 생태계와 생물 다양성의 가치 및 종자은행의 중요성을 이해하고, 물의 소독, 살균, 세제의 사용이 인간 수명의 증가와 건강의 증진에 기여하였음을 조사하여 발표할 수 있다.

[12융과05-06] 생태계와 생물 다양성의 가치를 천연 의약품과 관련지어 설명하고, 아스피린 등 합성 의약품의 중요성에 대해 토의할 수 있다.

탐구주제

13.융합과학 — 인류의 건강과 과학기술

① '공기에서 빵을 만들었다'는 수식어가 붙는 하버 보슈법은 공기 중 질소와 수소를 이용하여 비료의 성분인 암모니아를 합성하는 방법이다. 이에 하버는 식량 문제를 해결한 공로로 1919년 노벨 화학상을 수상했다. 그러나 '하버상수'는 죽음에 이르는 시간과 가스의 농도를 곱한 값으로 1차 세계 대전의 독가스를 만들었고, 암모니아 합성법을 이용해 만든 폭탄 원료 물질은 많은 사람들을 죽게 했다. '하버의 노벨상을 박탈해야 하는가?'란 주제로 토론해 보자.

관련학과
경제학과, 행정학과, 법학과, 심리학과, 사회복지학과

② 유전자변형농산물은 생물체의 유전자 중 필요한 유전자를 인위적으로 분리·결합하여 개발자가 목적한 특성을 갖도록 한 농산물로서 제초제 저항성, 병·해충 저항성, 저장성 향상, 고영양분 성분 함유 등의 특성을 지닌다. 유전자변형 식품이 인류의 미래 식량 대안이 될지, 아니면 해가 될지 자신의 의견을 말해 보자.

관련학과
식품자원경제학과, 사회학과, 경제학과, 경영학과, 행정학과, 사회복지학과, 무역학과

③ 국제식물신품종보호연맹(UPOV)에 따라 종자로 작물을 재배하기 위해서는 재산권을 가지고 있는 국가에 로열티를 지급해야 하기 때문에 세계에서는 우량 종자를 확보하거나 새롭게 개발하기 위해 노력하는 일명 '종자전쟁'을 벌이고 있다. 2002년 UPOV에 우리나라도 가입하여 신품종에 대해 법적인 보호를 받을 수 있게 되었지만 외환위기 당시 5대 종자 기업 중 4곳이 다국적 기업에 인수되어 종자에 대한 재산권과 관련 인력들이 해외로 넘어간 상황이다. 정부에서 종자 산업을 육성하기 위한 프로젝트인 Golden Seed Project에 대하여 알아보고, 종자 개발의 중요성을 발표해 보자.

관련학과
사회학과, 경제학과, 행정학과, 사회복지학과, 무역학과, 광고홍보학과, 정치외교학과, 국제관계학과

4 유전자조작식품(GMO)을 '프랑켄푸드' 즉 '괴물식품'이라고 부르면서 유전자조작 식품에 대한 거부감을 나타내기도 한다. 2019년 기준 24개국에서 우리나라 국토 면적의 약 19배에 달하는 농지에서 GMO를 재배하고 있으며 해마다 2%이상 면적이 증가하고 있다. 유전자조작은 안전성 여부, 식량 부족 문제, 생태계 파괴 문제, 경제 성장 문제 등 다양하게 논의되고 있다. 유전자조작식품 찬반에 대한 자신의 입장을 정하고, 그 이유를 과학적으로 입증된 근거와 사회, 경제적 요인을 사용하여 설명하여 보자.

관련학과

전 사회계열

5 숲은 동식물의 안식처일뿐만 아니라 인간에게 많은 혜택을 준다. 특히 열대우림은 지구상에서 생물종이 가장 풍부하고 생산성이 높다. 아마존 우림에서 80% 이상의 세계 식량 품종과 25% 이상의 현대 의약품 성분이 유래했다고 한다. 그러나 1초마다 1.5 에이커의 열대우림 면적이 사라지고, 매일 평균 137종이 멸종되고 있다. 이러한 열대우림 파괴로 인한 생물 다양성 감소가 경제와 사회에 미칠 영향에 대해 토의해 보자.

관련학과

전 사회계열

영역 에너지와 환경

성취기준

[12융과06-05]	화석 연료의 사용은 산화와 환원 과정이며, 화석 연료의 과다 사용이 지구온난화와 기후 변화를 일으킨다는 것을 논증할 수 있다.
[12융과06-07]	화석연료와 방사성 에너지 자원의 생성 과정을 이해하고, 에너지 자원 고갈로 발생한 문제를 해결하는 방안에 대해 토론할 수 있다.
[12융과06-08]	태양, 풍력, 조력, 파력, 지열, 바이오 등과 같은 재생 에너지와 핵융합이나 수소 등과 같은 신에너지 자원을 이해하고, 지속 가능한 발전의 관점에서 신재생 에너지를 활용하는 방안을 설명할 수 있다.

탐구주제

1 지구온난화는 19세기 후반에 시작된 바다와 지표 부근의 공기 기온 상승 현상을 의미한다. 지구온난화의 자연적, 인위적 원인과 인간을 포함한 지구 환경에 끼친 영향을 조사하고, 인간에 의한 환경 오염과 환경 보전을 위한 캠페인 활동을 목표로 Visual Thinking이나 인포그래픽으로 표현해 보자.

관련학과

사회학과, 행정학과, 사회복지학과, 무역학과, 광고홍보학과, 문화컨텐츠학과

탐구주제

2 화석 연료의 생성 과정을 알아보고, 화석 원료 고갈 시 발생할 사회적, 환경적, 경제적 문제에 대해 토론해 보자. 현재와 같은 비율로 에너지 사용량이 증가할 경우 화석 연료가 고갈되는 시점을 예측하고, 대안 마련을 위한 정책 또는 법과 규제의 필요성에 대하여 자신의 생각을 발표해 보자.

관련학과

사회학과, 경제학과, 무역학과, 행정학과, 정치외교학과, 법학과

3 수소는 화석 연료와 달리 유해물질이 거의 나오지 않아 청정에너지라 불린다. 지구의 70%가 물로 되어 있기 때문에 수소를 분해하는 방법의 경제적 효율성이 높아진다면 에너지 문제가 해결될 수 있을 것으로 전망하여 수소 에너지원의 확보를 위해 안정적이면서 저렴하게 물을 분해할 수 있는 촉매의 개발이 중요하다. 경제적 효율성을 높이기 위한 촉매의 조건과 수소 경제 시장 전망에 대하여 조사해 보자.

관련학과

사회학과, 경제학과, 경영학과, 행정학과, 사회복지학과, 무역학과

활용 자료의 유의점

- ⚠ 기초 탐구 과정과 통합 탐구 과정을 기반으로 주제 탐구 필요
- ⚠ 과학 교과 내용과 관련된 기술, 공학, 예술, 수학 등 다른 교과와 통합 및 연계 필요
- ⚠ 과학자 이야기, 과학사, 시사성 있는 과학 내용, 과학 및 과학 관련 사회적 쟁점을 주제로 활용
- ⚠ 과학 이론이 첨단 과학기술이나 일상생활에 적용된 사례와 과학 윤리, 과학·기술·사회의 상호 관련성 소재 활용
- ⚠ 시청각 자료, 소프트웨어, 컴퓨터나 스마트 기기, 인터넷 등 최신 정보통신기술과 기기 등을 적절히 활용
- ⚠ 학습 내용과 관련된 첨단 과학기술을 다양한 형태의 자료로 제시

💬 **MEMO**

MEMO

영어과 교과과정

영어과

1

영어

핵심키워드

☐ 김연아 평창올림픽 유치 연설 ☐ Dear Class of 2020 ☐ 1인 미디어 ☐ 문화 교류
☐ 감염병의 세계화 ☐ 코로나19의 확산 ☐ 스티브잡스 연설 ☐ K팝 커버댄스 페스티벌 ☐ 한국 기후 변화

영역 **듣기**

성취기준

[10영01-04] 친숙한 일반적 주제에 관한 말이나 대화를 듣고 화자의 의도나 말의 목적을 파악할 수 있다.

▶ '친숙한 일반적 주제에 관한 말이나 대화를 듣고 화자의 의도나 말의 목적을 파악할 수 있다'는 일상생활이나 학업과 관련된 친숙한 일반적 주제에 관한 말이나 대화를 듣고 맥락을 통하여 화자의 의도나 말의 목적을 이해할 수 있다는 의미이다. 전화의 메시지를 듣고 전화한 목적을 간단히 쓰거나, 연설문을 듣고 연설자의 의도를 기록하는 활동을 통하여 상황에 적절한 의사소통을 할 수 있도록 한다.

탐구주제

1.영어 — 듣기

① 김연아 선수는 제72차 유엔총회의 '평창 올림픽 휴전 결의안'을 채택하는 자리에서 특별 연사로 출연해 평창올림픽의 평화로운 개최를 기원하는 영어 연설을 4분간 진행하였다. 연설 영상의 내용을 듣고 주요 내용을 파악해 보자. 그리고 김연아가 이야기하는 'Human legacy'와 'Our victory'가 의미하는 바를 영어로 이야기해 보자.

관련학과
국제관계학과, 광고홍보학과, 정치외교학과

---

② 버락 오바마 전 대통령은 코로나바이러스 대유행으로 직접 졸업을 놓치고 있는 2020년에 졸업하는 학생들에게 동영상으로 졸업식 축사를 전달하였다. 오바마 미국 전 대통령의 'Dear Class of 2020' 연설을 듣고, 연설의 내용 중 가장 인상 깊은 장면을 말해 보자.

관련학과
정치외교학과, 국제관계학과, 문화인류학과

[10영02-03] 일상생활이나 친숙한 일반적 주제에 관해 자신의 의견이나 감정을 표현할 수 있다.

▶ '일상생활이나 친숙한 일반적 주제에 관해 자신의 의견이나 감정을 표현할 수 있다'는 일상생활에서의 친숙한 일반적 주제에 관해 자신의 의견을 조리 있고 설득력 있게 표현하고, 다른 사람과 효과적으로 의견이나 감정을 교환할 수 있다는 의미이다. 찬반 의견이 있는 주제에 대해 서로의 의견이나 감정을 주고받는 짝 활동, 학습자 수준에 맞는 흥미 있는 주제를 정하여 모둠별로 토론하거나 발표하는 활동을 통하여 의사소통능력을 향상시키도록 한다.

탐구주제

1.영어 — 말하기

1 직업은 개인이 생활을 해나가기 위해서 수입을 얻을 목적으로 하는 사회 활동을 말한다. 직업을 고를 때에는 자신의 건강과 적성·능력·특기를 잘 생각하여 알맞은 것을 찾아야 한다. 미래 자신의 명함을 만들어, 친구들에게 자신의 직업에 대해 설명해 보자.

관련학과
경제학과, 사회학과

2 1인 미디어란 개인이 네트워크를 통해 콘텐츠를 생산·공유하는 커뮤니케이션 플랫폼을 말한다. 최근에는 블로그나 SNS 등을 기반으로 하여 개인이 다양한 콘텐츠를 생산하고, 공유하는 1인 미디어가 증가하고 있다. 자신이 즐겨 이용하는 1인 미디어 콘텐츠를 소개하고, 자신이 창조하고 싶은 콘텐츠를 구상하여 간단히 소개해 보자.

관련학과
광고홍보학과, 사회학과, 문화콘텐츠학과

3 교통과 통신의 발달에 따라 1990년대 후반부터 우리나라의 문화는 세계 문화와의 교류를 확장하면서 더욱 다양한 모습으로 발전하였다. 전통 음식인 비빔밥과 불고기는 이미 세계적으로 유명한 음식이며 명성이 자자하다. 이외에 외국인 친구에게 자신이 좋아하는 한식을 추천하고, 조리법을 소개해 보자.

관련학과
광고홍보학과, 문화인류학과

💬 **MEMO**

성취기준

[10영03-06] 친숙한 일반적 주제에 관한 글을 읽고 함축적 의미를 추론할 수 있다.

▶ '친숙한 일반적 주제에 관한 글을 읽고 함축적 의미를 추론할 수 있다'는 일상생활이나 학업과 관련된 친숙한 일반적 주제에 관한 글을 읽고 명시적으로 드러나지 않은 어구나 표현의 문맥적 의미를 추론해서 글의 내용을 올바르게 이해할 수 있다는 의미이다. 문맥 속 낱말, 어구, 문장의 의미와 글 전체의 숨겨진 의미를 파악하는 등 행간의 의미를 제대로 이해하도록 다양한 독해 전략을 지도하여 의사소통능력을 향상시키도록 한다.

탐구주제

① 세계화와 교통수단의 발달은 '감염병의 세계화'를 촉진하였다. 사람만 비행기나 배를 타고 옮겨 다니는 게 아니라, 감염병도 세계 여러 지역으로 이동하였다. 세계화로 인한 '코로나19의 확산' 관련 영자 신문 또는 인터넷 영문 기사를 발췌하여 읽고 주요 내용을 파악해 보자.

관련학과
국제관계학과, 지리학과, 문화인류학과

② 스티브잡스는 2005년 스탠포드 대학에서 '인생의 3가지에 대한 이야기'를 연설하였다. 연설문의 내용을 보면, 첫 번째는 인생의 점들의 연결에 대한 이야기, 두 번째는 사랑과 상실에 대한 이야기, 세 번째는 죽음에 대한 이야기이다. 이 중 두 번째 이야기 '사랑과 상실에 대한 이야기'를 읽고, 그가 말하는 'Sometimes life hits you in the head with a brick. Don't lose faith' 부분의 의미를 스티브잡스의 삶과 자신의 삶을 들어 영어로 이야기해 보자.

관련학과
사회학과, 심리학과

성취기준

[10영04-03] 일상생활이나 친숙한 일반적 주제에 관해 자신의 의견이나 감정을 쓸 수 있다.

▶ '친숙한 일반적 주제에 관한 글을 읽고 함축적 의미를 추론할 수 있다'는 일상생활이나 학업과 관련된 친숙한 일반적 주제에 관한 글을 읽고 명시적으로 드러나지 않은 어구나 표현의 문맥적 의미를 추론해서 글의 내용을 올바르게 이해할 수 있다는 의미이다. 문맥 속 낱말, 어구, 문장의 의미와 글 전체의 숨겨진 의미를 파악하는 등 행간의 의미를 제대로 이해하도록 다양한 독해 전략을 지도하여 의사소통능력을 향상시키도록 한다.

탐구주제

(1) K팝 커버댄스 페스티벌은 2011년도부터 시작된 세계 최초이자 최대 규모의 댄스 축제로 K-POP을 통한 매력적인 한국 문화의 글로벌 커뮤니케이션 스테이지이다. K-POP 아이돌 가수들의 춤, 표정, 의상 등을 따라 표현하는 축제로 외국인 친구에게 축제를 알리고 소개하는 안내문을 만들어 보자. 안내문은 신청 방법과 일정, 심사 기준을 포함하여 영어로 작성해 보자.

관련학과

광고홍보학과, 국제관계학과, 문화콘텐츠학과

(2) 우리나라의 자연환경은 세계적인 아름다운 경치를 자랑한다. 4계절의 변화에 따라 각기 다른 경관과 지역별 다양한 문화는 외국인들에게 새로운 볼거리를 제공한다. 외국에 사는 친구에게 우리나라 주요 관광지를 소개하고, 초대하는 편지를 써보자.

관련학과

광고홍보학과, 국제관계학과, 항공관광학과, 문화콘텐츠학과, 지리학과

활용 자료의 유의점

- (!) 학습 동기와 흥미를 위해 다양한 종류의 읽기 자료를 활용
- (!) 실제적인 의사소통능력을 신장할 수 있도록 듣기·읽기·쓰기 기능과 연계
- (!) 다양한 시청각 자료 및 웹 기반 동영상 등 정보통신기술 도구를 활용
- (!) 친숙한 일반적 주제에 관한 다양한 글을 읽고 글의 세부 정보, 중심 내용, 논리적인 관계를 이해
- (!) 의사소통 중심의 다양한 듣기 활동을 통해 말이나 대화의 세부 정보, 중심 내용, 맥락을 이해

💬 **MEMO**

핵심키워드

□ 길안내 □ 한국음식 □ 기침과 사회적 거리 두기 □ 지구 환경문제 □ 봉준호 감독
□ 코로나19 □ 관광 □ 여행객 □ 안내방송 □ 영어 안내문

영역 듣기

성취기준

[12영회01-02] 일반적 주제에 관한 말이나 대화를 듣고 주제 및 요지를 파악할 수 있다.

▶ 일상생활이나 학업과 관련된 일반적 주제에 관한 말이나 대화를 듣고 중심 내용을 이해할 수 있다는 의미이다. 말이나 대화의 줄거리, 주제, 요지 등을 파악하여 주어진 상황에서의 기초적인 의사소통능력을 향상시키도록 한다.

[12영회01-03] 일반적 주제에 관한 말이나 대화를 듣고 내용의 논리적 관계를 파악할 수 있다.

탐구주제

2.영어 회화 — 듣기

① CNN 영어뉴스 'See how a mask affects how a cough travels'를 시청해 보자. Florida Atlantic University의 실험실에서 인간의 기침이 얼마나 멀리 빠르게 전파되는지를 보여주고 있다. 거리에서 또는 다중이용시설에서 인간의 기침이 10초만에 얼마나 멀리 전파될 수 있는지를 알아보고, 사회적 거리 두기(social distancing)와의 관계 및 마스크 착용에 대해 생각해 보자.

관련학과
사회학과

② 인구가 늘어나고 인간 활동이 많아지면서 환경 문제는 더욱 심각해지고 있다. 뿐만 아니라 지구 환경 문제는 전 세계에서 동시다발적으로 일어나고 있다. '지구 환경문제'를 대주제로 모둠별 다양한 환경 문제의 영어 뉴스를 검색하여 듣고, 주제 및 요지를 파악해 친구들과 공유해 보자.

관련학과
정치외교학과, 국제관계학과, 지리학과

③ 영화 '기생충'에 대한 해외 언론과 영화 평론가의 호평이 이어지고 있다. 2020 아카데미 시상식에서 감독상을 수상한 봉준호 감독의 영어 인터뷰 영상을 보고, 가장 인상 깊었던 내용과 그 이유를 영어로 이야기해 보자.

관련학과
문화콘텐츠학과

[12영회02-03] 일상생활이나 친숙한 일반적 주제에 관해 자신의 의견이나 감정을 표현할 수 있다.

[12영회02-04] 일상생활이나 친숙한 일반적 주제에 관한 정보를 묻고 답할 수 있다.

[12영회02-05] 일상생활이나 친숙한 일반적 주제에 관해 그림, 도표 등을 활용하여 의사소통할 수 있다.

▶ 일상생활 속의 친숙한 일반적 주제에 관해 그림이나 도표 등을 활용하여 의미 교환을 할 수 있다는 의미이다. 시각 자료를 활용하거나 다양한 방법으로 의미나 정보를 표현하여 효과적인 의사소통능력을 기르도록 한다.

탐구주제

2.영어 회화 — 말하기

① 쇼핑센터는 많은 사람들이 모이는 다중이용 시설로 코로나바이러스가 창궐하는 시기에는 각별한 주의가 필요하다. 쇼핑센터를 방문한 외국인 관광객을 대상으로 여러 사람의 건강과 안전을 위해 마스크 착용과 사회적 거리 확보의 필요성을 당부하는 영어 안내문을 발표해 보자.

관련학과
관광경영학과, 글로벌경영학과, 호텔경영학과, 항공서비스학과

② 한식당에 대한 외국인 관광객들의 긍정적 이미지가 94%를 넘는 등 한식당이 우리나라의 '홍보대사' 역할을 하고 있는 것으로 나타났다.(연합뉴스 2019.2.10.) 식당에서 음식을 주문하는 외국인과 한국인 종업원으로 역할을 나누어 한국 음식을 소개하고, 주문을 돕는 역할극을 실시해 보자.

관련학과
글로벌경영학과, 호텔경영학과, 국제무역학과, 항공서비스학과

③ 우리나라를 방문하는 외국인 수가 꾸준히 늘고 있다. 이유는 우리나라의 대중문화가 큰 인기를 끌면서 우리나라에 대한 관심이 높아졌기 때문이다. 하지만 의사소통의 문제로 외국인들은 여러모로 어려움을 겪고 있다. 외국인과 한국인으로 역할을 나누어 길을 묻는 외국인에게 지도를 보여 주며 길 안내를 하는 상황극을 영어로 연출해 보자.

관련학과
항공관광학과, 항공서비스학과

활용 자료의 유의점

! 다양한 시청각 자료 및 웹 기반 동영상 등을 활용

! 실제적인 의사소통능력을 신장할 수 있도록 듣기·읽기·쓰기 기능과 연계하여 학습

! 효율적 듣기 활동을 위해 듣기 전 활동, 듣기 중 활동, 듣기 후 활동으로 나누어 학습

! 의사소통 중심의 다양한 듣기 활동을 통해 말이나 대화의 세부 정보, 중심 내용, 맥락을 이해

! 의사소통에 지장을 주지 않는 한 학생 스스로 오류 수정

영어과
3

영어 I

핵심키워드

☐ 코로나19 ☐ 안전한 크리스마스 ☐ 미국드라마 ☐ 지구온난화 ☐ 난민 문제
☐ 관광 안내 ☐ 인종차별 ☐ K-뷰티 ☐ 롤모델 ☐ 해외 직구

영역 | 듣기

성취기준

[12영 I 01-02] 일반적 주제에 관한 말이나 대화를 듣고 주제 및 요지를 파악할 수 있다.

> ▶ 일상생활이나 학업과 관련된 일반적 주제의 말과 대화를 듣고 중심 내용을 이해할 수 있다는 의미이다. 전체적인 흐름과 전반적인 내용을 파악하여 의사소통능력을 향상시키도록 한다.

[12영 I 01-03] 일반적 주제에 관한 말이나 대화를 듣고 내용의 논리적 관계를 파악할 수 있다.

> ▶ 일상생활이나 학업과 관련된 일반적 주제의 말이나 대화를 듣고 제시된 상황이나 사건의 전후 관계 및 인과 관계를 파악할 수 있다는 의미이다. 다양한 학습 활동을 통하여 대화의 맥락을 적절히 파악할 수 있는 의사소통능력을 향상시키도록 한다.

[12영 I 01-04] 일반적 주제에 관한 말이나 대화를 듣고 화자의 의도나 말의 목적을 파악할 수 있다.

탐구주제

3.영어 I — 듣기

① CNN 뉴스 'How to celebrate Christmas safely during a pandemic'를 시청해 보자. 뉴스를 듣고 코로나19 팬데믹 상황에서 안전한 크리스마스와 연말 연시를 보내는 방법을 영어로 말해 보자.

관련학과
사회학과, 항공관광학과, 문화콘텐츠학과, 문화인류학과

② 세계는 지금 바이러스와의 전쟁이다. 백신 개발 전까지는 여행 및 글로벌 교류가 제한되고 비대면 경제활동이 활성화될 전망이다. 외국에서 방영되는 코로나19 관련 뉴스를 시청하고, 코로나19가 전 세계 시민에게 미친 영향을 영어로 이야기해 보자.

관련학과
국제관계학과, 사회학과, 심리학과

탐구주제

(3) Greenpeace의 'Fire Drill Friday' 영상을 시청해 보자. Fire Drill이란 소방 화재 대피 훈련을 말하지만 Fire Drill Friday 는 지구온난화로 인해 지구가 불타고 있으므로 이에 대한 방안을 촉구하는 운동으로 미국의 영화배우인 Jane Fonda 는 매주 금요일 Washington D.C. 국회의사당 앞에서 기후 위기에 대해 이야기한다. 자신이 Fire Drill Friday에 참가한 다고 가정하고, 지구온난화 위기에 대한 짧은 영어 연설문을 작성해 발표해 보자.

관련학과

사회학과, 지리학과, 국제관계학과

영역 **말하기**

성취기준

[12영 I 02-03] 친숙한 일반적 주제에 관해 자신의 의견이나 감정을 표현할 수 있다.

[12영 I 02-04] 친숙한 일반적 주제에 관한 정보를 묻고 답할 수 있다.

▶ 일상생활이나 학업과 관련된 친숙한 일반적 주제에 대한 필요한 정보를 교환할 수 있다는 의미이다. 파 악한 정보를 전달하고, 자신의 의견을 표현하되, 추가적인 정보를 얻기 위해 질문하기, 요청하기 등과 같은 의사소통 전략을 이용하여 표현할 수 있는 다양한 활동을 제시하여 의사소통능력을 향상시키도 록 한다.

[12영 I 02-05] 친숙한 일반적 주제에 관해 그림, 도표, 도식 등을 활용하여 의사소통 할 수 있다.

탐구주제

(1) 지구 표면의 평균 기온이 상승하는 현상을 지구온난화라고 한다. 지구온난화가 전 세계에 미치는 영향에 대해 토의하 고, 이를 예방하기 위해 개별국가의 노력뿐만 아니라 국제적 공조가 필요함을 강조하는 내용의 3분 영어 스피치를 해 보자.

관련학과

정치외교학과, 국제관계학과, 지리학과

(2) 인종, 종교, 국적, 특정 사회집단의 구성원인 신분 또는 정치적 견해를 이유로 박해를 받아 다른 나라로 망명한 사람을 난민이라고 한다. '난민 문제'을 주제로 미국, 영국, 한국, 이란, 케냐 5개국의 대표자로 역할을 나누어 영어로 '비정상 회담'을 개최해 보자.

관련학과

사회학과, 정치외교학과, 국제관계학과, 지리학과

(3) 매년 학급별로 현장체험학습을 실시한다. 자신의 학급의 현장체험학습을 기획해 보자. 현장체험학습의 주제를 선정 하고, 이 주제에 적합한 장소와 그 장소에서 할 수 있는 의미 있는 활동을 생각해 보자. 주제, 대상, 장소, 활동, 비용, 교 통을 고려하여 체험학습 기획안을 작성하고, 이를 학급 친구들 앞에서 프리젠테이션을 진행해 보자.

관련학과

광고홍보학과, 관광학과, 지리학과

읽기

성취기준

[12영 l 03-06]   일반적 주제에 관한 글을 읽고 함축적 의미를 추론할 수 있다.

> ▶ 일상생활이나 학업과 관련된 일반적 주제에 관한 글을 읽고 글의 의도나 목적을 파악하여 적절히 의사
> 소통 할 수 있다는 의미이다. 함축적인 의미를 파악하고, 글의 전반적인 맥락을 이해하는 학습 활동을
> 통해 의사소통능력을 향상시키도록 한다.

탐구주제

3.영어 l — 읽기

① 미국의 미네아폴리스기의 경찰이 흑인 남성인 조지 플로이드를 제압하는 과정에서 죽음에 이르게 한 조지 플로이드
사건은 인종차별 문제를 부각시키며 미국사회를 혼란에 빠뜨리고 있다. 인종차별 정책에 맞서 싸웠던 넬슨 만델라 대
통령의 '취임 연설문'을 읽고 가장 인상 깊은 구절을 말해 보자.

관련학과
국제관계학과, 정치외교학과, 문화인류학과, 지리학과

② 문화는 한 지역에 사는 사람들이 오랫동안 지역의 자연환경 및 인문 환경에 적응하고, 극복하는 과정에서 그 지역 사
람들에게 가장 적합한 형태로 만들어진 것이다. '세계의 다양한 문화'를 대주제로 모둠별 소주제를 정해 영어 기사나
영문 잡지를 검색하여 읽고, 글의 내용을 정리해 발표해 보자.

관련학과
사회학과, 문화인류학과, 지리학과

쓰기

성취기준

[12영 l 03-03]   친숙한 일반적 주제에 관해 자신의 의견이나 감정을 쓸 수 있다.

> ▶ 일상생활이나 학업과 관련된 친숙한 일반적 주제에 관해 생각, 주장, 느낌 등을 자신의 글로 표현할 수
> 있다는 의미이다. 자신의 생각과 느낌을 간단하면서도 명료하게 표현할 수 있도록 다양한 예시 문장을
> 제공할 수 있다.

[12영 l 03-04]   사람, 사물, 사건에 대하여 묘사하는 글을 쓸 수 있다.

> ▶ 사람, 사물, 사건에 대한 정보를 파악하여 묘사하는 글로 표현할 수 있다는 의미이다. 학습자의 수준을
> 고려하여 단계별 쓰기 활동을 제시하고, 자신의 경험을 바탕으로 사람, 사물, 사건에 대하여 다양한 글
> 쓰기 활동이 가능하도록 한다.

[12영 I 03-05]	서식, 이메일, 메모 등을 작성할 수 있다.
[12영 I 03-06]	친숙한 일반적 주제에 관한 그림, 도표 등을 설명하는 글을 쓸 수 있다.

탐구주제

① 한국 드라마와 영화가 전 세계로 뻗어나가면서 한국인들의 사소한 일상에 대해서 궁금해하는 외국인들이 늘어났다. 외국인 관광객들 중에는 미용실을 찾아 'K-뷰티'를 경험하기도 한다. 이외 외국에서 대중성을 가지게 할 수 있는 한국의 문화에는 어떤 것이 있는지 의견을 적어보자.

관련학과
광고홍보학과, 항공관광학과, 지리학과, 문화인류학과, 문화콘텐츠학과

② 롤모델이란 자기가 해야 할 일이나 임무 따위에서 본받을 만하거나 모범이 되는 대상을 말한다. 나의 롤모델을 선정하고, 그 이유를 영어로 설명해 보자.

관련학과
사회학과, 심리학과

③ 미국의 쇼핑몰에서 해외 직구로 구입한 물건이 원하는 조건에 맞지 않아 다른 상품으로 교환하고자 한다. 구체적 사례를 들어 구입처에 물건 교환이나 환불을 요구하는 형식의 이메일을 작성해 보자. 구입처, 물품, 교환(환불) 사유를 포함하여 영어로 작성해 보자.

관련학과
경영학과, 글로벌경영학과, 국제무역학과, 국제물류학과, 국제통상학과, 무역학과, 국제관계학과, 소비자학과

④ 우리 지역을 방문한 외국인이나, 이웃에 살고 있는 다문화가정을 위해 내가 살고 있는 지역의 생활 정보를 알기 쉽게 도표와 그래프로 그리고 설명한 '내 고장 사용 설명서'를 영자로 만들어 보자.

관련학과
사회학과, 지리학과, 문화콘텐츠학과

활용 자료의 유의점

- ⓘ 친숙한 일반적인 주제를 선정하여 학습
- ⓘ 진로 및 관심 분야와 관련된 소재를 활용하여 학습
- ⓘ 실제적인 의사소통능력을 신장할 수 있도록 말하기·읽기·쓰기 기능과 연계
- ⓘ 어휘 수준을 넘지 않고 자신의 수준에 맞고 난이도가 적절한 언어 형식을 사용

영어과
4
영어 독해와 작문

【 핵심키워드 】

☐ 세계 유명 축제   ☐ 악마는 프라다를 입는다   ☐ 환경 문제   ☐ 국제 구호활동
☐ 학업계획서   ☐ 한국 관광   ☐ 관광 안내   ☐ 빈곤 국가

영역 **읽기**

성취기준

[12영독03-02]   비교적 다양한 주제에 관한 글을 읽고 주제 및 요지를 파악할 수 있다.

> ▶ 일상생활이나 학업과 관련된 비교적 다양한 주제의 글을 읽고 중심 내용을 파악하여 글을 포괄적으로
> 이해할 수 있다는 의미이다. 실생활과 다양한 진로와 전공 분야에서 필요로 하는 읽기 능력을 향상시키
> 도록 한다.

[12영독03-03]   비교적 다양한 주제에 관한 글을 읽고 내용의 논리적 관계를 파악할 수 있다.

> ▶ 일상생활이나 학업과 관련된 비교적 다양한 주제의 글을 읽고 사건의 순서, 전후 관계, 인과 관계를 분
> 석하여 글의 논리적 관계를 파악할 수 있다는 의미이다. 글을 논리적으로 분석하고, 종합적으로 이해하
> 는 능력을 함양하여 앞으로 다양한 진로와 전공 분야에서 필요로 하는 읽기 능력을 향상시키도록 한다.

탐구주제
4.영어 독해와 작문 — 읽기

① 각 나라마다 자연환경과 인문 환경이 다르기 때문에 서로 다른 환경을 이용해서 다양한 축제들을 열고 있으며, 인터
넷, 관광 안내 책자 등을 통해 세계적으로 유명한 축제들을 살펴볼 수 있다. '스페인 토마토축제' 홈페이지를 방문하여
축제 역사와 여행 정보 안내 글을 읽고 주요 내용을 파악해 보자. 이외 다른 세계 유명 축제도 관련 자료를 찾아 읽고
내용을 정리해 보자.

관련학과
국제관계학과, 광고홍보학과, 항공관광학과, 지리학과, 문화인류학과

탐구주제

② 패션계의 막강한 권력자이자 미국 '보그'지 편집장인 안나 윈투어의 개인 어시스턴트로 일했던 작가의 경험을 바탕으로, 세계 패션계의 중심에서 실제로 벌어지는 사건들을 중심으로 패션 에디터들의 생생한 세계를 유쾌하게 그린 「악마는 프라다를 입는다」영문판을 읽고, 내용의 전후 관계를 분석하여 글의 요지를 파악해 보자.

(로렌 와이스버거(2006), The Devil Wears Prada, Random House)

관련학과

심리학과, 사회학과

---

③ 환경 문제는 국지적인 문제인 동시에 전 지구적인 문제이다. 지구계를 이루는 기권, 수권, 지권, 생물권이 서로 상호작용을 하고 있기 때문이다. 영자 신문이나 인터넷 영문 기사에서 '지구촌 환경 문제'를 다룬 기사를 검색하여 읽고, 기사 내용의 요점을 파악하여 친구들과 공유해 보자.

관련학과

정치외교학과, 국제관계학과, 지리학과

영역 | 쓰기

성취기준

[12영독04-03] 일반적 주제에 관해 자신의 의견이나 감정을 쓸 수 있다.

[12영독04-04] 학업과 관련된 서식, 이메일, 메모 등을 작성할 수 있다.

[12영독04-05] 미래의 계획이나 진로 등에 관하여 글을 쓸 수 있다.

> ▶ 자신의 꿈과 미래에 대한 생각이나 계획을 일관성 있게 쓸 수 있다는 의미이다. 글의 주제에 대한 사례나 적절한 근거를 들어 통일성 있는 글을 쓰도록 한다. 실생활에서 필요로 하는 쓰기 능력과 다양한 진로와 전공 분야에서 요구되어지는 쓰기 능력을 향상시키고, 자신의 생각을 자유롭게 표현하면서 창의성과 비판적 사고 능력을 함양하도록 한다.

[12영독04-06] 일반적 주제에 관한 그림, 도표 등을 설명하는 글을 쓸 수 있다.

탐구주제

① 아프리카는 전 지역이 잦은 가뭄과 내전으로 기아 문제가 매우 심각하다. 국제 연합 등 국제기구가 꾸준히 구호활동을 벌이고 있지만, 턱없이 부족한 상태여서 국제 사회의 관심과 지원이 절실하다. 자신이 후원하는 아프리카 빈곤 국가 어린이에게 편지를 적어 보자.

관련학과

정치외교학과, 국제학과, 문화인류학과

(2) 학업 계획서는 지원하는 대학에 합격했다는 가정하에 대학생활을 어떻게 할 것인지 계획하는 것으로 대학생활에 대한 당사자의 기본 설계가 잘 나타나야 한다. 자신의 진로 및 전공과 연계하여 학업 계획서를 작성해 보자.

관련학과
사회학과, 문헌정보학과

(3) 한국을 방문한 외국인 관광객들은 역사, 문화, 생활 등 다양한 방면에서 한국을 직접 느껴보고자 하는 경향이 있다. 우리나라를 방문하는 외국인에게 내 고장의 맛집을 안내하는 그림과 글을 적은 '내 고장 맛집 홍보 포스터' 를 제작해 보자.

관련학과
광고홍보학과, 항공관광학과, 국제관계학과, 문화인류학과

활용 자료의 유의점

- ⚠ 다양한 주제와 관련한 다양한 글을 읽고 내용 파악
- ⚠ 진로 및 관심 분야와 관련된 소재를 활용
- ⚠ 실제적인 의사소통능력을 신장할 수 있도록 말하기·읽기·쓰기 기능과 연계
- ⚠ 어휘 수준을 넘지 않고 자신의 수준에 맞고 난이도가 적절한 언어 형식을 사용

💬 **MEMO**

영어Ⅱ

핵심키워드

☐ 죽은 시인의 사회

☐ 레미제라블 ☐ 유엔난민기구 ☐ 독도 영유권 ☐ 김홍도 ☐ 워런 버핏
☐ 난민 ☐ 국경없는 의사회 ☐ 세계 음식 문화 ☐ 외국인 노동자 ☐ 교통표지판

영역 듣기

성취기준

[12영Ⅱ01-02] 다양한 주제에 관한 말이나 대화를 듣고 주제 및 요지를 파악할 수 있다.

▶ 일상생활이나 학업과 관련된 다양한 주제의 말이나 대화를 듣고 주제나 요지와 같은 중심 내용을 이해
할 수 있다는 의미이다. 전체적인 흐름과 전반적인 내용을 파악하는 활동을 통하여 의사소통능력을 향
상시키도록 한다.

탐구주제

5.영어Ⅱ — 듣기

① 미국 최고의 명문 사립 고등학교인 웰튼 아카데미에 새로 부임해 온 국어 교사 존 키팅과 6명의 그의 제자들이 이뤄
내는 가슴 뭉클한 이야기인 영화 '죽은 시인의 사회'의 일부분을 자막 없이 감상하고, 대화의 흐름과 전반적인 내용을
중심으로 느낀 점을 말해 보자.

관련학과
사회학과, 심리학과

---

② '불쌍한 사람들'이라는 의미를 담고 있는 '레미제라블' 속에는 워털루 전쟁, 왕정복고, 시민혁명 등 프랑스의 19세기를
관통한 역사적 격변이 생생하게 담겨 있다. 당시 시대를 살았던 시민의 마음으로 영화 '레미제라블'의 OST 'Do you
hear the people sing'을 듣고, 느낀 점을 말해 보자.

관련학과
정치외교학과, 사회학과, 법학과, 심리학과

말하기

성취기준

[12영 II 02-03]   비교적 다양한 주제에 관해 자신의 의견이나 감정을 표현할 수 있다.

[12영 II 02-04]   비교적 다양한 주제에 관하여 상황과 목적에 맞는 의사소통 전략을 사용하여 묻고 답할 수 있다.

> ▶ 효과적인 의미 교환 및 전달을 위하여 의미 확인, 화제 전환, 설명 다시 요청하기 등의 적절한 의사소통 전략을 선택하여 상황과 목적에 맞는 의사소통을 할 수 있다는 의미이다. 다양한 상황에서의 학습자 간의 상호 작용이 활발한 모둠 활동을 통하여 효과적인 의미 협상이 일어나도록 한다.

[12영 II 02-05]   비교적 다양한 주제에 관해 그림, 도표, 도식 등을 활용하여 의사소통할 수 있다.

탐구주제

5. 영어 II — 말하기

1   1949년 유엔총회에서 난민 문제를 담당하는 국제기구로 유엔난민기구(UNHCR)가 창설되었으며, 1951년에는 '난민의 지위에 관한 국제 협약'이 체결되었다. 유엔난민기구에 의하면 기구의 보호를 받는 사람만 2,100만 명에 달하며, 이 밖에 모든 난민을 추계하면 세계 인구의 약 1%에 해당하여 대규모 난민 수용에 대한 문제가 가장 빈번하게 발생하고 있다. '난민 정책'을 주제로 캐나다, 독일, 프랑스, 콩고, 한국의 정치가로 역할을 나누어 영어로 토론해 보자.

관련학과
법학과, 사회학과, 정치외교학과, 국제관계학과, 지리학과

2   독도는 한반도 동쪽 동해상에 있는 대한민국 영토 최동단에 위치한 섬이다. 하지만 일본은 1905년 시마네현 고시를 근거로 독도에 대한 영유권을 주장하고 있다. 해외에 독도가 우리나라 영토임을 알리는 3분 스피치를 해 보자.

관련학과
법학과, 정치외교학과, 국제관계학과, 지리학과, 군사학과

3   조선 후기 화가 김홍도는 우리에게 '씨름', '서당' 등의 작품으로 잘 알려져 있지만, 산수화, 신선도, 화조화, 불화 등 여러 분야에서 독창적인 작품 세계를 펼쳤으며, 특히 서민들의 생활상을 익살과 해학, 풍자를 섞어 향토적인 정취로 담아냈다. 김홍도의 작품 가운데 하나를 선정해 외국인 친구에게 설명해 보자.

관련학과
사회학과, 문화인류학과

💬 **MEMO**

성취기준

[12영II 03-02] 다양한 주제에 관한 글을 읽고 주제 및 요지를 파악할 수 있다.

▶ 일상생활이나 학업과 관련된 다양한 주제에 관한 글을 통해 중심 내용을 파악할 수 있다는 의미이다. 다양한 읽기 전략과 주제에 대한 배경지식 등을 활용하여 전체적인 흐름과 전반적인 내용을 파악하는 능력을 향상시키도록 한다.

탐구주제

5. 영어 II — 읽기

① 워런 버핏은 '오마하의 현인', '투자의 귀재'로 불리는 미국의 기업인이자 투자가이다. 2008년 경제 위기 당시 워런 버핏의 뉴욕 타임즈 기고문을 읽고 중심 내용을 분석하여, 오늘날 경제 위기 상황과 비교해 보자.

관련학과
경제학과, 심리학과

② 미국의 영화배우 Jennifer Aniston은 자신의 SNS에 'Wear a damn mask'를 썼다. 이 SNS의 내용을 읽어보자. 이 글에서 Aniston은 인간이 지닌 선함을 이야기한다. 이 글을 읽고 느낀 점을 영어로 이야기해 보자.

관련학과
사회학과, 문화인류학과

성취기준

[12영II 04-03] 비교적 다양한 주제에 관해 자신의 의견이나 감정을 쓸 수 있다.

[12영II 04-04] 학업과 관련된 간단한 보고서를 작성할 수 있다.

[12영II 04-05] 비교적 다양한 주제에 관해 짧은 에세이를 쓸 수 있다.

[12영II 04-06] 비교적 다양한 주제에 관한 그림, 도표 등을 설명하는 글을 쓸 수 있다.

▶ '비교적 다양한 주제에 관한 그림, 도표 등을 설명하는 글을 쓸 수 있다'는 일상생활이나 학업과 관련된 비교적 다양한 주제에 관한 그림이나 도표에 나타난 사실적 정보를 설명하는 글을 논리적으로 작성할 수 있다는 의미이다. 그림이나 도표가 있는 영어로 된 정보를 활용할 수 있는 정보처리 역량과 비교·분석하는 학습 활동을 통하여 창의적 사고력을 향상시키도록 한다.

탐구주제

(1) 1968년 나이지리아 비아프라 내전에 파견된 프랑스 적십자사의 대외구호 활동에 참가한 청년의사와 언론인들이 1971년 파리에서 결성한 '국경없는 의사회'는 세계 어느 지역이든 전쟁·기아·질병·자연재해 등이 발생해 의사의 구조를 필요로 하는 상황이 발생하면 국경을 돌파하고서라도 주민들의 구호에 임한다는 긴급의료단체이다. '국경없는 의사회'에 응원과 감사의 편지를 써보자.

관련학과
정치외교학과, 국제관계학과, 지리학과

(2) 전 세계에는 각기 다양한 음식 문화가 발달하였다. 지역의 자연조건에 따라 음식의 재료와 가공 방법이 다르고, 종교, 관습 등 각기 다른 인문 환경의 영향을 받기 때문이다. 세계 여러 나라의 음식 문화를 주제로 보고서를 작성해 보자.

관련학과
문화인류학과, 사회학과, 지리학과

(3) 외국인 노동자는 우리나라 국적을 갖지 않은 채 돈을 벌기 위하여 우리나라에서 일하는 노동자로, 코리안 드림을 꿈꾸며 한국에 들어왔지만 우리 사회의 차별과 편견으로 어려움을 겪고 있다. 이주민과 외국인 노동자에 대한 편견을 다룬 영화 '로니를 찾아서'를 비판적으로 감상하고, '편견과 차별없는 사회'를 주제로 에세이를 적어보자.

관련학과
전 사회계열

(4) 교통표지판은 교통 규제를 알리는 대표적인 수단으로 일반적으로 도로에서 사용되는 도로 표지판을 뜻한다. 노면 위에 선을 그어 차선을 표시하는 것은 전 세계에서 통용되고 있는 방식이다. 내 고장에 있는 교통표지판을 외국인이 쉽게 이해할 수 있도록 영문으로 적은 안내문을 만들어 보자.

관련학과
관광홍보학과, 문헌정보학과

활용 자료의 유의점

(!) 상황이나 목적에 맞는 적절한 표현 사용
(!) 흥미를 높일 수 있는 친숙한 소재를 활용
(!) 실제적인 의사소통능력을 신장할 수 있도록 말하기·읽기·쓰기 기능과 연계
(!) 어휘 수준을 넘지 않고 자신의 수준에 맞고 난이도가 적절한 언어 형식을 사용

💬 **MEMO**

영어과

6

실용 영어

핵심키워드

☐ K-Pop ☐ 한식 ☐ 미투 운동 ☐ 사용 설명서 ☐ 이집트 여행
☐ 재활용 ☐ 전통음식 ☐ 관광 명소 ☐ 코로나19 ☐ 혐오와 차별 ☐ 방역 지침 ☐ NIKE 광고

영역 **듣기**

성취기준

[12실영01-04] 실생활 중심의 다양한 주제에 관한 말이나 대화를 듣고 화자의 의도나 말의 목적을 파악할 수 있다.

> ▶ '실생활 중심의 다양한 주제에 관한 말이나 대화를 듣고 화자의 의도나 말의 목적을 파악할 수 있다'는 실생활에서 학습자들이 쉽게 접할 수 있는 다양한 주제에 관한 말이나 대화의 맥락을 파악할 수 있다는 의미이다. 일상생활에서 사용되는 말이나 대화의 흐름을 이해하고, 화자의 의도나 말의 목적을 정확하게 파악하는 학습 활동을 통하여 일상생활에서 필요한 의사소통능력을 배양하도록 한다.

탐구주제

6.실용 영어 — 듣기

① '미투 운동(Me Too movement)'은 성폭행이나 성희롱을 여론의 힘을 결집하여 사회적으로 고발하는 것으로, 미국에서 시작되었다. 2017년 10월 할리우드 유명 영화제작자인 하비 와인스틴의 성추문을 폭로하고 비난하기 위해 소셜 미디어에 해시태그를 다는 것으로 대중화되었다. '미투 운동' 기사를 다룬 해외 뉴스를 검색하여 듣고, 뉴스 내용을 분석해 발표해 보자.

관련학과
사회학과, 심리학과, 상담심리학과

영역 **말하기**

성취기준

[12실영02-03] 실생활 중심의 다양한 주제에 관해 자신의 의견이나 감정을 표현할 수 있다.

[12실영02-04]	실생활 중심의 다양한 주제에 관한 정보를 묻고 답할 수 있다.
[12실영02-05]	실생활 중심의 다양한 주제에 관해 그림, 도표, 서식 등을 활용하여 설명할 수 있다.

▶ '생활 중심의 다양한 주제에 관해 그림, 도표, 서식 등을 활용하여 설명할 수 있다'는 실생활 중심의 다양한 주제에 관해 그림, 도표, 서식 등을 활용하여 의미 교환을 할 수 있다는 의미이다. 시각 자료를 활용하거나 다양한 방법으로 의미나 정보를 표현하여 효과적인 의사소통능력을 기르도록 한다.

탐구주제

6.실용 영어 — 말하기

① 나라나 지역에 따라 자연환경과 인문 환경이 다르듯이 세계 여러 지역의 음식들은 매우 다양하다. 우리가 먹는 음식 중 다른 나라에서 유래하여 우리나라에 정착한 음식을 찾아 소개해 보자. 그리고 세계 여러 나라의 이주민들이 우리나라에 들어올 때 새롭게 정착할 수 있는 음식은 무엇일지 소개해 보자.

관련학과
광고홍보학과, 문화인류학과, 지리학과, 사회학과

② 쓰레기 문제는 어제 오늘의 문제가 아니며 우리 자신과 후손들을 위해 반드시 해결해야만 하는 문제이다. 특히 자원이 부족한 우리나라에서는 발생하는 쓰레기를 재사용하고 재활용하여 쓰레기의 소각과 매립을 최소화하는 것이 매우 중요하다. 외국인에게 쓰레기 분리수거하는 방법을 설명해 보자.

관련학과
경영학과, 경제학과, 무역학과, 항공관광학과, 항공서비스학과, 소비자학과

③ 중국에서 K-Drama에서 K-Pop으로 이어진 한류가 이제 음식으로 이어지고 있다. 중국뿐만 아니라 일본, 유럽, 아메리카에서도 한식의 인기는 점점 상승하고 있다. 한국을 대표하는 음식들의 사진을 준비하여 이름과 조리법을 간략히 설명해 보자.

관련학과
광고홍보학과, 문화콘텐츠학과, 문화인류학과

④ 공항에서는 승객에게 항공편명, 항공기 목적지, 탑승시간, 항공기 탑승 순서와 같은 사항을 알리기 위해서 게이트 안내방송을 한다. 자신이 승무원이라고 가정하고, 항공기 교체, 지연, 취소 같은 이상 상황 발생 시 승객들에게 하는 안내 방송 멘트를 해 보자.

관련학과
항공관광학과, 항공서비스학과

💬 **MEMO**

읽기

성취기준

[12실영03-03] 실생활 중심의 다양한 주제에 관한 글을 읽고 내용의 논리적 관계를 파악할 수 있다.

> ▶ '실생활 중심의 다양한 주제에 관한 글을 읽고 내용의 논리적 관계를 파악할 수 있다'는 실생활에서 학습자들이 쉽게 접할 수 있는 다양한 주제에 관한 글을 읽고, 글의 논리적 관계를 이해할 수 있다는 의미이다. 일상생활에서 흔히 접할 수 있는 글의 대의를 파악하되, 글의 맥락에서의 인과 관계, 사건의 순서, 전후 관계를 올바르게 추론하는 학습 활동을 통하여 효율적인 의사소통능력을 기르도록 한다.

탐구주제

6.실용 영어 — 읽기

① 세계에는 아름다운 경관과 문화적 가치를 자랑하는 명소가 다양하게 존재한다. 해외 관광 명소 중 한곳을 선택하여 홈페이지에 나와 있는 관광지 안내 사항을 읽고, 숙박, 음식, 볼거리 등 여행 정보를 파악해 보자.

관련학과
광고홍보학과, 항공관광학과, 국제관계학과, 지리학과, 문헌정보학과

② 가전 제품이나 화장품 등 물건을 구입하면 한국어와 영어로 상품의 사용 설명서가 동봉되어 있다. 또한 옷의 라벨에도 영어로 세탁법이 적혀 있다. 이외에 각 가정에서 구입한 물건의 사용 설명서 중 영문본을 읽고, 주요 내용을 파악해 보자.

관련학과
소비자학과, 문헌정보학과

③ 미국의 유명한 음악 잡지 Rollingstone의 기사 'How K-Pop Conquered the West'를 읽어보자. 우리나라 가수인 BTS가 미국에서 성공한 이야기 및 K-Pop이 미국에서 성공하게 된 이야기를 읽고, K- Pop이 전 세계에 인기있는 이유를 자신이 좋아하는 가수의 예를 들어 이야기해 보자.

관련학과
사회학과, 심리학과, 문화콘텐츠학과

쓰기

성취기준

[12실영04-01] 실생활 중심의 다양한 주제에 관하여 듣거나 읽고 필요한 정보를 기록할 수 있다.

[12실영04-02] 실생활 중심의 다양한 주제에 관해 자신의 의견이나 감정을 쓸 수 있다.

> ▶ '실생활 중심의 다양한 주제에 관해 자신의 의견이나 감정을 쓸 수 있다'는 실생활에서 학습자들이 쉽게 접할 수 있는 다양한 주제에 관해 문장 단위로 기록할 수 있다는 의미이다. 학습자들이 자신의 의견이나 감정을 간단한 문장으로 표현하는 학습 활동을 통하여 일상생활에 필요한 기초적인 의사소통능력을 신장시키도록 한다.

[12실영04-03]	서식, 이메일, 메모 등을 상황과 목적에 맞게 작성할 수 있다.

> ▶ '서식, 이메일, 메모 등을 상황과 목적에 맞게 작성할 수 있다'는 실생활에서 학습자들이 쉽게 접할 수 있는 다양한 주제에 관한 글을 상황과 목적에 맞게 작성할 수 있다는 의미이다. 일상생활에서 흔히 접할 수 있는 서식, 이메일, 메모 등을 작성하는 학습 활동을 통하여 일상생활에 필요한 효율적인 의사소통능력을 향상시키도록 한다.

[12실영04-04]	실생활 중심의 다양한 주제에 관한 그림, 도표 등을 간단히 설명하는 글을 쓸 수 있다.

탐구주제

6. 실용 영어 — 쓰기

① 개인 방역은 일상생활을 유지하면서 감염의 경로를 최소화하고, 전파를 방지하기 위해 반드시 준수해야 하는 기본 방역이다. 한국을 방문하는 외국인의 수가 증가하고 있는 오늘날, 외국인을 대상으로 코로나19 방역 지침을 설명하는 안내문을 영어로 제작해 보자.

관련학과
항공서비스학과, 정치외교학과, 국제관계학과

② '우리'와 다르면 '틀리다', '옳지 않다'고 규정해 혐오와 차별의 프레임을 덧씌우는 사례가 크게 늘고 있다. 하루 중 현대인들이 가장 빈번히 접하는 SNS나 온라인상으로만 봐도 헤아릴 수 없을 만큼 많은 혐오 단어들로 넘쳐난다. 혐오와 차별에 반대하는 슬로건을 적어보자.

관련학과
사회학과, 심리학과, 문화인류학과

③ 이집트의 피라미드는 고대 이집트 왕들의 무덤으로 시체가 썩지 않도록 미라로 만들었으며, 많은 보물도 함께 들어 있는 세계 관광 명소 중 하나이다. 이집트 피라미드 여행 계획을 세우고, 현지 숙소와 식당을 예약하는 이메일을 영어로 작성해 보자.

관련학과
항공관광학과, 국제관계학과, 소비자학과, 지리학과

④ 나이키 광고 'You Can't Stop Us'를 시청해 보자. 이 광고는 코로나19 팬데믹 상황으로 운동을 할 수 없는 현실에서도 우리는 더욱더 강해질 수 있다는 내용을 담고 있다. 이 광고를 시청하고, 제목 'You Can't Stop Us'가 의미하는 바와 느낀 점을 영어로 작성해 보자.

관련학과
문화콘텐츠학과, 광고홍보학과, 소비자학과, 사회학과

활용 자료의 유의점

- ⚠ 의사소통 전략을 활용하여 상황을 이해
- ⚠ 실제적 상황에서 직접 사용할 수 있는 표현을 상황과 목적에 맞게 사용
- ⚠ 실제적인 의사소통능력을 신장할 수 있도록 말하기·읽기·쓰기 기능과 연계
- ⚠ 어휘 수준을 넘지 않고 자신의 수준에 맞고 난이도가 적절한 언어 형식을 사용

영어권 문화

핵심키워드

☐ St. Patrick's Day ☐ Rosa Parks ☐ 미국 생활양식 ☐ 미국 대중음악 ☐ 북아메리카
☐ 비언어적 의사소통 ☐ 생쥐와 인간 ☐ 동물농장 ☐ 흑인 차별
☐ 미국과 유럽의 문화 ☐ 미국과 캐나다의 문화차이

영역 | 듣기

성취기준

[12영화01-01] 영어권 문화에 관한 말이나 대화를 듣고 생활양식, 풍습, 사고방식 등을 파악할 수 있다.

▶ 영어권 문화에 대한 말이나 대화를 듣고 문화적 맥락에서 세부 정보를 파악하여 목적, 상황, 형식에 맞게 의사소통할 수 있다는 의미이다. 화자의 말을 경청하여 다양한 세부 정보를 이해하는 학습 활동을 통하여 실생활에 적용할 수 있도록 한다.

[12영화01-02] 영어권 문화에 관한 말이나 대화를 듣고 주제 및 요지를 파악할 수 있다.

▶ 영어권 문화에 대한 말이나 대화를 듣고 중심 내용을 파악하여 타 문화의 다양한 문화적 관점을 이해할 수 있다는 의미이다. 학습한 문화적 내용을 토대로 세계인으로서의 국제적 안목을 기를 수 있도록 한다.

[12영화01-04] 영어권 문화에 관한 말이나 대화를 듣고 화자의 심정이나 태도를 파악할 수 있다.

▶ 영어권 문화에 관한 말이나 대화를 듣고 화자의 심정, 태도에 근거하여 문화적 내용을 이해할 수 있다는 의미이다. 문화적 맥락 및 정보를 학습하고, 더불어 타 문화를 존중하는 태도를 향상시키도록 한다.

탐구주제

7.영어권 문화 — 듣기

① 현대 미국 가정의 모습을 그린 드라마 '모던 패밀리' 한 편을 감상하고, 출연자들의 대화를 경청하여 드라마 속에 반영된 미국인의 생활 양식, 가족 형태, 사고방식 등 세부 정보를 파악해 보자.

관련학과
사회학과, 심리학과, 문화인류학과, 문화콘텐츠학과

(2) 미국의 인기 방송 프로그램 '오프라 윈프리 쇼'는 오프라 윈프리가 진행한 토크 쇼로 미국 전역에서 방송되었다. '오프라 윈프리 쇼' 중 더 시크릿의 일부분을 시청한 후 중심 내용을 파악하고, 느낀 점을 말해 보자.

관련학과

사회학과, 심리학과, 상담심리학과

(3) St. Patrick's Day는 아일랜드의 수호성인 성 패트릭이 세상을 떠난 날인 3월 17일을 기념하는 행사이다. 현재는 아일랜드뿐만 아니라 세계 곳곳에서 성 패트릭 데이를 기념하고 있다. 이날의 색은 녹색으로 사람들은 강물에 초록색 물감을 타기도 하고, 초록색 옷을 입고 축제를 즐긴다. 내셔널지오그래픽의 'Who was Saint Patrick and why does he have a day?' 시청해 보자. St. Patrick에 대해 알게 된 것과 St. Patrick's Day에 대해 간략하게 영어로 이야기해 보자.

관련학과

사회학과, 문화콘텐츠학과, 심리학과, 문화인류학과

영역

말하기

성취기준

[12영화02-01]	영어권 문화에 관하여 듣거나 읽고 생활양식, 풍습, 사고방식 등을 말할 수 있다.
[12영화02-02]	영어권 문화에 관하여 듣거나 읽고 타 문화에 대한 자신의 의견이나 감정을 말할 수 있다.
[12영화02-03]	영어권 문화와 우리 문화를 비교·대조하여 서로의 의견을 주고받을 수 있다.

▶ '영어권 문화와 우리 문화를 비교·대조하여 서로의 의견을 주고받을 수 있다'는 영어를 사용하는 국가들의 문화와 우리 문화를 비교·대조하여 서로의 생각이나 의견을 교환할 수 있다는 의미이다. 영어를 사용하는 사람들의 문화의 우리의 문화를 비교·대조하고, 공통점과 차이점을 찾아내어 발표하는 학습 활동을 통하여 타 문화에 대한 유용한 정보를 파악하고, 타 문화와 관련된 폭넓은 체험을 통해 유연하고 개방적인 사고를 신장시키도록 한다.

[12영화02-04]	영어권 문화에서 사용되는 언어적·비언어적 의사소통 방식을 활용하여 묻고 답할 수 있다.

탐구주제

7.영어권 문화 — 말하기

(1) Secret Santa란 우리나라의 마니또처럼 친구 몰래 크리스마스 선물을 친구의 사물함에 넣고, 크리스마스 파티에서 자신이 누구의 Secret Santa인지를 고백하는 것이다. 영화 'The Perks of Being a Wallflower' 중 'Secret Santa Party' 부분을 유튜브로 시청해 보자. 영화처럼 친구의 Secret Santa가 되어 친구를 위한 선물을 선택해 보자. 그리고 그 선물을 선택한 이유를 영어로 이야기해 보자.

관련학과

사회학과, 심리학과, 문화인류학과

(2) 북아메리카는 캐나다, 미국, 멕시코, 카리브 해, 중앙 아메리카의 5개 문화권으로 나누어진다. 캐나다에서는 프랑스어 권인 퀘벡주를 제외하고는 영어권 문화가 우세하다. 5개 문화권 가운데 한 나라를 선정하여, 그 나라의 문화를 소개하는 3분 영어 스피치를 해 보자.

관련학과
광고홍보학과, 항공관광학과, 국제관계학과, 지리학과, 문화인류학과

(3) 미국은 영국, 유럽, 미국 자체의 변경문화와 라틴아메리카, 아프리카, 아시아 등으로부터의 문화적 영향으로 미국 특유의 문화가 형성되었다. 다인종 다민족 국가로서 미국이 가진 장점과 단점을 말해 보자.

관련학과
항공관광학과, 지리학과, 문화인류학과

(4) 비언어적 의사소통은 언어를 사용하지 않는 의사소통으로서, 단어보다는 몸짓이나 얼굴 표정, 자세, 음성, 목소리 등을 통한 사람들의 정보 교환이다. 영어권 문화 지역에서 사용되는 비언어적 의사소통의 사례를 조사하여 발표해 보자.

관련학과
사회학과, 심리학과, 문화인류학과

영역 읽기

성취기준

[12영화03-01] 영어권 문화에 관한 글을 읽고 생활양식, 풍습, 사고방식 등을 파악할 수 있다.

▶ '영어권 문화에 관한 글을 읽고 생활양식, 풍습, 사고방식 등을 파악할 수 있다'는 영어를 사용하는 국가들의 문화에 관한 글을 읽고 문화적 맥락에서 세부 정보를 파악하여 타 문화의 생활양식, 풍습, 사고방식을 이해할 수 있다는 의미이다. 영어를 사용하는 사람들의 문화에 관한 구체적인 정보를 파악하는 학습 활동을 통하여 효율적인 의사소통능력을 함양시키도록 한다.

[12영화03-02] 영어권 문화에 관한 글을 읽고 주제 및 요지를 파악할 수 있다.

▶ 영어를 사용하는 국가들의 문화에 관한 글을 읽고 중심 내용을 파악하여 타 문화에 대한 다양한 관점을 이해할 수 있다는 의미이다. 영어를 사용하는 사람들의 문화에 관한 글에서 주요한 내용을 전반적으로 파악하는 활동을 통하여 타 문화를 존중하고, 수용하는 태도를 기르도록 한다.

탐구주제

① 소박한 자작농이 되는 게 꿈이지만 결국 그 소망을 이루지 못하고 비극적 결말에 이르는 두 노동자의 슬픈 우정을 다룬 존 스타인벡의 소설 「생쥐와 인간」을 읽고, 당시 사회상과 인물들의 특성에 대해 모둠별 독서 토론을 해 보자.

(존 스타인벡(2006), Of Mice and Men, Penguin Classics)

관련학과

사회학과, 심리학과, 문화인류학과

---

② 정치 권력을 부패하게 하는 근본적 위험과 모순에 대한 우화이자, 독재 권력에 대한 비판과 인간의 존엄성에 대한 옹호라는 주제 의식이 비유적으로 드러나 있는 조지 오웰의 「동물농장」을 읽고, 주제 및 요지를 파악해 보자.

(조지 오웰(2004), Animal Farm, Signet)

관련학과

정치외교학과, 사회학과, 심리학과

영역 ## 쓰기

성취기준

[12영화04-03] 영어권 문화에 관해 자신의 의견이나 감정을 쓸 수 있다.

[12영화04-05] 영어권 문화에 관한 간단한 보고서를 작성할 수 있다.

[12영화04-06] 영어권 문화에 관해 비교·대조하는 글을 쓸 수 있다.

> ▶ 영어를 사용하는 여러 국가들의 문화의 차이점과 유사점을 파악하여 비교·대조하는 글을 작성할 수 있다는 의미이다. 영어를 사용하는 사람들의 다양한 문화와 우리 문화를 비교·대조하는 글을 쓰거나 여러 영어권 문화를 비교·대조하는 글을 쓰는 활동을 통하여 영어권 문화와 우리 문화를 올바르게 이해하고, 타 문화를 존중하는 공동체 역량을 함양시키도록 한다.

탐구주제

① 1960년대 흑인 차별이 심하던 미국의 시대적 상황을 그린 영화 '헬프'를 감상해 보자. 헬프는 가정부의 삶을 그려냈고 인물들이 서로를 돕고 돕는 내용이다. 영화를 통해 당시 흑인들의 생활상을 파악한 후, 내가 영화 속 '헬프'라고 가정하고, 하루 일기를 적어보자.

관련학과

문화인류학과, 사회학과, 정치외교학과

탐구주제

(2) Rosa Parks는 '현대 시민권 운동의 어머니'라고 불린다. 'Rosa Parks Arrested on Bus'를 시청해 보자. 백인 승객에게 자리를 양보하라는 버스 운전사의 지시를 거부하였고, 결국 이것 때문에 경찰에 체포되었다. 이 사건은 382일 동안 계속된 몽고메리 버스 보이콧으로 이어졌고 이 운동은 인종 분리에 저항하는 큰 규모로 번져 나아갔다. 이 영상을 보고 느낀 점을 짧은 영어 에세이로 작성해 보자.

관련학과

문화인류학과, 사회학과, 정치외교학과

(3) 미국과 캐나다는 영어권 문화이며, 두 나라 모두 이민자가 많고 여러 민족이 한데 어울려 새로운 문화를 이룬다는 점은 같지만 미국의 경우 다양한 민족의 문화가 미국이라는 하나의 울타리 안에 녹아드는 Melting Pot 개념인 반면 캐나다의 경우 각각의 다양성을 그대로 살리면서 거대한 모자이크형 문화를 이루는 것이 다르다. 이외 미국과 캐나다의 문화적 차이점을 찾아 정리해 보자.

관련학과

사회학과, 문화인류학과, 지리학과

활용 자료의 유의점

- ⚠ 흥미를 높이는 친숙한 주제 선정
- ⚠ 의사소통 전략을 활용하여 상황을 이해
- ⚠ 문화 차이로 나타나는 의사소통 방식의 차이를 이해
- ⚠ 실제적인 의사소통능력을 신장할 수 있도록 말하기·읽기·쓰기 기능과 연계
- ⚠ 어휘 수준을 넘지 않고 학습자의 수준에 맞고 난이도가 적절한 언어 형식을 사용
- ⚠ 영어권 및 비영어권 문화 관련 자료를 자기 주도적으로 탐색하면서 다양한 문화를 이해

💬 **MEMO**

진로 영어

핵심키워드

☐ 성공과 실패 ☐ Elizabeth Gilbert ☐ 스티브잡스 ☐ 스탠포드 대학 졸업식 연설
☐ 코코 샤넬 ☐ 안내문 ☐ 헬렌켈러 ☐ 관광 안내 ☐ 자기소개서 ☐ 유학 ☐ 밥 딜런 ☐ 스트레스

영역 듣기

성취기준

[12진영01-02] 다양한 직업 및 진로에 관한 말이나 대화를 듣고 주제 및 요지를 파악할 수 있다.

> ▶ 일상생활에서의 다양한 직업 및 진로에 관한 말이나 대화를 듣고 주제나 요지를 파악할 수 있다는 의미이다. 학습자들이 미래에 가질 수 있는 다양한 직업 및 진로에 관한 말이나 대화를 듣고 중심 내용을 파악하는 학습 활동을 통하여 학습자들에게 미래 진로 탐색과 설계의 기회를 제공하고, 일반적인 직무 수행에 필요한 기초적인 영어 의사소통능력을 함양하도록 한다.

[12진영01-04] 다양한 직업 분야에서 수행하는 업무에 관한 말이나 대화를 듣고 화자의 의도나 말의 목적을 파악할 수 있다.

탐구주제
8. 진로 영어 — 듣기

① Elizabeth Gilbert의 TED 강의 'Success, failure and the drive to keep creating'을 시청해 보자. 그녀는 「Eat, Pray, Love」 책이 출판되기 전까지 식당의 웨이트리스로 일하면서 계속 글을 썼었다. 그녀는 출판사로부터 거절을 당하는 편지를 받을 때마다 'Going home'을 생각했다고 한다. 여기서 말하는 'Home'의 의미를 영어로 이야기해 보자. 그리고 자신의 'Home'이 무엇인지를 영어로 이야기해 보자.

관련학과
심리학과, 문화콘텐츠학과, 경영학과

② 미국의 가수 겸 작곡가 Bob Dylan은 2016년 노벨 문학상을 수상하였다. 2017년에 녹음된 그의 수상소감 'Bob Dylan 2016 Nobel Lecture in Literature'를 들어보자. 그가 말하는 문학과 그의 가사와의 관계와 그의 삶을 바꿔놓았던 만남에 대해 알아보자. 그의 수상 연설을 듣고 가장 인상적인 부분과 자신에게 준 영향을 영어로 이야기해 보자.

관련학과
심리학과, 문화콘텐츠학과

[12진영02-03]　　다양한 직업 및 진로에 관해 자신의 의견이나 감정을 표현할 수 있다.

[12진영02-06]　　다양한 직업 및 진로에 필요한 인터뷰를 적절하게 수행할 수 있다.

▶ '다양한 직업 및 진로에 필요한 인터뷰를 적절하게 수행할 수 있다'는 일상생활에서의 다양한 직업 및 진로 분야에서 인터뷰를 성공적으로 수행할 수 있다는 의미이다. 향후 자신들의 직업 및 진로 분야의 면접 상황이나 성공한 사람과의 인터뷰를 할 때 자신의 생각을 적절하게 표현하는 활동을 통해 자신 있게 의사소통을 할 수 있도록 한다.

탐구주제

8.진로 영어 — 말하기

① 저마다 다른 사연과 목적을 가지고 인도에 도착한 일곱 명의 영국인들이 진정한 사랑과 행복을 찾아가는 과정을 유쾌한 시선으로 그린 영화 '베스트 엑조틱 메리골드 호텔' 예고편을 감상해 보자. 주인공의 일상을 따뜻하게 품어주는 호텔이라는 장소와 이와 관련된 직업에 대해 자신의 의견을 영어로 말해 보자.

관련학과
항공관광학과, 항공서비스학과, 심리학과

② 영화 '코코 샤넬'은 명품 '샤넬'을 다룬다는 점에서 자칫 화려한 영화라고 오해할 수도 있으나, 패션 디자이너라는 직업의 모습을 현실적으로 표현하고 있다. 코코 샤넬이 패션계에 가져온 혁신에 대해 알아 보자. 이와 관련하여 주인공 코코 샤넬과 가상 인터뷰를 진행해 보자.

관련학과
사회학과, 심리학과, 문화콘텐츠학과

[12진영03-01]　　다양한 직업 및 진로에 관한 글을 읽고 세부 정보를 파악할 수 있다.

▶ 일상생활에서의 다양한 직업 및 진로를 소개하거나 설명하는 글을 읽고 필요한 정보를 파악할 수 있다는 의미이다. 학습자들이 미래에 가질 수 있는 다양한 직업 및 진로에 관한 글에 나타나 있는 세부 사항을 파악하는 학습 활동을 통해 학습자들이 자신들의 흥미와 적성에 맞는 직업 및 진로를 탐구할 수 있는 기회를 제공하도록 한다.

[12진영03-02]　　다양한 직업 및 진로에 관한 글을 읽고 주제 및 요지를 파악할 수 있다.

▶ 일상생활에서의 다양한 직업 및 진로를 소개하거나 설명하는 글을 읽고 중심 내용을 파악할 수 있다는 의미이다. 학습자들이 미래에 가질 수 있는 다양한 직업 및 진로에 관한 글에 나타나 있는 줄거리, 주제, 요지를 파악하는 활동을 통해 학습자들이 다양한 직업 및 진로 분야에 대한 지식을 확충하여 미래의 직업 및 진로를 탐색하는 기회를 가질 수 있도록 한다.

탐구주제

(1) 해외 대학에서 '경영학' 관련 전공을 희망한다고 가정하자. 관심 있는 해외 대학 홈페이지에서 경영학과 입학 안내 및 교육과정, 기숙사 등 학교생활 전반에 관한 안내 글을 읽고, 내용을 요약해 발표해 보자. 이외 실제 자신이 희망하는 전공도 찾아 조사해 보자.

관련학과
글로벌경영학과, 호텔경영학과, 무역학과

(2) 헬렌켈러는 어렸을 때 열병을 앓아 들을 수도 볼 수도 없고, 말도 제대로 못하였다. 그러나 앤 설리번 선생님의 도움으로 대학 졸업까지 하게 되었고, 일생을 농아와 맹인을 도우며, 사회주의 지식인으로서 인권운동과 노동운동에도 기여했다. 「DK Readers L3: Helen Keller」를 읽고, 글의 요지를 파악해 보자.

(Leslie Garrett(2013), DK Readers L3: Helen Keller, Dk Pub)

관련학과
심리학과, 사회복지학과, 사회학과

영역 쓰기

성취기준

[12진영04-04] 사람, 사물, 사건에 대하여 상세하게 묘사하는 글을 쓸 수 있다.

[12진영04-05] 자기소개서, 서식, 이메일 등을 상황과 목적에 맞게 작성할 수 있다.

[12진영04-06] 자신의 직업 및 진로에 대한 계획서를 쓸 수 있다.

> ▶ 학습자들이 자신들의 흥미와 적성에 맞는 직업 및 진로에 대한 계획을 구체적으로 작성할 수 있다는 의미이다. 다양한 직업 분야에서 수행하는 업무에 관한 영어를 학습하고, 자신의 향후 직업 및 진로에 대한 계획서를 체계적으로 작성하는 학습 활동을 통하여 영어를 활용한 실무 능력을 함양하도록 한다.

탐구주제

(1) 해마다 한국을 방문하는 외국인수는 꾸준히 증가하고 있지만 언어소통의 문제로 어려움을 겪고 있다. 내가 살고 있는 지역의 명소나 관공서, 지하철역, 공원, 편의시설 등 주요 지역의 위치와 내용을 설명하고, 홍보하는 '생활 정보 안내서'를 영문으로 제작해 보자.

관련학과
광고홍보학과, 부동산학과, 지리학과

탐구주제

(2) 자기소개서는 다른 사람에게 자신을 알리기 위하여 작성하는 글이다. 자기소개서를 작성하는 이유는 단시간 안에 자신의 장점, 성격 등을 알려야 할 경우가 생기기 때문이다. 내가 '외국계 ○○회사'에 입사를 희망한다 가정하고, 입사 지원서에 들어갈 자기소개서를 영어로 작성해 보자.

관련학과

광고홍보학과, 사회학과, 심리학과

---

(3) 스탠포드 대학의 심리학자 Kelly McGonigal의 TED 강의 'How to make stress your friend'를 시청해 보자. 이 강의에서 강연자는 'Possible benefits of stress'에 대해 이야기하고 있다. 이 강연을 통해 스트레스에 대해 새롭게 알게 된 점과 스트레스를 자신의 생활에서 어떻게 활용할 것인가에 대한 짧은 영어 에세이를 작성해 보자.

관련학과

사회학과, 심리학과

활용 자료의 유의점

- ⚠ 다양한 직업 및 진로 분야에서 실제적으로 사용되는 용어를 이해
- ⚠ 자신에게 적합한 직업 및 진로에 관한 자료를 자기 주도적으로 탐색하여 읽고, 사고의 유연성 및 개방성을 신장
- ⚠ 향후 자신들의 직업 및 진로 분야에서 직면할 수 있는 여러 문제 상황을 해결할 수 있도록 과업 중심 학습 및 문제해결 학습 등을 활용
- ⚠ 실제적인 의사소통능력을 신장할 수 있도록 말하기·읽기·쓰기 기능과 연계
- ⚠ 어휘 수준을 넘지 않고 학습자의 수준에 맞고 난이도가 적절한 언어 형식을 사용

💬 **MEMO**

영어과
9

영미 문학 읽기

핵심키워드

☐ The Absolutely True Diary of a Part-Time Indian   ☐ 1984   ☐ 파리 대왕
☐ 제인 에어   ☐ 두 도시 이야기   ☐ A Separate Peace   ☐ George Orwell

영역 **읽기**

성취기준

[12영문03-02]   문학 작품을 읽고 글에 나타난 이미지, 은유, 상징 등의 구체적인 예를 파악할 수 있다.

▶ 이미지, 은유, 상징 등 다양한 문학적 장치가 실제로 문학 작품에 어떻게 활용되는지를 파악할 수 있다는 의미이다. 문학 작품에서 사용되는 다양한 문학적 도구들의 구체적 활용과 실제적 의미를 파악하는 학습 활동을 통하여 문학 작품의 내용을 올바르게 이해하고, 심미적 태도를 기르도록 한다.

[12영문03-07]   문학 작품을 읽고 심미적 표현과 의미를 파악할 수 있다.

▶ 문학 작품 속에 다양하게 나타나는 심미적 표현을 찾아내서 그 의미를 파악하는 능력을 향상시킨다는 의미이다. 일반적인 글에서 찾을 수 없는 문학 작품만의 특성을 잘 보여주는 심미적 표현을 찾아 의미를 유추하고, 감상하는 학습 활동을 통해 예술적인 안목을 키우고 자기 주도적 학습능력을 신장시키도록 한다.

[12영문03-08]   문학 작품을 읽고 작품의 배경과 시대적 상황을 이해할 수 있다.

탐구주제

9.영미 문학 읽기 ─ 읽기

① 가상의 나라로 설정된 전체주의 국가 오세아니아를 통해 국가가 권력을 통해 개인의 자유를 억압하고, 통제하는 모습을 풍자한 조지 오웰의 소설 「1984」를 영문으로 읽어보자. 「1984」는 당시 공산주의와 나치즘을 풍자하고 있는데 글 속의 은유적·상징적 표현을 찾아 의미를 파악해 보자. 작품 속 'Big brother'가 상징하는 바를 영어로 이야기해 보자.

(조지 오웰(1950), 1984, Signet)

관련학과
심리학과, 사회학과, 법학과, 정치외교학과

탐구주제

② 윌리엄 골딩의 「파리 대왕」은 핵전쟁을 피해 비행기로 후송되던 한 무리의 소년들이 어느 무인도에 불시착하면서 시작되는 이야기로, 위기에 처한 소년들의 행동 양식을 통해 인간의 내면에 숨어 있는 사악함이 어떻게 나타나는지를 상징적으로 보여준다. 「파리 대왕」을 읽고, 심미적 표현과 의미를 파악해 보자.

(윌리엄 골딩(2005), Lord of the Flies, Penguin Classics)

관련학과

심리학과, 상담심리학과, 문화인류학과, 정치외교학과

---

③ 일찍 부모님을 여의고 끊임없이 시련에 부닥치지만, 언제나 스스로를 존중하며 당당하고 성실한 태도로 생활해 나가고, 수많은 고난과 역경을 극복하며 끝끝내 자신의 사랑을 찾아가는 샬럿 브론테의 소설 「제인 에어」를 읽고 당시 시대적 배경과 작품에 드러난 여성의 삶의 모습에 대해 느낀 점을 말해 보자.

(샬럿 브론테(2006), Jane Eyre, Penguin U.S)

관련학과

사회학과, 심리학과, 문화인류학과

영역 쓰기

성취기준

[12영문04-01]	문학 작품을 읽고 등장 인물, 사건, 시간, 장소 등에 대해 기록할 수 있다.
[12영문04-02]	문학 작품을 읽고 작품의 분위기, 어조, 상황, 등장 인물의 심정에 대해 쓸 수 있다.
[12영문04-05]	문학 작품을 읽고 감상이나 비평하는 글을 쓸 수 있다.

▶ '문학 작품을 읽고 감상이나 비평하는 글을 쓸 수 있다'는 문학 작품을 읽고 자신의 감상이나 비평하는 글을 작성함으로써, 자신의 생각이나 감상을 조리 있고 일관성 있게 표현할 수 있다는 의미이다. 문학 작품에 대한 자신의 감상을 자유롭게 표현하고, 바르게 비평하는 쓰기 활동을 통하여 심미적 태도와 창의적이고 비판적인 사고력을 신장시키도록 한다.

탐구주제

① 18세기 후반 런던과 파리를 무대로 삼은 찰스 디킨스의 역사소설 「두 도시 이야기」를 비판적 시각으로 읽어 보자. 「두 도시 이야기」에는 런던과 파리, 두 도시의 활기찬 정경 묘사에 중점을 두면서도 가난한 사람들에 대한 동조적 시선, 민중의 투쟁과 저항이 생생하게 나타나 있다. 시대적 배경과 등장인물들의 특성, 사건 등을 파악하여 간략히 적어 보자.

(찰스 디킨스(2010), A Tale of Two Cities, HarperPress)

관련학과

사회학과, 지리학과, 정치외교학과

탐구주제

② John Knowles의 「Seperate Peace」를 읽어보자. 이 책은 제2차 세계 대전을 배경으로 미국의 한 기숙 사립학교에서 벌어진 사건을 다루고 있다. 16세 소년들의 시기와 질투, 우정과 성장을 다룬 소설이다. 이 소설을 읽고, 소설에서 이야기 하고 있는 'The Creation of Inner Enemies'에 대한 자신의 생각을 책의 내용과 관련 지어 짧은 영어 에세이로 작성해 보자.

(John Knowles (2003), A Separate Peace, Scribner Book Company)

관련학과

정치외교학과, 심리학과, 지리학과, 문화인류학과

③ Sherman Alexie의 소설 「The Absolutely True Diary of a Part-Time Indian」을 읽어보자. 이 소설의 주인공은 인디언 보호구역에 살고 있는 장애를 가진 소년이다. 주인공 소년의 고립과 소외, 심리 상태를 분석하고, 느낀 점을 적어 보자.

(Sherman Alexie(2007), An Absolutely True Diary of a Part-Time Indian , Little Brown & Company)

관련학과

사회학과, 심리학과

활용 자료의 유의점

> ⚠ 흥미와 학습 동기를 유발할 수 있는 다양한 장르의 우수한 작품을 선정
> ⚠ 창의적, 비판적 사고, 인문학적 소양, 심미적 태도 및 다문화사회에 대한 이해를 함양할 수 있는 작품을 선정
> ⚠ 실제 상황에서 직접 사용할 수 있는 표현과 명언·격언 등 품격 있는 영어 표현을 학습
> ⚠ 문학 작품의 비평이나 평론을 읽고, 문학 작품을 종합적으로 이해
> ⚠ 문학 작품에 대한 토론을 통하여 서로의 생각이나 느낌을 공유하고, 다양한 가치관과 세계관을 탐색

💬 **MEMO**

01

직업 바이블

직업 탐색이 필요할 땐, 이 책이 답!

10% sale
44,100원/권당

국내 최대 직업 정보 수록! 진로 탐색을 위한 최고의 바이블
총 205개의 대표 직업과 약 1,000개의 관련 직업 소개
직업별 로드맵(관련학과, 관련교과, 적성, 흥미, 미래전망) 소개

02

학과 바이블

학과 선택이 고민 될 땐, 이 책이 답!

10% sale
44,100원/권당

계열별 대표학과 및 관련학과까지 1,000여개 학과 수록
계약학과&특성화학과 정보까지 수록되어
더 강력해진 개정판

03

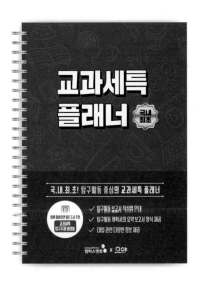

교과세특 플래너

교과세특 관리를 위한 **필수 플래너! 강력추천!**

20% sale
8,800원/권당

탐구활동 기록 가이드 역할
체계적인 탐구활동 관리

도서 시리즈 01

나만의 진로 가이드북 시리즈

총 6개 계열별
대표 20개 직업과 20개 학과를 연결한 진로 도서

● 인문 ● 사회 ● 자연 ● 공학 ● 의료보건 ● 예체능

10% sale
16,650원/권당

각 직업과 학과에 대한 심도 있는 이해 OK!
실질적인 직업 진출 계획을 위한 진로 가이드북

학생부 바이블 시리즈

도서 시리즈 02

학생부종합전형 맞춤형 진학 설계 가이드북

● 인문 ● 사회 ● 자연 ● 공학 ● 의약 ● 예체능 ● 교육

10% sale
17,100원/권당

학교생활기록부 다양한 활동 추천 및 기재예시 제시
계열별 맞품형 학생부 관리법 수록
계열 이해와 직업·학과 로드맵까지 All in One

'어떻게 되었을까?' 시리즈

도서 시리즈 03

현직 직업인의 생생한 스토리가 담긴 직업가이드북

10% sale
13,500원/권당

실무자의 생생한 직업 이야기
각 분야 전문가들의 다양한 커리어패스
경험담을 통해 진로 설계의 동기부여

50가지의 직업 시리즈 출간!

학교 맞춤제작 도서

고교학점제 바이블

더 자세한 고교학점제에 대한 정보가 필요할 때!

10% sale

단행본 – 9,900원/권당

고교학점제 A부터 Z까지 모두 담은 도서
고교학점제 정책에 대한 이해부터 대학 계열별
선택과목 안내까지! 한 번에 해결!

맞춤제작 – (권당) 11,000원

자세한 견적은 전화로 문의주세요 :)
Tel) 02-333-5966(내선 2번)

표지/내지 수정 가능!
학교별 교육과정 편제표 및 학업계획서 양식 추가(무료)
고교학점제 안내 책자 제작 시간과 비용 절감 효과

내지구성 미리보기

고교학점제 바이블 맞춤제작 특별 혜택

고교학점제 수업에 활용할 수 있는 총 4차시 강의안 PPT파일 무.료.제.공

선생님들을 위한 교육 교구몰

캠퍼스멘토 교구몰

도서/교구/활동지/워크북 등 다양한 교육 교구재를 한 번에 만날 수 있습니다.

[캠토몰 링크] www.campusmentor.co.kr

나에게 필요한 모든 것이 있는 곳

MOYACOMPANY

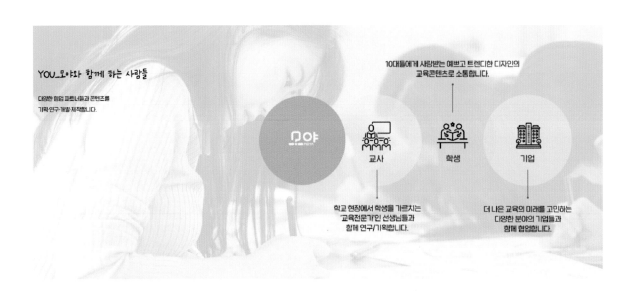

일상 속 변화를 이끄는 교육콘텐츠 전문기업, 모야컴퍼니를 만나보세요.

[모야컴퍼니 홈페이지] moyamall.com   [모야몰 링크] smartstore.naver.com/moya_mall

MEMO

※ 참고문헌

- K.메데페셀헤르만, F. 하마어, H-J.크바드베크제거. (2007). 화학으로 이루어진 세상 (pp. 1-455). 서울: 에코리브르.
- 가치를꿈꾸는과학교사모임. (2019). 정답을 넘어서는 토론학교 : 과학 (pp. 1-232). 서울: 우리학교.
- 강원도교육청. (2018). 전공 연계 선택과목 가이드북 - 고교학점제 연계 학생 선택중심 교육과정.
- 한국과학창의재단. 과학 교양 교수·학습자료.
- 교육부. (2015). 2015 개정 교육과정. 교육부 고시 제2015-74호. 교육부.
- 권숙자 외. (2020). 도덕수업, 책으로 묻고 윤리로 답하다 (pp. 1-320). 서울: 살림터.
- 금동화. (2006). 재미있는 나노 과학기술 여행 (pp. 1-192). 양문출판사.
- 길벗R&D 일반상식 연구팀. (2019). 시나공 일반상식 단기완성 (pp. 1-464). 서울: 길벗.
- 김난도 외. (2019). 트렌드 코리아 2020 (pp. 1-448). 서울: 미래의창.
- 김동겸 외. (2020). 취업에 강한 에듀윌 시사상식 9월호 (pp. 1-208), 서울: 에듀윌.
- 김미란, 정보근, 김승. (2018). 미래인재 기업가정신에 답이 있다. 미디어숲.
- 김범수. (2016). 진짜 공신들만 보는 대표 소논문 (pp. 1-242). 서울: 더디퍼런스.
- 김선옥, 박맹언. (2015). 광물성 약재(광물약)의 표준화에 관한 연구. 자원환경지질, 48(3), pp. 187-196.
- 김성원 외. (2020). 자유 주제 탐구 학생 안내서. 서울: 이화여대.
- 김성훈 외. (2020). 수학과 함께하는 AI 기초 (pp. 1-240). 경기도: EBS.
- 김영호. (2019). 플레밍이 들려주는 페니실린 이야기 (pp. 1-160). 서울: 자음과모음.
- 김응빈 외. (2017). 생명과학, 신에게 도전하다 (pp. 1-292). 동아시아.
- 김준호. (2017). 미래산업, 이제 농업이다 (pp. 1-164). 가인지캠퍼스.
- 김채화. (2020). 나는 탐구보고서로 대학간다 : 인문계 (pp. 1-288). 미디어숲.
- 김현. (2009). 한국문학의 위상 (pp. 1-256). 문학과지성사.
- 김형진, 윤원기, 김환묵. (2006). 전자변형생물체(GMO)의 인체위해성평가. 한국보건교육건강증진학회 학술대회 발표논문집, pp. 16-17.
- 김혜영. 정훈. (2016). 소논문을 부탁해 (pp. 1-236). 서울: 꿈결.
- 김혜원. (2017). 로봇수술을 담당하는 간호사의 직무 인식(석사학위논문). 경희대학교 공공대학원, 서울.
- 낸시포브스, 배질 마흔. (2015). 패러데이와 맥스웰 (pp. 1-408). 서울: 반니.
- 네사 캐리. (2015). 유전자는 네가 한 일을 알고 있다 (pp. 1-480). 해나무.
- 데이비드 앳킨슨. (2020). 위험한 일본 경제의 미래 (pp. 1-280). 서울: 더난출판.
- 도나 디켄슨. (2012). 인체쇼핑 (pp. 1-312). 서울: 소담출판사.
- 라정찬. (2017). 고맙다 줄기세포 (pp. 1-344). 끌리는책.
- 랄프 뵌트. (2011). 전기로 세상을 밝힌 남자, 마이클패러데이 (pp. 1-392). 21세기북스.
- 레이첼 카슨. (2011). 침묵의 봄 (pp. 1-400). 서울: 에코리브르.
- 로버트 P 크리스. (2006). 세상에서 가장 아름다운 실험 열 가지. 경기도: 지호.
- 로버트 앨런 외. (2011). 바이오미메틱스 (pp. 1-192). 서울: 시그마북스.
- 롭던. (2018). 바나나 제국의 몰락 (pp. 1-400). 서울: 반니.
- 류대곤 외. (2016). 국어교과서로 토론하기 1 (pp. 1-328). C&A에듀.
- 박주희. (2016). 국어교과서로 토론하기 2 (pp. 1-288). C&A에듀.
- 마이클 샌델. (2014). 정의란 무엇인가 (pp.1-443). 와이즈베리.
- 메트 리들리. (2016). 생명 설계도, 게놈 (pp. 1-440). 서울: 반니.
- 명혜정. (2013). 토론의 숲에서 나를 만나다 (pp.1-308). 살림터.
- 바츨라프 스밀. (2011). 에너지란 무엇인가 (pp. 1-272). 삼천리.
- 박건영. (2012). 발효식품의 건강기능성 증진효과. 식품산업과 영양, 17(1), pp. 1-8.
- 박경미. (2009). 수학비타민 플러스 (pp.1-367). 김영사.
- 박경미. (2013). 박경미의 수학콘서트 플러스 (pp.1-372). 동아시아.
- 박규상. (2016). 중고등학생을 위한 처음 쓰는 소논문 쓰기 (pp. 1-272). 경기: 샌들코어.
- 박재용 외. (2020). 100가지 예상 주제로 보는 중고등학교 과학토론 완전정복 (pp. 1-400). MID.
- 배영준. (2019). 자신만만 학생부 세특 족보 - 전2권 (pp. 1-864). 예한.
- 백제헌, 유은혜, 이승민. (2019). 과제 연구 워크북 (pp. 1-260). 서울: 나무생각.
- 백제헌, 유은혜, 이승민. (2016). 진로선택과 학생부종합전형을 위한 고등학생 소논문 쓰기 워크북 (pp. 1-256). 서울: 나무생각.
- 법정스님. (2004). 무소유 (pp.1-142). 경기도: 범우사.
- 봉명고등학교 주제탐구프로젝트 누리집.
- 사이먼 싱. (2008). 우주의 기원 빅뱅 (pp.1-552). 영림카디널.
- 사토 겐타로. (2019). 세계사를 바꾼 12가지 신소재 (pp. 1-280). 북라이프.
- 샘 킨. (2011). 사라진 스푼 (pp. 1-500). 해나무.
- 서강선. (2016). 토크콘서트 과학 (pp. 1-240). 서울: 꿈결.
- 서대진, 장형유, 이상호. (2016). 소논문 작성법 (pp.1-320). 경기도: 북스타.
- 서울특별시교육청교육연구정보원. (2017). 수업-평가-기록 이렇게 바꿔볼까요(고등학교 통합사회).
- 헨리 데이비드 소로. (2011). 월든 (pp. 1-503). 서울: 은행나무.
- 손보미. (2011). 세상에서 가장 이기적인 봉사여행 (pp. 1-328). 서울: 쌤앤파커스.
- 수학동아 편집부. 수학동아(월간). 서울: 동아사이언스.
- 에르빈 슈뢰딩거. (2020). 생명이란 무엇인가 (pp. 1-234). 한울.
- 스티마. (2020). 2020 Stima 면접. 혜음출판사.
- 시사상식연구소(2020). 신문으로 공부하는 말랑말랑 시사상식. ㈜시대고시기획.
- 박문각 시사상식편집부. (2020). 2020 최신시사상식 200-205집. 서울: 박문각.
- 앤드류 H. 놀. (2007). 생명 최초의 30억 년 (pp. 1-391). 서울: 뿌리와이파리.
- 에리히프롬. (2020). 자유로부터 도피 (pp. 1-348). 서울: 휴머니스트.
- 엘리자베스 콜버트. (2014). 6번째 대멸종 (pp.1-344). 서울: 처음북스.
- 연세대 인문학연구원. (2014). 10대에게 권하는 인문학 (pp. 1-240). 서울: 글담출판.
- 오승종. (2019). 생각하는 십대를 위한 토론콘서트 법 (pp. 1-288). 서울: 꿈결.
- 오정근. (2016). 중력파 아인슈타인의 마지막 선물 (pp. 1-300). 동아시아사.
- 오중협. (2009). 항공우주의학의 이해와 한국의 항공우주의학 역사. 대한평형의학회지. 8(1). pp. 87-89.
- 와다 다케시 외. (2016). 함께 모여 기후 변화를 말하다 (pp. 1-240). 서울: 북센스.
- 유광수 외. (2013). 비판적 읽기와 소통의 글쓰기 (pp.1-242). 박이정 출판사.
- 유발 하라리. (2015). 사피엔스 (pp.1-636). 서울: 김영사.
- 육혜원, 이송은. (2018). 생각하는 십대를 위한 토론 콘서트 정치(pp. 1-260). 서울: 꿈결.
- 윤용아. (2014). 생각하는 십대를 위한 토론 콘서트 사회 (pp.1-288). 서울: 꿈결.
- 윤용아. (2015). 생각하는 십대를 위한 토론 콘서트 문화 (pp. 1-280). 서울: 꿈결.
- 이본 배스킨. (2003). 아름다운 생명의 그물 (pp. 1-352). 돌베개.
- 이상헌. (2018). 4차 산업혁명 시대의 의료계 현황 및 전망. 한국성인간호학회 춘계학술대회. pp. 8-33.
- 이소영. (2016). 생각하는 십대를 위한 토론콘서트 문학 (pp. 1-256). 서울: 꿈결.
- 이수빈, 차승한. (2014). 도덕교과서로 토론하기(pp. 1-320). C&A에듀.
- 이완배. (2016). 생각하는 십대를 위한 토론 콘서트 경제(pp.1-260). 서울: 꿈결.
- 장 폴 사르트르. (1998). 문학이란 무엇인가 (pp. 1-444). 민음사.
- 정유희, 안계정. 김채화. (2020). 의학·생명계열 진로 로드맵 (pp. 1-256). 미디어숲.
- 제니퍼라이트. (2020). 세계사를 바꾼 전염병 13가지 (pp.1-384). 산처럼.
- 제리 브로턴. (2014). 욕망하는 지도 (pp. 1-692). 서울: 알에이치코리아.
- 제임스 러브록. (2008). 가이아의 복수 (pp. 1-263). 서울: 세종서적.
- 제임스 왓슨. (2019). 이중나선 (pp. 1-260). 경기도: 궁리출판.
- 조나단 월드먼. (2016). 녹 (pp.1-344). 서울: 반니
- 조명선. (2019). 재난 피해자의 삶의 질에 영향을 미치는 요인: 제3차 재난 피해자 패널 자료 분석. 지역사회간호학회지, 30(2). pp. 217-225.
- 조앤 베이커. (2010). 물리와 함께하는 50일 (pp.1-336). 서울: 북로드.
- 즐거운 수학, EBS Math.
- 최재붕. (2019). 스마트폰이 낳은 신인류 포노 사피엔스 (pp. 1-336). 서울: 쌤앤파커스.
- 칼 포퍼. (2006). 삶은 문제해결의 연속이다 (pp. 1-302). 부글북스.
- 클라이브 해밀턴. (2018). 인류세 (pp. 1-272). 서울: 이상북스
- 태지원. (2020). 토론하는 십대를 위한 경제+문학 융합 콘서트 (pp. 1-235). 서울: 꿈결.
- 페니 르 쿠터. 제이 버레슨. (2007). 역사를 바꾼 17가지 화학 이야기 - 전 2권. 서울: 사이언스북스
- 폴 스트레턴. (2003). 멘델레예프의 꿈 (pp. 1-372). 몸과마음
- 피터 앳킨스. (2014). 원소의 왕국 (pp. 1-270). 서울: 사이언스북스.
- 한스 요나스. (1994). 책임의 원칙 (pp.1-378). 서광사.
- 한승배, 김강석, 허희. (2020). 학과바이블 (pp. 1-624). 캠퍼스멘토.
- 헤르만 헤세. (2006). 헤르만 헤세의 독서의 기술 (pp. 1-284). 뜨인돌.
- 후쿠오카 신이치. (2020). 생물과 무생물 사이 (pp. 1-251). 은행나무.

※ 참고사이트

- e-대학저널 http://www.dhnews.co.kr/
- LG 사이언스랜드 http://lg-sl.net/home.mvc
- LG사이언스랜드 http://lg-sl.net/home.mvc
- LG사이언스랜드 lg-sl.net/home.mvc
- NCIC 국가교육과정 정보센터 http://ncic.kice.re.kr/
- SCIENCE ON scienceon.kisti.re.kr
- The ScienceTimes https://www.sciencetimes.co.k
- YTN 사이언스 https://science.ytn.co.kr/
- 경기도 융합과학 교육원 https://www.gise.kr/index.jsp
- 경기도융합과학교육원 https://www.gise.kr
- 과학기술정보통신부블로그 https://blog.naver.com/with_msip
- 과학동아 dongascience.donga.com
- 과학문화포털 사이언스 올 https://www.scienceall.com/
- 과학창의재단 STEAM 교육 https://steam.kofac.re.kr/
- 교수신문 http://www.kyosu.net
- 교육부공식블로그 https://if-blog.tistory.com/
- 국가에너지국 www.nea.gov.cn
- 국가직무능력표준(NCS) https://www.ncs.go.kr
- 국립국어원 https://www.korean.go.kr
- 국립산림과학원 https://nifos.forest.go.kr
- 국립중앙과학관 https://www.science.go.kr/mps
- 내일 교육 재수 없다 https://nojaesu.com/
- 네이버 백과사전 https://terms.naver.com/
- 더 사이언스타임지 www.sciencetimes.co.kr
- 동북아역사재단 https://www.nahf.or.kr
- 동아사이언스 http://dongascience.donga.com/
- 두산백과 https://www.doopedia.co.kr/
- 문화재청 https://www.cha.go.kr
- 사이언스 타임즈 : https://www.sciencetimes.co.kr/
- 수학동아 http://www.polymath.co.kr/
- 에듀넷 www.edunet.net
- 위키백과 https://ko.wikipedia.org/
- 청소년 과학 탐수 소논문(밴드). 리더 바람난 과학자 https://band.us/
- 청소년과학탐구소논문 https://band.us/band/58305057
- 최강 자격증 기출문제 전자문제집 CBT http://www.comcbt.com
- 탐구스쿨 https://www.tamguschool.co.kr
- 통계지리정보서비스 https://sgis.kostat.go.kr/view/community/intro
- 통계청 http://kostat.go.kr/
- 통계청 전국 학생활용대회 http://www.xn--989a71jnrsfnkgufki.kr/report/main.do
- 한국과학교육학회 http://www.koreascience.org
- 한국과학창의재단 사이언스올 www.scienceall.com
- 한국교육학술정보원 http://www.keris.or.kr
- 한국생명공학연구원 https://www.kribb.re.kr/
- 한화사이언스첼린지 https://www.sciencechallenge.or.kr/main.hsc
- 해피학술 http://www.happyhaksul.com
- 환경공간정보서비스 https://egis.me.go.kr/main.do

교과세특 탐구주제 바이블 사회계열편

1판 1쇄 찍음	2021년 6월 23일
1판 7쇄 펴냄	2024년 5월 27일

출판	(주)캠퍼스멘토
제작	(주)모야컴퍼니
저자	한승배, 강서희, 근장현, 김강석, 김미영, 김수영, 김준희, 김호범, 노동기, 배수연, 신경섭, 안병무, 위정의, 유현종, 이남설, 이남순, 최미경, 하희

총괄기획	박선경 (sk@moyacompany.com)
책임편집	(주)엔투디
연구기획	김예솔, 민하늘, 최미화, 양채림
디자인	박선경, (주)엔투디
경영지원	지재우, 윤영재, 임철규, 최영혜, 이석기
커머스	이동준, 신숙진, 김지수, 조용근
발행인	안광배, 김동욱

주소	서울시 서초구 강남대로 557(잠원동, 성한빌딩) 9F
출판등록	제 2012-000207
구입문의	(02) 333-5966
팩스	(02) 3785-0901
홈페이지	www.campusmentor.co.kr (교구몰)
	moyamall.com (모야컴퍼니)

ISBN 978-89-97826-69-8(54080)

ⓒ 한승배 외 17인 2021